WILEY

THE 2017 FIDIC CONTRACTS
菲迪克合同 2017 版
实务指南

William Godwin QC
[英] 威廉·戈德温　著

张化强　　　　　译著
冯嘉妍　郑海帆　　审

河海大學出版社
HOHAI UNIVERSITY PRESS
·南京·

Title: The 2017 FIDIC Contracts by William Godwin QC, ISBN:9781119514633/1119514630

Copyright © 2020 William Godwin QC

All Rights Reserved. Authorised translation from the English language edition published by John Wiley & Sons Limited. Responsibility for the accuracy of the translation rests solely with Nanjing Hohai University Press Limited Company and is not the responsibility of John Wiley & Sons Limited. No part of this book may be reproduced in any form without the written permission of the original copyright holder, John Wiley & Sons Limited. Copies of this book sold without a Wiley sticker on the cover are unauthorized and illegal.

本书简体中文字版专有翻译出版权由 John Wiley & Sons Limited 公司授予南京河海大学出版社有限公司。

未经许可，不得以任何手段和形式复制或抄袭本书内容。

本书封底贴有 Wiley 防伪标签，无标签者不得销售。

版权所有，侵权必究。

图字：10-2023-488 号

图书在版编目（CIP）数据

菲迪克合同 2017 版实务指南／（英）威廉·戈德温
（William Godwin QC）著；张化强译著. -- 南京：河海大学出版社，2024.10
书名原文：THE 2017 FIDIC CONTRACTS
ISBN 978-7-5630-8857-7

Ⅰ.①菲… Ⅱ.①威… ②张… Ⅲ.①经济合同—研究 Ⅳ.①D913.04

中国国家版本馆 CIP 数据核字（2024）第 068167 号

书　　名	菲迪克合同 2017 版实务指南 FEIDIKE HETONG 2017 BAN SHIWU ZHINAN
书　　号	ISBN 978-7-5630-8857-7
责任编辑	张　砾
文字编辑	孙海群
特约校对	朱士波
封面设计	徐娟娟
出版发行	河海大学出版社
地　　址	南京市西康路 1 号（邮编：210098）
电　　话	（025）83737852（总编室）　（025）83722833（营销部）
经　　销	江苏省新华发行集团有限公司
排　　版	南京布克文化发展有限公司
印　　刷	南京新世纪联盟印务有限公司
开　　本	710 毫米×1000 毫米　1/16
印　　张	17.25
字　　数	285 千字
版　　次	2024 年 10 月第 1 版
印　　次	2024 年 10 月第 1 次印刷
定　　价	69.00 元

Limit of Liability/Disclaimer of Warranty

While the author and publisher have tried to ensure that the information contained in this work is accurate and complete, they make no representations or warranties with respect to the accuracy or completeness of the contents of this work and specifically disclaim all warranties, including without limitation any implied warranties of merchantability or fitness for a particular purpose. No warranty may be created or extended by sales representatives, written sales materials or promotional statements for this work. The fact that an organization, website, or product is referred to in this work as a citation and/or potential source of further information does not mean that the publisher and authors endorse the information or services the organization, website, or product may provide or recommendations it may make. This work is sold with the understanding that the publisher is not engaged in rendering professional services.

The contents of this work do not constitute advice, legal or otherwise, and should not be relied upon in relation to any matter. Suitable professional advice should be obtained in each case. Further, readers should be aware that websites listed in this work may have changed or disappeared between when this work was written and when it is read. Neither the publisher nor author shall be liable for any loss of profit or any other commercial damages, including but not limited to special, incidental, consequential, or other damages.

责任限制/免责声明

虽然作者和出版商已尽力确保本书所含信息准确且完整,但他们不对本书内容的准确性或完整性做出任何陈述或保证,并明确拒绝任何保证,包括但不限于任何有关适销性或特定用途适用性的默示保证。本书的销售代表、书面销售材料或促销声明均不得创建或扩展任何保证。本书中提及的组织、网站或产品作为引用和/或潜在的信息来源并不意味着出版商和作者认可该组织、网站或产品可能提供的信息或服务,或其可能提出的建议。本书的销售前提是出版商不提供专业服务。

本书的内容不构成法律或其他方面的建议,也不应作为任何事项的依据。读者应针对其实际情况,寻求适当的专业建议。此外,读者应注意,本书中列出的网站在本书撰写和阅读时可能发生了变化或者消失。出版商和作者均不对任何利润损失或其他商业损害(包括但不限于特殊损害、附带损害、间接损害或其他损害)负责。

注:上述为原书所附"责任限制/免责声明"。

作者的话 Author's Note

非常高兴看到我的书《菲迪克合同 2017 版实务指南》(*The 2017 FIDIC Contracts*) 被翻译成中文。我要感谢张化强先生,他如此勤奋而熟练地主持了翻译的工作;感谢冯嘉妍博士和郑海帆先生,他们自始至终支持该项目,并为翻译的审查做出了巨大贡献。

我与中国有着深厚的渊源,因此特别欣喜看到这本书被翻译成中文。自 1998 年以来,我经常前往中国,为涉及多种法律纠纷的中国当事人提供咨询并代理案件;我还在跨国案件里担任国际仲裁员,以及在中国仲裁委员会担任仲裁员。2008 年,我在中国出版了一本关于建筑合同的中文书。

菲迪克(FIDIC)合同修订工作组起草了菲迪克合同 2017 版的红皮书、黄皮书和银皮书(菲迪克合同第二版)。在担任该修订工作组的执笔成员后,我撰写了《菲迪克合同 2017 版实务指南》。撰写本书的目的是为这三种合同中的每一种提供清晰而全面的指南。在概述之后,本书就每种合同的条款逐条进行分析考证,就各条款在不同合同之间以及与 1999 版进行了比较。正如我在本书序言中所说,对 2017 版合同的理解取决于了解其发展历程及相互间的联系。

菲迪克合同 2017 版红皮书、黄皮书和银皮书自六年前发布以来,已得到越来越广泛的使用。主流开发银行资助的许多项目采用了这些合同,这点使人很受鼓舞。中国用户已经熟悉菲迪克合同,特别是 1999 版(菲迪克合同第一版)。但是,对于从事跨国工程和建设项目的各方来说,了解 2017 版合同更为重要,希望本书能够对参与此类项目的中国同行了解这一版合同有所帮助。

需要注意的是,本书不包含任何关于在特定情况下应该做什么或不应该做什么的建议。例如,如果合约的双方发生了争议,或者正在考虑出现问题时该怎么办,又或者需要起草合同条款来涵盖特定问题,则应始终征求具有相应资质的专业人员的建议。与其他此类书籍一样,本书不能提供建议,也不能依赖它来决定在特定情况下应如何行动。

  本书出版后,菲迪克又发布了 2017 版合同的重印本。重印本发布于 2022 年 11 月,包含了对 2017 版合同最初发布后发现的各种错误的修正,以及所作的其他更改,例如,"索赔"、"争议"和"异常事件"定义的变化,工程照管责任的澄清,以及争议避免/裁决委员会(DAAB)流程的改变。2022 年重印本中的修订没有改变 2017 版合同的基本特征,但在以 2017 版合同为蓝本起草合同时应予以注意和考虑;您也可能会发现有些新项目已经使用了重印本。您可以从菲迪克官方网站获取菲迪克 2022 年重印本。

  最后,我希望,通过帮助中国同行加深对这一世界上使用最广泛的国际工程合同的了解,能够为中资机构与外国机构或企业在跨国项目的合作上提供一点帮助,并减少他们之间的纠纷。

William Godwin KC

威廉·戈德温 (英国皇室御用大律师)

2024 年秋

前言 Foreword

自1999年出版,三类菲迪克合同(也称为"合同书",即1999版红皮书、黄皮书和银皮书),不仅在各种形式的国际基础设施承包领域广为人知并备受尊重,并且充当了国际合作和理解的主要力量。对于那些目睹过基础设施采购中因缺乏公认规范而导致混乱局面的人来说,菲迪克(国际咨询工程师联合会)是一条生命线,它的静默审议比其他过度政治化的国际机构更为成功。国际项目的实施可使发展中国家走向繁荣或金融崩溃,而菲迪克在其中发挥着重大却鲜为人知的影响力。如今,菲迪克在其影响力遍及全球的同时,也赋予了英国一种民族自豪感。比如,它以英国的实践为基础并加以模仿,其官方和权威的文本依旧保留英语版本,在菲迪克的各个委员会和其他机构仍然保留许多来自英国的代表和专家,这是值得一个国家为此感到自豪的事情。这些来自英国的代表和专家中就有本书的作者,他一直密切参与撰写菲迪克合同(红皮书、黄皮书和银皮书)的第二版。

菲迪克合同无论多么受人尊重,也必然会走到需要进行审查和更新的时刻,以适应承包合同方面的最新发展,同时也会借鉴近些年使用合同所获得的丰富经验。虽然作者是一名专业的建筑律师,对这些合同产生的法律问题拥有广泛的经验,但起草和审查的机构也具有不可估量的优势,一是机构有合同所涵盖的从工程和管理到保险和金融等其他领域的许多杰出专家,二是机构可以接触到来自许多不同司法管辖区和地区的菲迪克专家和评论员。因此,于重要经济领域中收效良好的公认实践而言,这些合同仍然是一份国际性和跨学科的重要陈述。

新版书必然会成为被评论和分析的新对象,特别是基于尚不可预测的情况下将出现的问题和争议。值得注意的是,这些书现在增加了约50%的篇幅,因此在很多条款上有更详细的规定,如扩展了定义部分,完善了通知规定的条款。这些增改之处是否会被认为过于详细和复杂还有待观察,但正如本书引言中指出的那样,这些合同必须适用于非英语母语的各方和个人。因此,新版本的主要目标之一就是增强清晰性和准确性。另一个目标是改进项目管理和避免争议,这些重要的目标必然导致更大的复杂性。

凭借作者丰富的经验,本书为2017年菲迪克的每一本合同书提供了清晰的概述和全面的指南。对于详细的合同条款,必须将各个合同与注释一起阅读,因为其显示了红皮书、黄皮书和银皮书之间的异同与关联,并指出与早期版本(包括2008年金皮书——《菲迪克设计-建造-运营项目合同条件》)相比的变化。这本书非常简明扼要,比三本合同书简短一些,并引用了早期版本中的权威人士的论述。毫无疑问,新合同将产生新一轮的法院判决和评论,但菲迪克合同仍将是国际基础设施行业的核心,国际基础设施行业将继续受益于其丰富的经验和指导。

Professor John Uff CBE QC
约翰·乌夫　教授(英国二等勋位爵士,英国皇室御用大律师)

序言 Preface

2016年初,菲迪克向我询问是否愿意加入一个新的工作小组,撰写红皮书、黄皮书和银皮书的第二版。这三本书自从1999年首次出版,已经成为国际上最广泛使用的工程标准合同模版,并备受推崇。然而,人们认为这些合同书需要进行审查和更新,以反映1999年以来合同方面的发展,并充分吸取多年来使用这些合同书所积累的丰富经验。菲迪克合同委员会和之前的一个工作小组已经做了大量的工作,但仍需要撰写新版本,计划在2017年出版。作为一名专业律师,我非常乐意为新合同的起草做出贡献,并且很荣幸能够受邀参与此项工作。

我真的很荣幸能与这样优秀的团队共事。我们工作小组的成员都是经验丰富的工程师和菲迪克专家:小组领袖西蒙·沃利(Simon Worley),合同委员会联络员西欧芬·法希(Siobhan Fahey)和约翰·格林霍尔(John Greenhalgh),利奥·格鲁特斯(Leo Grutters),艾莎·纳达尔(Aisha Nadar),以及一直担任小组秘书的雪莉·亚当斯(Shelley Adams)。我要向他们表示敬意。我还要感谢威廉·霍华德(William Howard),菲迪克主席候选人和执行委员会的主要联络员,以及合同委员会主席佐尔坦·扎霍尼(Zoltan Zahonyi),他们密切参与了整个过程并提供了宝贵的帮助。

我们的工作小组向合同委员会汇报,并在其总体指导下开展工作。在2016年12月的伦敦用户大会上,我们发布了黄皮书的预发布版本,并收到了很多的意见和建议。在准备三本合同第二版的终版时,我们仔细考虑了这一点,并通过对众多感兴趣的个人和组织进行更深入的咨询或友好回访,获取了更多的意见和建议。在2017年12月最终出版之前,每本书都经过了法律审查,并获得执行委员会的批准。

尽管有人认为它们过于规范和复杂,读者对于新版书的反应总体上是积极的。在某种程度上,这种批评是不可避免的。新版书的主要目标之一是增强明晰性和确定性,以便各方、工程师或雇主代表清楚地知道他们的职责以及何时需要履行;另一个目标是改进项目管理和避免纠纷。实现这些目标往往需要更规范和复杂的表述,但表述是否达到适当的平衡将由合同使用者来评价。

自从新合同发布,一个重要的成果是世界银行采用了 2017 版合同,并补充了特殊条款。在 2018 年 12 月的伦敦用户大会上,即新书发布一年后,世界银行透露其打算放弃使用多边发展银行版本的红皮书(也称为"粉皮书"),而改用带有特殊条款的 2017 版红皮书,以覆盖特别关注的领域,例如环境、社会和反腐败问题;世界银行还表示会对 2017 版黄皮书采取同样的做法。随后,在 2019 年初,世界银行与菲迪克签订了一项许可协议,允许其使用带有特定适用条件的 2017 版合同系列。菲迪克预计将与其他发展银行达成类似的协议。

本书的出版目的是为每一本 2017 版菲迪克合同提供明确而全面的指南。在概述后,将逐条分析合同条款,旨在对比每本合同书与其他合同书之间的相同点和不同点,以及第二版与第一版之间的相同点和不同点。理解新合同取决于了解它们是如何从第一版发展而来的,以及它们之间如何相互关联。此外,本书与 2008 年的金皮书(《菲迪克设计-建造-运营项目合同条件》)也在一些要点上存在交叉。

第一章旨在将这三本合同书置于相关背景中,描述它们的演变过程,并凸显每本合同书的特点。接着概述了更新内容,包括雇主和承包商可能面临的新的潜在风险。第二章论述了新的通知规则、责任限制等一般性的规定。第三章探讨了红皮书和黄皮书中工程师作为增强角色/银皮书中雇主代表的职能,包括新的决定程序以及雇主的义务和合同管理。第四章讨论了承包商的义务,而第五章研究了黄皮书和银皮书中承包商的设计责任。第六至第十四章分别涉及:设备、材料和工艺以及员工和劳工;三类合同中与时间相关的规定,包括延长工期和雇主暂停工程的权利;竣工和竣工后的测试,以及雇主接管工程;接管和验收后发现的缺陷以及未履行的义务;计量(红皮书中的条款)、合同价格和付款;新的变更制度和价格调整;终止和暂停合同;对工程的维护和赔偿以及特殊事件(以前称为不可抗力)。新合同的一个重要特点是更加强调索赔流程和避免争议的清晰性。这两点在最后两章,即第十五章和第十六章中进行了讨论,分别涉及2017版合同中的新索赔和争议解决条款。

最后,我要衷心感谢威立·布莱克威尔(Wiley Blackwell)的保罗·赛耶尔(Paul Sayer)博士的鼓励和支持,还要向彼得·博斯韦尔(Peter Boswell)博士表达谢意,是他鼓励我参与菲迪克合同修订工作并激发了我对合同的兴趣。

关于作者

英国皇室御用大律师威廉·戈德温(William Godwin QC)是菲迪克合同修订工作组的法律成员,负责起草2017版(第二版)红皮书、黄皮书和银皮书。作为一名专业大律师,其工作经常涉及跨境项目。他在国际仲裁中拥有丰富的法律顾问经验,并担任仲裁庭的仲裁员和调解员。他经常就菲迪克合同、建筑法律和仲裁撰写报告并发表演讲,是《国际建筑合同手册》(*International Construction Contracts：A Handbook*)的作者。

目录 Contents

1 **2017版合同综述** ·········· 001
  1.1 引言 ·········· 001
  1.2 彩虹系列：1999版红皮书、黄皮书和银皮书的主要特点 ·········· 002
    1.2.1 1999版红皮书 ·········· 002
    1.2.2 1999版黄皮书 ·········· 005
    1.2.3 1999版银皮书 ·········· 006
  1.3 银皮书中承包商的风险：两个例子 ·········· 008
    1.3.1 不可预见的困难 ·········· 008
    1.3.2 雇主要求中的错误 ·········· 008
  1.4 2017版合同中承包商和雇主新的潜在风险 ·········· 009
    1.4.1 承包商的风险 ·········· 009
    1.4.2 雇主的风险 ·········· 011
  1.5 菲迪克专用条件编制指南 ·········· 014
    1.5.1 合同数据 ·········· 014
    1.5.2 特别条款 ·········· 015
    1.5.3 黄金原则 ·········· 015
    1.5.4 招标文件 ·········· 015
    1.5.5 起草选项 ·········· 016
    1.5.6 建筑信息模型 ·········· 016
  1.6 范本 ·········· 016

2 关键一般规定 ... 017
2.1 定义 ... 017
2.2 通知和其他通信交流 ... 017
2.3 法律和语言 ... 018
2.3.1 管辖法律 ... 018
2.3.2 合同/通信的语言 ... 019
2.4 文件的优先级 ... 019
2.5 雇主要求中的错误/延迟的图纸和指令 ... 020
2.5.1 雇主要求中的错误:黄皮书第1.9条 ... 020
2.5.2 延迟的图纸和指令 ... 021
2.6 文件的使用 ... 021
2.7 遵守法律 ... 022
2.8 责任限度 ... 023
2.8.1 间接或连带的损失或损害 ... 024
2.8.2 承包商的总责任上限 ... 026
2.9 合同终止:红皮书和黄皮书第1.16条/银皮书第1.15条 ... 027

3 雇主、工程师和合同管理 ... 028
3.1 雇主 ... 028
3.1.1 现场进入权 ... 028
3.1.2 协助 ... 029
3.1.3 雇主的人员和其他承包商 ... 029
3.1.4 雇主的资金安排 ... 029
3.1.5 现场数据和参考项 ... 030
3.1.6 雇主提供的材料和雇主设备 ... 030
3.2 工程师/雇主的管理 ... 030
3.2.1 三本合同书中的合同管理:工程师/雇主代表的角色和权力 ... 032
3.2.2 指示 ... 033
3.2.3 指示:2017版的规定 ... 034
3.2.4 指示中没有说明它是变更的情况 ... 035

3.2.5　第3.5/3.4条(a)项 ·················· 035
　　　3.2.6　第3.5/3.4条(b)项 ·················· 036
　3.3　协议或决定 ································· 037
　　　3.3.1　协商 ································· 037
　　　3.3.2　工程师的决定 ······················· 038
　　　3.3.3　时间限制 ···························· 038
　　　3.3.4　协议或决定的影响 ··················· 039
　　　3.3.5　对工程师决定的不满 ················· 040
　3.4　会议 ······································· 041

4　承包商和目标适用性 ···························· 042
　4.1　承包商的一般义务 ··························· 042
　　　4.1.1　黄皮书和银皮书 ······················ 042
　　　4.1.2　红皮书 ······························ 042
　　　4.1.3　"目标适用性" ······················· 043
　　　4.1.4　其他一般义务 ······················· 046
　4.2　承包商提供履约担保 ························· 047
　4.3　承包商代表 ································· 048
　4.4　分包商 ····································· 048
　4.5　指定分包商 ································· 049
　4.6　承包商的文件：2017版红皮书 ················ 050
　4.7　合作 ······································· 052
　4.8　质量管理体系和合规认证体系 ················· 052
　　　4.8.1　质量管理体系 ······················· 052
　　　4.8.2　合规性认证 ························· 053
　4.9　现场数据的使用 ····························· 054
　4.10　不可预见的困难/自然条件 ··················· 055
　　　4.10.1　不可预见的自然条件：程序 ············ 056
　4.11　其他承包商义务 ···························· 057

003

5 设计 ······ 059
5.1 承包商设计义务的一般要求 ······ 059
5.1.1 银皮书：雇主要求中的错误 ······ 059
5.1.2 银皮书：雇主设计 ······ 060
5.1.3 银皮书：设计人员 ······ 060
5.1.4 黄皮书：雇主要求中的错误 ······ 061
5.1.5 黄皮书：雇主设计 ······ 064
5.1.6 黄皮书：设计人员 ······ 064
5.2 承包商文件：2017版黄皮书和银皮书 ······ 064
5.3 其他设计相关条款 ······ 066

6 生产设备、材料、工艺以及职员和工人 ······ 067
6.1 职员和工人 ······ 067
6.2 生产设备、材料及工艺 ······ 067
6.2.1 实施、样品和检验 ······ 069
6.2.2 承包商的试验 ······ 070
6.2.3 缺陷和拒收 ······ 070
6.2.4 补救措施 ······ 071
6.2.5 生产设备和材料的所有权/特许权使用费 ······ 072

7 开工、延误、工期延长以及雇主停工 ······ 074
7.1 开工 ······ 074
7.2 应当竣工时间 ······ 075
7.3 进度计划 ······ 076
7.3.1 初始进度计划和修订进度计划的内容 ······ 076
7.3.2 其他条款：第8.3条 ······ 079
7.4 事前提醒 ······ 079
7.5 工期延长 ······ 080
7.5.1 黄皮书和红皮书 ······ 080
7.5.2 银皮书 ······ 082
7.5.3 竣工 ······ 082

- 7.6 延迟竣工的特定原因 ·· 084
  - 7.6.1 变更 ·· 084
  - 7.6.2 根据另一条款的延期原因赋予工期延长的权利 ····· 086
  - 7.6.3 特殊的恶劣气候条件：红皮书和黄皮书 ················ 086
  - 7.6.4 不可预见的短缺 ·· 086
  - 7.6.5 雇主造成的或可归因于雇主的延误、阻碍或阻止 ····· 087
- 7.7 共存原因 ·· 087
- 7.8 延误损失 ·· 090
  - 7.8.1 第 8.8 条：第一段 ·· 090
  - 7.8.2 第 8.8 条：第二段和第三段 ································ 093
  - 7.8.3 其他与延误有关的条款 ······································ 094
- 7.9 雇主的停工 ·· 094
  - 7.9.1 指示停工的权利 ··· 095
  - 7.9.2 停工的后果 ··· 095
  - 7.9.3 停工后设备和材料的付款：第 8.11 条 ·················· 095
  - 7.9.4 持续的停工：第 8.12 条 ···································· 095
  - 7.9.5 复工的指示：第 8.13 条 ···································· 096

8 竣工试验和雇主的接收 ·· 097
- 8.1 竣工试验 ·· 098
  - 8.1.1 承包商的义务 ·· 098
  - 8.1.2 延误的试验 ··· 099
  - 8.1.3 重新试验 ·· 099
  - 8.1.4 未能通过竣工试验 ·· 099
- 8.2 雇主的接收 ·· 101
  - 8.2.1 1999 版合同 ·· 101
  - 8.2.2 2017 版黄皮书 ··· 102
  - 8.2.3 2017 版红皮书和银皮书 ····································· 102
  - 8.2.4 第 10.1 条规定的程序 ·· 103
  - 8.2.5 推定条款的表述 ··· 104
  - 8.2.6 部分工程的接收：第 10.2 条 ······························ 105

  8.2.7　第10条其他规定 …… 106
 8.3　竣工后的试验 …… 106
  8.3.1　黄皮书 …… 107
  8.3.2　银皮书 …… 109

9　接收后的缺陷、工程的验收和未履行的义务 …… 111
 9.1　承包商的基本义务 …… 111
 9.2　谁负责费用? …… 112
 9.3　延长缺陷通知期 …… 112
 9.4　其他义务 …… 113
 9.5　履约证书 …… 114
 9.6　未履行的义务 …… 114

10　计量、价格和支付 …… 116
 10.1　计量与计价：2017版红皮书第12条 …… 116
  10.1.1　计量程序 …… 116
  10.1.2　计量方法 …… 117
  10.1.3　计价 …… 117
  10.1.4　删减 …… 118
 10.2　合同价格 …… 118
  10.2.1　黄皮书 …… 118
  10.2.2　红皮书 …… 119
  10.2.3　银皮书 …… 119
 10.3　预付款 …… 120
 10.4　用于工程的设备和材料 …… 121
 10.5　付款流程 …… 121
  10.5.1　期中付款 …… 122
  10.5.2　竣工报表 …… 126
  10.5.3　最终报表 …… 126
  10.5.4　结清证明 …… 127
  10.5.5　最终付款证书的签发或最终付款 …… 128

		10.5.6 支付	130
		10.5.7 延误的付款	131
	10.6	雇主责任的中止	131

11 合同价格的变更和调整 ……… 133

- 11.1 变更 ……… 133
  - 11.1.1 "变更"的含义 ……… 134
  - 11.1.2 变更权:删减工作由他人执行 ……… 134
  - 11.1.3 承包商对变更的反对意见 ……… 135
  - 11.1.4 工程师/雇主的回应 ……… 138
- 11.2 价值工程 ……… 138
  - 11.2.1 1999 版 ……… 138
  - 11.2.2 2017 版 ……… 139
- 11.3 变更程序 ……… 140
  - 11.3.1 通过指示进行变更:第 13.3.1 条 ……… 140
  - 11.3.2 由于变更而要求提供建议书:第 13.3.2 条 ……… 143
  - 11.3.3 变更程序的新应用 ……… 144
- 11.4 合同价格的其他调整 ……… 145
  - 11.4.1 法律变更调整 ……… 145
  - 11.4.2 因成本变动调整 ……… 147

12 终止和暂停 ……… 148

- 12.1 雇主终止:因承包商违约 ……… 149
  - 12.1.1 终止理由:1999 版第 15.2 条 ……… 150
  - 12.1.2 1999 版第 15.2 条下的终止程序 ……… 152
  - 12.1.3 根据第 15.2 条终止后的估值和付款 ……… 152
  - 12.1.4 终止理由:2017 版第 15.2.1 条 ……… 154
  - 12.1.5 终止:2017 版第 15.2.2 条 ……… 156
  - 12.1.6 2017 版第 15.2.3 和 15.2.4 条下的终止程序 ……… 157
  - 12.1.7 第 15.2 条终止后的计价和付款 ……… 157

12.2 雇主终止:无理由终止 ································· 158
12.2.1 2017版第15.5条 ································· 159
12.2.2 2017版第15.6和15.7条 ························· 159
12.3 承包商的暂停权 ····································· 160
12.4 承包商的终止 ··· 161
12.4.1 1999版第16.2条:终止理由 ····················· 162
12.4.2 1999版第16.2条:终止 ························· 164
12.4.3 终止和付款的影响 ································ 164
12.4.4 2017版第16.2.1条:终止理由 ·················· 165
12.4.5 根据2017版第16.2条的终止 ···················· 167
12.4.6 承包商终止后的义务 ····························· 167
12.4.7 承包商终止后的付款 ····························· 168

13 工程保护、赔偿和保险 ···································· 169
13.1 工程照管 ··· 169
13.1.1 第17.1条:工程的照管责任 ······················ 169
13.1.2 第17.2条:工程的照管责任 ······················ 171
13.1.3 第17.2条:事件 ································· 171
13.1.4 第17.2条:事件发生的后果 ······················ 174
13.1.5 组合原因 ··· 174
13.2 赔偿 ··· 175
13.2.1 承包商赔偿:2017版黄皮书和银皮书 ············ 175
13.2.2 承包商赔偿:2017版红皮书 ······················ 176
13.2.3 雇主赔偿 ··· 177
13.2.4 分担赔偿 ··· 178
13.3 知识产权和工业产权 ································· 178
13.4 保险 ··· 179
13.4.1 2017版 ··· 179
13.4.2 第19.2.1条:工程 ································ 179
13.4.3 第19.2.2条:货物 ································ 180
13.4.4 第19.2.3条:违反职责的责任 ···················· 180

13.4.5　第19.2.4条:人身伤害和财产损失 ·················· 180
　　13.4.6　第19.2.5条:员工伤害 ···························· 181
　　13.4.7　第19.2.6条:适用法律和当地惯例要求的其他保险
　　　　　　 ·· 181

14　异常事件ᅠ·· 182
　14.1　异常事件示例 ·· 182
　14.2　通知要求 ··· 183
　14.3　将延误减至最小的责任 ································ 183
　14.4　异常事件的影响 ·· 184
　14.5　自主选择终止 ·· 185
　14.6　根据适用法律解除履约 ································ 185

15　雇主和承包商的索赔 ·· 187
　15.1　索赔的类别:第20.1条 ································· 187
　15.2　对时间和/或费用的索赔 ······························ 189
　　15.2.1　索赔通知:第20.2.1条 ···························· 189
　　15.2.2　第20.2.1条:时间限制 ···························· 190
　　15.2.3　对索赔的初步回应:第20.2.2条 ··············· 190
　　15.2.4　同期记录:第20.2.3条 ···························· 191
　　15.2.5　全面详细的索赔报告:第20.2.4条 ············ 192
　　15.2.6　第20.2.4条:时间限制 ···························· 193
　　15.2.7　索赔协议或决定:第20.2.5条 ·················· 194
　　15.2.8　与1999版的比较 ·································· 195
　　15.2.9　协商或决定时间限制问题 ······················ 196
　　15.2.10　影响索赔的其他时间限制 ···················· 197
　　15.2.11　时间条:总结 ······································· 197
　　15.2.12　更多细节 ·· 198
　　15.2.13　有持续影响的索赔:第20.2.6条 ············· 199
　15.3　一般要求:第20.2.7条 ·································· 199

16 争议解决 ·········· 201
16.1 1999版合同的三级程序 ·········· 202
16.2 2017版合同 ·········· 203
16.2.1 争议 ·········· 203
16.2.2 获得DAAB裁决的程序 ·········· 204
16.2.3 提交争议：第21.4.1条 ·········· 204
16.2.4 争议提交后当事人的义务：第21.4.2条 ·········· 205
16.2.5 DAAB的裁决：第21.4.3条 ·········· 205
16.2.6 对DAAB的裁决不满意：第21.4.4条 ·········· 206
16.3 DAAB的任命 ·········· 208
16.3.1 单名或三名仲裁员 ·········· 209
16.3.2 DAAB协议和DAAB程序规则 ·········· 210
16.4 未能任命DAAB成员 ·········· 211
16.5 争议避免 ·········· 212
16.6 和解 ·········· 213
16.7 仲裁 ·········· 213
16.7.1 开始仲裁的一方 ·········· 214
16.7.2 开始仲裁的时间 ·········· 214
16.7.3 仲裁的选择 ·········· 215
16.7.4 国际商会仲裁 ·········· 216
16.7.5 仲裁庭的权力 ·········· 216
16.7.6 支付金额 ·········· 218
16.7.7 成本 ·········· 218
16.8 未能遵守DAAB的裁决 ·········· 218

索引 ·········· 221
后记 ·········· 250

1 2017 版合同综述

1.1 引言

2017年12月,菲迪克三种主要建设合同①条件第二版在伦敦用户大会上正式推出。新红皮书、新黄皮书和新银皮书是自1999年以来对这三种主要合同的首次更新,因此备受期待。

合同更新的主要目的之一是增强明晰性和准确性。读者会看到一些按字母排序(第1.1条)的新定义,例如,"索赔(Claim)""争议(Dispute)""通知(Notice)"和"进度计划(Programme)"现在是专门定义的术语;为了便于非英语母语读者更好地理解文本,还定义了"可能(May)""应(Shall)"和"同意(Consent)"等术语。"专用合同条件(Particular Conditions)"现在的定义包括A部分"合同数据(Contract Data)"和B部分"特殊条款(Special Provisions)"。在1999版合同条件中所使用的"加上合理利润(Plus Reasonable Profit)"在实践中常常遭遇困难,新版合同增加了一个新的定义"成本加利润(Cost Plus Profit)",是指合同数据中规定的承包商利润百分比,或默认为5%。

2017版菲迪克合同涉及一项重要的程序变化——"通知"。根据新版菲迪克合同的第1.3条,除其他要求外,"通知"必须采用书面形式并表明其本身为"通知"。相比以前,现在有更多的情况需要用到通知,并且在发出通知时会触发时间限制。例如,根据新黄皮书和新红皮书第3.5条或新银皮书第3.4条,如果承包商收到未声明为变更的指令,但实际上已构成变更,那么承

---

① 译者注:菲迪克三种主要建设合同指菲迪克的红皮书、黄皮书和银皮书,即《施工合同条件》、《生产设备和设计-施工合同条件》和《设计采购施工(EPC)/交钥匙工程合同条件》。

包商必须在开始任何相关工作之前,及时发出通知说明其影响和理由。如果工程师(红皮书和黄皮书)或雇主(银皮书)没有在规定期限内通过发出另一份通知来确认、撤销或更改指令来回应该指令,那么将视为工程师或雇主已撤销该指令。

相比 1999 版,在同意或确定合同项下的任何索赔或其他事项方面,合同管理者的职责被规定得更加详细,并逐步设定了时间期限。例如,2017 版黄皮书和红皮书第 3.7 条要求工程师首先与各方协商以达成一致;如果在 42 天内未达成一致,或双方"提前通知"未达成一致,工程师必须发出相应通知,并在 42 天(或其他约定的期限)内作出决定;如果工程师未在规定时间内作出决定,则视为工程师已拒绝了该索赔;任何产生争议的事项可能会被提交给争议避免/裁决委员会(DAAB)并由其作出裁定。类似规定也适用于 2017 版银皮书第 3.5 条。

编写新版菲迪克合同的另一个主要目标是改进项目管理并反映国际最佳做法。为实现这一目标而设计的新程序包括要求承包商建立和实施质量管理体系以满足合同要求(第 4.9.1 条)和建立合规验证体系以证明设计、材料、工艺和其他事项都符合合同要求(第 4.9.2 条)。总体上,2017 版菲迪克合同更加强调争议避免机制,包括增强争议避免/裁决委员会的作用和促进项目各相关方之间的合作。

1.2 彩虹系列:1999 版红皮书、黄皮书和银皮书的主要特点

1.2.1 1999 版红皮书

1999 版红皮书的起源可以追溯到 1957 年,当时引入了基于英国土木工程咨询工程师协会(ACE)合同的第一版。ACE 合同又是当时英国主要的工程合同——英国土木工程师学会(ICE)合同第四版的国际版本。

鉴于其合同的重要特征,红皮书的起源不仅具有历史意义,而且可以说,1999 版三本书的出世都归功于此。例如,"符合目的(Fitness for Purpose)"和"引发的损失(Consequential Loss)"等表达方式都是三本书中普遍使用的表达方式。更宽泛地说,1999 版的合同是用英文起草的。在 1999 版和 2017 版的注释中明确表示,英文版本为官方文本。

红皮书自1957年问世以来经历了数次修改,最终1987年的第四版得到广泛的使用,菲迪克工作组在准备1999版(也称"第一版")红皮书时主要参考的就是这个版本。1999年是菲迪克合同的分水岭,当时构成"彩虹系列"的三种主要合同同时发布。1999版的每份合同都采用了相同的简化版20条款格式,许多相同的主题采用相同编号的条款。这些共同点让它们被统称为"第一版",即它们是一套经过彻底改革和重组的全新合同的第一版。

- **雇主设计**

1999版红皮书的主要特点是雇主负责工程的全部或大部分设计。1999版(和2017版)的标题是《由雇主设计的建筑和工程施工合同条件》。这并不是说承包商完全不负责任何设计,而是该合同旨在用于雇主或其代表负责全部或大部分设计的情况。根据红皮书,承包商的基本责任是按照雇主或其代表编制的设计来执行工程。

- **重新计量**

1999版红皮书的第二个主要特点是:它是一份重新计量合同。承包商有权利根据其所实施的工程量按照合同项下的工程量清单费率得到相应款项。这与菲迪克彩虹系列的其他两本书(即黄皮书和银皮书)形成鲜明对比,根据黄皮书和银皮书,承包商的基本权利是按固定总价得到相应款项,但可以因变更等情况进行相应调整或增加。

- **工程师**

红皮书的第三个特点与黄皮书相同,即工程师(咨工)成为重要角色。根据1999版和2017版红皮书,雇主有义务任命一名工程师来管理合同。工程师不是合同的任何一方,但其行使一系列管控项目的重要职能,并影响雇主和承包商双方的权利。从广义上讲,这些职能涉及:管理合同,例如对承包商应得的中期付款进行认证;决定双方在合同项下的某些事项,例如承包商获得延长工期或额外付款的权益。

工程师的另一项职能——决定职能,特别强调了其双重角色,即工程师出于各种目的,既是雇主的代理人,又是双方应得权利的决定者。根据菲迪克合同,工程师对延期或额外付款等事项通常不具备最终决定权,正如我们看到的,如果违反时间期限,工程师的决定也可能成为最终决定;但确保工程师在做出决定时尽可能维护双方之间的公正和公平是非常重要的。因此,1999版和2017版的红皮书和黄皮书都明确规定:工程师应当根据合同,并考虑到所有相关情况公平行事(1999版第3.5条,2017版第3.7条)。在2017版红皮书和黄皮书中,明确附加要求工程师应在各方之间中立行事,而非代表雇主行事(2017年版第3.7条)。2017版还规定,不要求工程师在根据第3.7条行使职权之前获得雇主的同意(第3.2条)。

2017版红皮书和黄皮书中工程师的角色是对起源于英国的菲迪克合同的一种承袭。英国国内的工程合同历来赋予工程师以重要角色,与菲迪克合同中的工程师角色大致相同;过去,工程师被视为专业人士,受到高度尊重,双方都希望其在履行所有职能时保持中立和公平。一段时间以来,工程师的这种传统意义上的地位已经被削弱,在许多国际项目中,工程师仅被视为雇主的喉舌。出于这个原因,2017版试图通过第3.2条和3.7条中的新规定来加强预期中的工程师的中立性。

- **风险分配**

1999版红皮书的第四个特点,也是与1999版黄皮书的共同特点,即考虑各方管理和控制风险的能力后,在承包商和雇主之间公平、公正地进行风险分配。例如,根据这两本合同书的第4.12条,如果承包商遇到的外界条件是不可预见的,即一个有经验的承包商在投标日(或2017版的基准日[①])是无法合理预见的[②],承包商可以要求增加工期和费用。合同通过在以下两方面取得平衡来分担风险:一方面需要保护雇主,让其免受有经验的承包商本应预见的外界条件引起的增加工期和成本的影响;另一方面需要保护负责任的承包商,让其免受在投标阶段无法合理预见的外界条件引起的增加工期和成本的影响。

菲迪克历来享有的在各方之间公平分配风险的声誉主要来自于这种方法,这不仅反映在1999版的红皮书中,在红皮书的前身和黄皮书(我们将在下文讨论)及其前身中也有体现;2017版的这两本合同书也是如此。

与下文第1.2.3节所述的1999版彩虹系列的第三本——银皮书相比,这两个版本的红皮书和黄皮书的索赔范围相当大。

---

① 在三本合同书的两个版本中的第1条,"基准日"被定义为提交投标书的截止日期之前的28天。

② 在2017版三本合同书中的第1条,"不可预见"被定义为"一个有经验的承包商在基准日期前是无法合理预见的"。

1.2.2 1999版黄皮书

黄皮书是1999版菲迪克合同系列中第二久远的,其起源可以追溯到1963年首次出版的机电合同——《机电黄皮书》。在机电工程合同中,许多设计在场外进行,由专业承包商负责安装。在这种类型的合同中,由承包商而不是雇主来负责主要设计,这一点更为合理。因此,1963版黄皮书是一种承包商负责设计的合同,在此合同的指导下,由承包商而非雇主负责全部或大部分的设计。

黄皮书经历了数次版本更新,最终在1987年出版了第三版,与菲迪克红皮书第四版同年出版。在编写1999版黄皮书时,工作组主要参考了1987版黄皮书,也参考了1995年首次出版的另一合同书,名为《设计建造和交钥匙工程合同条件》,也被称为橙皮书。

橙皮书的推出是为了适应日益增长的以设计建造或"交钥匙"方式获取项目的趋势,它的应用范围比1987版的黄皮书更广,因为它不只是一个专属于机电工程的合同。橙皮书的显著特点之一是工程师的用法不同,在橙皮书中,没有涉及工程师,只有雇主来管理合同。尽管在作出决定时仍需公平、合理地按照合同行事,但雇主并不打算保持中立。橙皮书的第二个重要特点是,它引入了独立的争议裁决委员会(DAB),这将在第16章中讨论。

1999版黄皮书取代了1987版黄皮书和1995版橙皮书。1987版黄皮书只涉及机电工程,而1999版黄皮书涵盖了承包商设计的任何建筑和工程,反映了橙皮书更广泛的应用范围。

· 承包商设计

因此,与红皮书相比,1999版黄皮书的首要特点是:它是一种承包商设计合同;根据该合同书,承包商负责全部或大部分的设计。

2017版也是如此,两个版本的标题相同,即《生产设备和设计施工合同条件》、《机电设备合同条件》以及《承包商设计的建筑和工程合同条件》)。

· 固定总包价格

两版黄皮书的第二个重要特点,同时也是其与红皮书的区别,即它们是固定总价合同,而不是重新计量合同。承包商的基本权益是获得一个固定的价格,这个价格在合同中从一开始就被以一次性总额的形式列明;只有在发生变更或出现不可预见的外界条件时,才能根据合同条款对价格进行调整或增加。

- **工程师**

两版黄皮书的第三个主要特点与红皮书一样,工程师被赋予了一个重要的角色,在两个版本中履行相同的职能,工程师在 2017 版中也必须保持中立。

- **风险分配**

两版黄皮书的第四个特点也与红皮书一样,即在承包商和雇主之间寻求达成公平的风险平衡。承包商在红皮书中可以索赔的许多情况(例如,遇到不可预见的自然困难)在黄皮书中也同样有效。

1.2.3 1999 版银皮书

与彩虹系列的其他两本书不同,1999 版银皮书是一种全新的合同。它的推出是为了满足市场对使项目发起人在时间和预算方面具有最大的确定性的需求。这种需求在"建设-运营-转让"和其他特许类型的项目中尤为明显。在这些项目中,项目融资对发起人施以巨大限制,以确保项目在预算内按时完成,而黄皮书和红皮书所特有的公平或公正的风险分配完全不适用于此类项目。发起人的需求是,根据合同,承包商承担几乎所有的风险,而且索赔的机会非常有限。

菲迪克注意到一种趋势,即发起人通常会修改黄皮书的通用条件,使承包商承担尽可能多的风险,这往往会造成灾难性的后果。为了避免这种趋势,同时也为了满足对新合同的需求,菲迪克在 1999 年推出了银皮书。它不仅可用于特许类型的项目,也可用于项目发起人要求对时间和预算有最大确定性的任何情况。

两版银皮书的标题都是《EPC/交钥匙工程的合同条件》。EPC 是 Engineer-Procure-Construct 的缩写,表示承包商在合同中的责任范围;承包商负责工程设计、所有采购和施工。承包商根据雇主的要求进行设计,在某些情况下,虽然可能包含大量的工程设计,但雇主的要求也不过是一项性能规范而已。

在银皮书的标题中,"交钥匙"一词与"EPC"同义使用,表示承包商将向雇主承包整个工程,以便"在转动钥匙时"拥有生产设备或其他设施。因此,雇主在设计、采购和施工方面负有单一责任。

与黄皮书相比,银皮书使项目发起人在时间和成本方面获得了更大的确定性。在这本合同书中,承包商同意一次性的固定总价,并且拥有的时间或费用的增加区间非常有限。相应地,承包商被迫为风险定价,因此,银皮书合同可能会导致发起人的项目成本大大增加。由于这个原因,银皮书合同有时被称为"劳斯莱斯式"的采购方法。

当承包商被邀请以银皮书的形式进行投标时,菲迪克建议谨慎行事。指导意见的大意是:除非承包商有机会评估所有相关的风险,否则不应考虑在此基础上签订合同;而在投标期和可用资源有限的情况下,实际很难做到。尽管这取决于个别承包商的议价能力,但在实践中经常发生的情况是各方会就承包商的全面责任的例外情况进行谈判。例如,确定承包商不负责或不承担风险的特定设计或资料项目。即使有这种例外情况,一个负责任的承包商在决定以银皮书为基础签订合同之前,也需要非常谨慎,而且大多要在议价中为剩余风险留有缓冲余地。

在银皮书中没有涉及工程师,在1999版中雇主可以自己管理合同,尽管他通常会指定一个雇主代表来代表其行事。无论是否指定代表,在1999版银皮书中,任何决定都必须是公平的,符合合同规定的,并考虑到所有相关情况的。

在2017版银皮书中,雇主有义务指定一名雇主代表,因此不能自己管理合同。与1999版一样,决定必须是公平的,符合合同的,并考虑到所有相关情况的(第3.5条)。在2017版中增加了一项额外的要求(也在第3.5条中),即在履行决定职能时,雇主代表不得被视为代表雇主行事;然而,与2017版黄皮书和红皮书不同,银皮书不强制要求雇主代表保持中立,尽管在实践中这是否会产生很大差异尚不完全清楚,因为这三本书的两个版本,均要求裁定必须是公平的,符合合同并考虑到所有相关情况的。

在决定的效力方面,1999版银皮书与2017版银皮书以及两个版本的黄皮书和红皮书之间存在很大差异。在1999版银皮书中,除非承包商在14天内发出其对决定不满的通知,否则各方需按要求执行决定;然后他可以根据第20.4条将此事提交给DAB。在两个版本的黄皮书和红皮书中,双方都必须执行决定,除非该决定被DAB或DAAB修改,或最终被仲裁庭修改。在某些情况下,这种差异可能有利于承包商:例如,在雇主有权获得付款的情况下,就对承包商有益,因为承包商可以在14天内对决定表示不满,从而推迟付款。在2017版银皮书中,银皮书对雇主在合同管理中的角色进行了修订(雇主不再被允许自行管理合同),以使其与其他合同书一致,根据这项变更,双方都必须遵守并执行决定,除非并直至DAAB(或最终仲裁庭)对其进行修订。

1.3　银皮书中承包商的风险：两个例子

以下两个例子可以说明银皮书与其他两种菲迪克合同（即红皮书与黄皮书）的不同之处。

1.3.1　不可预见的困难

两个版本的银皮书均在第4.12条规定：

除非合同（或2017版的专用条件）另有规定，否则承包商：(a)应被视为已获得关于风险、意外事件和对工程可能产生影响和作用的其他情况的全部必要资料；(b)通过签署合同，他承担对可预见的为顺利完成工程的所有困难和费用的"全部职责"；(c)合同价格不得因任何未预见的困难或费用而调整。

这种全面的风险分配与两个版本的黄皮书和红皮书的第4.12.4条形成对比，承包商在这两个版本的第4.12.1至4.12.3条的相关通知和其他要求的前提下，如果遇到不可预见的实际情况，即有经验的承包商在投标日（1999版）或基准日（2017版）也无法合理预见的实际情况，可以要求增加时间和费用。

1.3.2　雇主要求中的错误

1999版黄皮书和银皮书规定，承包商有义务按照合同设计、执行和完成工程，使工程在完工后符合"合同中规定的目标"（第4.1条）。这与2017版是类似的，不同之处在于工程完成后要符合"雇主要求中定义或描述的"目标，或者，如果没有定义或描述的目标，需符合其"通用目标"。

因此，2017版中的目标适用性义务不是以合同为基础的，而是以雇主的要求为基础的，或者在默认情况下以相关工程的"通用目标"为基础的。这些重要的区别将在第4.1节中被讨论[1]。

承包商对雇主要求中的错误承担责任的程度（包括所有设计标准和计算），在银皮书和黄皮书中明显不同。

---

[1]　在1999版红皮书中（第4.1条），如果承包商根据合同设计工程的任何一个部分，那么该部分在完工后必须符合合同中规定的该部分的预期目标。在2017版中，其目标是指与合同中规定的目标相一致，如果没有相关定义和描述，则指其与合同的通用目标一致。

在两个版本的银皮书中，除了某些有限的例外情况，即使不能合理地期望承包商发现雇主要求中的错误，承包商也要对这些错误负责。两个版本的银皮书第5.1条均规定，承包商被假定在基准日之前已经仔细检查了雇主的要求（如有设计标准和计算，包括在内），雇主不对合同中最初包括的雇主要求中的任何错误、误差或遗漏负责，除非适用第5.1条(a)至(d)项中规定的任一例外情况。这些例外情况将在第5.1.1节中进行讨论。

黄皮书对雇主要求中的错误的处理方式截然不同。假定一个有经验的、谨慎的承包商在某一日期前没有发现错误，承包商有权要求延长工期和/或成本加利润。

因此，1999版的第1.9条规定，如果雇主要求中的错误导致延误和额外费用，且有经验的承包商在根据第5.1条仔细检查雇主的要求时未能发现这些错误，则承包商有权索赔。2017版的第1.9条虽然更详细，结构也不同，但在确定承包商是否有权就雇主要求中的错误要求更多的时间或金钱上，采用了基本相似的检验方法[①]。

1.4 2017版合同中承包商和雇主新的潜在风险

2017版合同中包含了承包商和雇主的新的潜在风险，其中一些风险将在下文被重点列出，这些风险也将在特定章节中被详细讨论。

1.4.1 承包商的风险

·新的目标适用性赔偿

在2017版黄皮书和银皮书中，第17.4条规定了一项新的赔偿，即承包商应对在履行设计义务时的任何行为、错误或遗漏，导致工程完工后不符合第4.1条[②]规定的目标进行赔偿。在2017版红皮书中，这适用于承包商有相关设计义务的情况。

在黄皮书的预发行版本中，这项赔偿不在第17.6条规定的间接、后果性损失或整体责任上限的豁免范围内。然而，在友好审查期间，由于承包商的

---

① 关于黄皮书中雇主要求中的错误的更全面讨论，请参见第5.1.4节。
② 见第13.2.1节。

强烈反对,这一条款在已发布的2017版合同中被推翻了。根据新的红皮书和黄皮书第1.15条/银皮书第1.14条,现在赔偿既在豁免范围内,也在上限内[①]。

・责任限制的例外情况

2017版三本合同书中新的第1.15条和第1.14条不包括第17.3条规定的间接或后果性损失的知识产权和工业产权,也不包括第8.8条规定的误期损害赔偿费,前者被排除在该条款第二段规定的总责任上限之外[②]。此外,在1999版中,第17.6条没有限制任何欺诈、故意违约或轻率不当行为的责任,新的第1.15条和第1.14条将重大过失加入这一清单[③]。

・误期损害赔偿费和终止

1999版的第8.7条规定了误期损害赔偿费的最高金额。2017版也是如此,但2017版给了雇主一项新的权利,即如果承包商超过这一限额,雇主可以根据第15.2.1条(c)项终止合同[④]。

・不利的气候条件

1999版红皮书和黄皮书中的第8.4条(c)项规定,承包商有权就特别恶劣的气候条件要求延长工期,但这一表述的含义经常引起争议。2017版的两本合同书第8.5条(c)项在一定程度上作出了明确表述,但代价是将这一理由的范围限制在工地上的不利气候条件,该不利气候条件在雇主提供的气候数据和/或在有关国家公布的工地地理位置的情况中无法预见[⑤]。通过限定为只影响工地的条件,合同现在排除了基于其他地方的不利条件的索赔,即使这些条件影响了承包商保持进度的能力(例如,干扰了供应链)。

・修补缺陷/培训的费用

承包商应注意,2017版红皮书的第11.2条扩大了承包商执行第11.2条规定的未完成或补救工程的责任范围,新的第4.5条引入了培训雇主的雇员

---

① 2008版金皮书在第17.9条第二段中引入了"适用性赔偿"。与预发行版的黄皮书一样,该赔偿被排除在金皮书第17.8条关于间接损失或后果性损失的一般免责条款之外,但仍在总体责任上限(第17.8条第二段)之内。因此,预发行版的黄皮书遵循金皮书的规定,引入了"承包商适用性赔偿",但又超出了金皮书的规定,将赔偿排除在间接损失免责条款和总体赔偿责任上限之外。

② 见第2.8.2节。

③ 见第2.8节。

④ 见第12.1.3节。

⑤ 见第7.6节。

和/或其他指定人员的要求(如果在技术规格书中有所说明)。

尽管根据第4.1条(d)项规定,承包商有责任在竣工试验开始前提交竣工文件和操作和维护手册,但在1999版红皮书中承包商没有培训义务,也没有其他两本合同书中第11.2条(c)项规定的具体责任。在1999版黄皮书和银皮书中,第11.2条(c)项要求承包商在执行任何工作的过程中,对第5.5至5.7条规定的应负责的事项,自行承担因其操作或维护不当而导致的风险和费用,即培训(在雇主要求中规定的范围内)、提供竣工文件和操作和维护手册,或其他事项。

这些差异现已在2017版的红皮书中删除。根据红皮书第4.5条规定,如果在技术规格书中有所说明,承包商现今有义务为雇主的雇员和/或其他特定人员提供培训,并且对于因未能提供此类培训、操作和维护手册或竣工记录而导致操作或维护不当,与黄皮书和银皮书中承包商承担同样的责任[第11.2条(c)项][1]。

1.4.2 雇主的风险

- **对工程的照管责任和赔偿**

1999版三本合同书中的第17.3条定义了一些雇主的风险,如果这些风险最终应验,承包商有权延长工期和/或获得因补救损失或损害所产生的费用。2017版的第17.2条明显增加了雇主承担的风险[2],尤其是包括了一项通用的清算条款,涵盖了雇主的人员或雇主的其他承包商的任何行为或违约情况。

雇主在第17.5条中对承包商的赔偿也扩大到包括死亡或人身伤害,以及由雇主、雇主的人员或他们各自的代理人的疏忽、故意行为或违约行为造成的工程以外的任何财产损失或损害。并且,只要这些损失或损害是第17.2条规定由雇主承担风险的事件所引起的[3],雇主就必须作出赔偿。

- **延长时间**

在2017版的三本合同书中,承包商要求延长工期的权利有所增强。

(a) 进场通道

1999版的合同书中均规定,对于承包商所需使用的进场通道出现任何不

---

[1] 见第9.2节。
[2] 见第13.1.3节。
[3] 见第13.2.3节。

适合或不可用的情况,由承包商无条件承担费用。例如,如果进入通道被雇主或由雇主负责的人员(包括在现场的其他承包商)改动,且承包商因此而延误工期,他可以根据第8.4条(e)项要求延长工期,因为通道的改动是由雇主、其负责的人员或在现场的其他承包商造成的,或者说由于他们的耽搁、妨碍或阻止造成的;但如果通道是由第三方改动的,承包商就不能以此为由要求延期,第4.15条似乎也不能给他提供任何要求延期的依据。

承包商的地位因2017版的第4.15条而得到改善,该条款(在第4.15条的最后一段)规定,如果由于第三方以及雇主在基准日之后对通道的改动而导致通道不适合或不可用,并导致延误和/或费用增加,承包商可以要求延长工期和/或支付该费用。这填补了1999版合同中的一个重要空白。

(b) 私人实体事业

根据2017版合同,承包商现在可以根据新的第8.6条,对涉及项目所在国的公共当局和私人实体造成的延误,要求延长工期。在1999版的合同中,第8.5条只允许对公共当局造成的延误提出索赔。这对早期的合同进行了更新,以反映如今许多公共设施是由私人实体提供的事实,这对承包商的索赔权利是一项重大的补充。

(c) 雇主提供材料的短缺

在2017版的三本合同书中,因流行病或政府行为造成的雇主提供的材料以及人员或货物的短缺属于不可预见的情况,承包商可以要求延长工期[2017版红皮书和黄皮书第8.5条(d)项以及银皮书第8.5条(c)项]。在1999版的红皮书和黄皮书中,承包商[根据第8.4条(d)项]只能对流行病或政府行为造成的不可预见的人员或货物短缺提出索赔,而在1999版的银皮书中,这一理由根本不存在。因此,2017版为银皮书承包商提供了一个全新的索赔依据,并通过增加"雇主提供的材料",扩大了其他两本合同书中现有的第8.4条(d)项的范围。

- **生产设备的潜在缺陷**

1999版的合同对雇主验收工程后(通过签发履约证书)出现的明显缺陷作出了规定,各方仍有责任去履行当时未履行的义务,为确定这些未履行的义务的性质和范围,视合同仍然有效(第11.10条)。这种责任的范围没有时间限制,只取决于管辖法律。

2017版合同第11.10条中包含针对潜在缺陷的相同规定,但引入了有关设备的时间限制。就设备而言,承包商不对设备缺陷通知期满两年后发生的任何缺陷或损坏承担责任,除非是法律禁止或存在欺诈、重大过失、故意违约或鲁莽的不当行为。因此,除上述例外情况外,除非第 11.10 条在特殊条款中被修订,否则两年届满,雇主无法就预期的潜在缺陷提出任何索赔,如装置、设备、机械或车辆等,无论这些设备是在现场还是以其他方式成为合同的一部分,并且旨在构成永久性工程的一部分(2017 版红皮书第 1.1.65 条/黄皮书第 1.1.66 条/银皮书第 1.1.56 条)。

- **雇主无理由终止合同和遗漏的工作**

承包商对 1999 版合同的不满之一是,如果雇主可以无理由终止合同,也就是说,在承包商没有任何过错的情况下,承包商也无权对因此遭受的损失要求赔偿。相反,第 15.5 条赋予承包商的权利却达不到因不可抗力而终止合同的权利。

这是不正常的,因此在 2017 版合同中已经纠正了这一情况。根据新的第 15.6 条,雇主现在如果无理由终止合同则必须对承包商因此造成的利润损失或其他损失或损害进行赔偿①。

还有一项重要的规定,即如果雇主将合同范围内的工作遗漏,以便由雇主或其他人来进行时,承包商有权获得利润损失赔偿。在 1999 版的合同中,全面禁止雇主指示取消承包商工作,以便由其他人来完成(第 13.1 条)。2017 版对这一点进行了修改,只有在承包商同意的情况下(第 13.1 条),才能允许工作遗漏,并由雇主或其他人进行(除非未能补救缺陷且适用第 11.4 条)②。然而,在这种情况下,承包商可以在其根据第 13.3.1 条提出的调整合同价格的建议中,列入因上述遗漏而承受或者即将承受的任何利润损失和其他损失或损害[第 13.3.1 条(c)项]③。

- **法律变更**

在 2017 版合同中,雇主面临另一个重要的新风险,即在新的第 13.6 条④中,由于影响项目的法律和法规发生变化,索取额外时间和/或金钱的范围大大增加。在 1999 版中,在基准日之后,如果因项目所在国的法律、司法或官方

---

① 见第 12.2.2 节。
② 见第 9.4 节。
③ 见第 11.3.1 节。
④ 见第 11.4.1 节。

解释导致延误和/或额外费用,承包商可以索取额外时间和/或金钱(第13.7条)。新的第13.6条对此进行了补充,规定了在基准日之后在以下方面进行的变更:

(a)雇主或承包商根据第1.13条(红皮书和黄皮书)或1.12条(银皮书)各自的义务而获得的任何许可、准许、执照或批复。

(b)承包商根据第1.13条(b)项/1.12条(b)项获得的任何许可、准许、执照或批复的要求,有权要求延长工期和/或就因此而造成的任何延误和/或费用要求支付额外费用。

然而,雇主的这一额外风险被第13.6条的新条款所抵消,该条款规定,如果法律的变化,包括上述对许可、准许、执照或批准的变化或要求,导致成本减少而不是增加,雇主有权要求减少合同价格。

1.5 菲迪克专用条件编制指南

如上文第1.1节所述,2017版合同中的专用条件包括合同数据和特别条款。1999版的合同也规定了专用条件,但没有将其分为这两类,而是更为笼统地列出了相关细节。为了更加清晰地说明,2008版金皮书将专用条件分为合同数据和特别条款,并在2017版中相应采用。与通用条件一起,合同数据和特别条款构成了2017版各版本的合同条件。

1.5.1 合同数据

在2017版各合同后面题为"专用条件编制指南"一节中,均提供了一个合同数据的例子。正如例子随附的简要说明所解释的那样,合同数据确定了在构成合同的文件完成之前需要提供的具体信息,以避免通用条件的某些默认条款生效。因此,雇主在准备标书时,在填写的合同数据中列出了通用条件中这些具体信息的每一条子条款。例如,第1.1.20条将"成本加利润"定义为成本加合同数据中规定的适用的利润百分比,如果没有规定,则为5%;合同数据示例表中的第一项提到了第1.1.20条,并留出一个空格供雇主填写,以确定加入成本的具体利润百分比。如果雇主希望避免使用默认的5%,需确保填写这一项。同样,合同数据中的第二项提到了第1.1.27条,要求说明适用于合同的缺陷通知期,否则将默认适用一年期限。其他合同数据项包括应当竣工时间、管辖法律、裁决语言和其他许多需要解决的重要具体细节。

1.5.2 特别条款

特别条款允许双方修改通用条件。为了满足项目的具体需要,任何合同都不可避免地要进行这样或那样的修改。正如菲迪克在其指南中指出的那样,根据当地的法律要求,可能需要对通用条件进行修改,尤其是将其用于国内合同时。在对通用条件进行任何修改时需要特别注意,必须确保这些修改内部保持一致,并且与未修改的通用条件一致;否则可能会出现混乱和争议。

正如菲迪克在指南中指出的,特别条款优先于通用条件,合同数据优先于特别条款。这与通用条件的第1.5条是一致的,该条规定了构成合同的文件之间出现任何冲突、含糊或不一致时的优先级。

1.5.3 黄金原则

《菲迪克合同指南》中,敦促各方在起草特别条款时须考虑某些"黄金原则"。这些黄金原则旨在确保对通用条件的修改仅限于因项目的特定特征所必须的修改和遵守适用法律所必须的修改;在红皮书和黄皮书的指导下,不改变菲迪克合同公平和平衡的本质特点;并且合同仍然是可识别的菲迪克合同。指导意见中规定了五个条件,其中一些条件在实践中可能比较容易遵守。例如,通用条件1是,所有合同参与者的职责、权利、义务、角色和责任必须与通用条件中所隐含的一样,并适合项目的要求。然而,这一点在实践中如何应用,甚至在一个特定的项目中是否应该尝试应用,可能并不明显。另一方面,通用条件2,即专用条件必须明确地、毫不含糊地起草,当然这是有益的通用建议。

1.5.4 招标文件

《菲迪克合同指南》提供了关于准备招标文件的有用说明,这些说明也是在1999版后面的注释的基础上扩展的。

黄皮书和银皮书中关于雇主要求内容的指导特别有用。菲迪克在2017版的说明中更加强调了投标文件需要由具有相应资质的工程师编写,他们不仅要熟悉所需工程的技术,还要熟悉设计-建造项目(黄皮书和银皮书)或建筑项目(红皮书)的特殊要求和合同条款,并建议由具有相应资质的律师进行审查。该说明还提到将参照2017版的菲迪克合同,更新拟定稍后出版的《菲迪克采购程序指南》,以给招标人提供招标文件内容和格式上的指导。

1.5.5 起草选项

菲迪克指南提供了各种子条款的选择,部分附有措辞范例,部分则附有说明和建议。这些都是在作为指南部分内容的特别条款编写说明中列出的,非常值得考虑。

例如,关于定义的说明(第1.1条)给出了一些有用的警告,即对定义的任何修改都可能对合同文件的解释产生严重的后果,一般情况下不应该进行修改。但接着又提供了一些具体的例子,如基准日,或者在工地跨越两国边界的情况下,可以进行有效地修改。

例如,在第1.15条下提供了措辞范例,在处理赔偿责任的限制问题时,当各方希望考虑到根据第19条投保的责任时,可参照每个潜在的损害项目规定具体的责任。其他例子涉及临时金额的说明(第13.4条)、成本变化的调整公式(第13.7条)和付款时间表的说明(第14.4条)以及融资安排,并附有措辞范例。

1.5.6 建筑信息模型

2017版还包括每种合同所附的指南中关于在项目使用建筑信息模型(BIM)系统的情况下使用菲迪克合同的咨询说明,并对起草专用条件时需要审查的通用条件的具体条款给予指导。菲迪克认为有必要提供更详细的指导,因此打算在以后发布《技术指南》和《BIM专用范围定义指南》。

1.6 范本

与1999版一样,2017版的背面载有示例范本,特别是所需担保的格式(如预付款担保),红皮书和黄皮书的投标书、中标通知书和合同协议的范本,银皮书的投标书和合同协议的范本,以及在每种情况下的争议避免/裁决协议的范本。

2 关键一般规定

2.1 定义

2017版合同的第1项条款包含了一些一般规定,从第1.1条列出的定义清单开始,到第1.2条"定义"标题下对各种表达方式的进一步定义,如:"written(书面的)"或"in writing(书面方式)""may(宜,可以)"和"shall(应该)",以及对解释合同的通用性指导,如表示一种性别的词包括所有性别。

第1.1条的定义是按字母顺序排列的,而不是像1999版那样在不同的主题标题下被列出,主要给出了合同中出现的带首字母大写的名词的含义,例如,"Works(工程)"、"Materials(材料)"和"Review(审查)"。与1999版一样的是,凡是在合同正文中带有首字母大写的表达都在第1.1条被定义过。

2.2 通知和其他通信交流

2017版合同中最重要的一条一般规定是第1.3条中关于通知和其他通信交流的规定。2017版的第1.1条对"通知"的定义,是指根据第1.3条确定为通知并发出的书面通信。1999版的第1.3条也包含了关于合同下的正式通信交流的规定(如通知),但2017版的定义更详细,且更多地使用了关于通知及其相关时间限制的规定,因此需要特别注意。

2017版的第1.3条要求,根据合同发出的任何通知,或发布、提供、发送或类似的其他通信交流(例如,决定或指示)应是书面的,并且满足以下任一条件:

(a) 由授权代表(如承包商代表或工程师)签署的书面原件。

(b) 从合同数据[①]所述的系统中生成的或工程师(在银皮书中为雇主)可接受的电子原稿；此外，电子原稿必须通过唯一指定给授权代表的电子邮箱传送。

此外，如果是通知，则该通信交流必须被标识为通知。如果是另一种形式的通信交流，则必须标明，并在适当情况下引用所依据的合同条款。

对包括通知在内的通信交流的其他要求是，必须按照合同数据中规定的收件人通信地址(或已通知的变更后地址)进行交付、发送或传送，并且不得无理由扣留或拖延。

一项重要的附加条款涉及变更指令。2017 版红皮书和黄皮书的第 3.5 条和 2017 版银皮书的第 3.4 条要求，在处理涉及指令变更的第 13.3.1 条规定之前，该包含指令的通信必须说明它构成变更；否则，将启动第 3.5 或 3.7 条规定的通知和反通知的程序，其目的是在前期阶段确定指令是否会构成变更，而不是将这个问题推迟到后期阶段。在本书第 11 章中，将会对 2017 版菲迪克合同的流程的新变化进行研究分析。

2.3 法律和语言

2017 版菲迪克合同的第 1.4 条涉及合同的管辖法律以及合同或通信交流的语言，都是应该在合同数据中说明的重要事项。

2.3.1 管辖法律

合同的管辖法律是确定合同各方权利、义务和责任所依据的法律体系，考虑到合同及其相关项目的复杂性，应该商定一个可靠的、足够成熟的法律体系。如上文第 1.2 节所述，菲迪克格式源于英国，其重要特性反映了英国或普通法的相关理念。然而，不管当地管辖法律如何，菲迪克合同都能成功应用，菲迪克以往的合同以及 2017 版的特点之一是尽可能地确保通用条件在当事人选择的特定管辖法律方面是中立的。

[①] 2017 版中的合同数据是指构成专用条件 A 部分的题为"合同数据"的页面；在 1999 版的专用条件中没有题为"合同数据"的部分，相反，在黄皮书和红皮书中，相关细节包含在投标书附录中，在银皮书中，相关细节包含在专用条件中，与需要插入细节的各种条款编号相对应，例如应当竣工时间、缺陷通知期以及合同的法律和语言。

管辖法律应区别于与合同项下或与合同有关的争议裁决程序相关的法律。例如,在受纽约法管辖的合同下产生的争议,可以在巴黎、伦敦或新加坡通过仲裁解决。如果仲裁地在伦敦,那么与仲裁有关的任何程序性问题,如程序中的严重违规行为,将通过主要包含在《1996年仲裁法》中的英国程序法来处理;该法还决定一方当事人在多大程度上能够以仲裁庭缺乏管辖权为由撤销任意裁决,例如,一方当事人在多大程度上有权就法律问题对裁决提出上诉。

2.3.2 合同/通信的语言

这是一个重要的问题,因为跨境合同往往涉及讲不同语言的当事人,他们很可能用自己的语言来起草合同。重要的是要确定"主导"语言,以便明确地解决任何这些不同语言版本之间的冲突。因此,在2017版中,与1999版一样,各方应在合同数据(2017版)或投标书附录/专用条件(1999版)中确定主导语言。确定通信交流所采用的语言也很重要,这一点也应在合同数据(或1999版的同等文件)中说明。

2.4 文件的优先级

在三种合同的两个版本中,第1.5条均涉及文件的优先级。菲迪克合同由一系列文件组成,因此这些文件之间存在着冲突、含糊或不一致的风险。第1.5条首先说明了一般原则,即构成合同的文件应该是可以相互解释的。然后列出了各文件的类别,并赋予其优先级,从而使它们之间的任何冲突、歧义或差异都可以通过将相关文件分配到适当的层次中来解决。例如,在两个版本的黄皮书中,合同协议书在优先顺序中占首位,其次是中标通知书和投标书[1]。在2017版中,发现有歧义或差异的一方必须通知工程师(在银皮书中为另一方),并给予适当的澄清或指示。

---

[1] 在菲迪克合同中,合同协议书根据所涉及的合同具有不同的地位。红皮书和黄皮书规定,雇主以中标通知书的形式接受承包商的投标书,合同即告成立,合同成立的日期取决于管辖法律,例如,这可能是承包商收到中标通知书的日期。不过,合同协议书仍需签署。这份简短的文件列出了合同双方、基本条款(包括要实施的工程)、合同价格以及其他细节。红皮书和黄皮书规定,如果没有中标通知书,则可将其视为合同协议书,"……发出或收到中标通知书的日期是指签署合同协议书的日期"(2017版第1.1.50条/1999版第1.1.1.3条)。另外,两个版本的银皮书都将合同视为在签署合同协议书时成立;银皮书中没有中标通知书/投标书。合同协议书可以规定在银皮书合同完全生效之前需要满足的条件。

关于第1.5条在实践层面的一个重要问题是,在优先级的最底端,为构成合同的"任何其他文件"留有空白处。这是一个潜在的陷阱,因为很可能有一些合同文件不属于优先级中其他部分的任何类别,但它们非常重要,需要比所列的一些文件优先级更高,例如,合同文件中可能有非常重要的技术要求,但不应该处于最低优先级。因此,应注意确保在优先级中给予那些可能不属于现有类别的文件一个适当的位置,否则它们将被默认为最低优先级。

在许多项目中,先合同文件在合同中附加一项优先条款的做法并不罕见,其目的是防止与合同条件的定制修订等不一致的风险。然而,正如最近英国高等法院对国内分包合同的裁决所强调的,如果要避免意外,就必须仔细注意构成合同的所有技术和商务文件。在 *Clancy Dowcra Ltd v E.ON Energy Solutions Ltd*(2018) EWHC 3124(TCC)一案中,法院认为,尽管有条款规定优先考虑将地基情况的风险置于分包商的修正条款,但当遇到不利的地基情况时,分包商能够根据附在分包合同上的招标文件中的免责条款来免去责任,因为这些条款已经界定了分包合同的工程范围。因此,无论赋予何种优先级,如果没有充分注意其效力或范围,在合同中附加文件可能会产生意想不到的后果。

2.5 雇主要求中的错误/延迟的图纸和指令

如上文第1.3.3节所述,在两个版本的黄皮书中,如果雇主的要求中存在错误,而有经验的承包商在应有的谨慎情况下不能发现这些错误,则承包商在某些情况下可以要求延长工期和/或额外的成本加利润。我们在下文研究了2017版黄皮书第1.9条规定的这一权利,以及2017版红皮书第1.9条的规定,即如果没有及时向承包商提供任何必要的图纸或指令,承包商有权要求延期和获得成本赔偿。

2.5.1 雇主要求中的错误:黄皮书第1.9条

根据第5.1条规定,承包商有义务在雇主根据第8.1条规定发出工程开工通知后,仔细检查雇主的要求。如果承包商发现雇主的要求中存在错误、过失或缺陷,必须在合同数据规定的期限内(如果没有规定,则视为42天)向工程师发出通知,从开工日起计算。如果期满后,承包商发现了错误、过失或缺陷,也必须向工程师发出通知,并说明情况。

然后,工程师必须根据第 3.7 条确定下述每一条:

(a) 雇主的要求是否存在缺陷。

(b)(考虑到成本和时间)经验丰富的承包商在提交标书前检查现场和雇主要求时,或在审查第 5.1 条雇主要求时是否足够谨慎并发现缺陷(如果缺陷是在前款所述期限届满后通知的,从开工日起日计算)。

(c) 承包商需要采取何种措施(若有)来纠正缺陷。

如果一个有经验和谨慎的承包商无法发现缺陷,并因此而被迫延长工期和/或产生额外费用,可以要求延长时间和/或支付成本加利润。如果承包商因缺陷而被要求采取措施,有权根据第 13.3.1 条将其视为指令性的变更,相应地适当延长工期和/或增加费用,而无需索赔。

2.5.2　延迟的图纸和指令

作为雇主设计的合同,红皮书中没有包含雇主要求,但如果工程师延迟提供必要的图纸或指令,导致承包商延误或中断工程,两个版本的红皮书第 1.9 条都涉及承包商在这种情况下的权利。

2017 版红皮书[①]的第 1.9 条规定,如果任何必要的图纸或指令没有在合理的特定时间内发给承包商,导致工程可能会被延迟或中断,承包商应向工程师发出相应通知。该通知必须包括必要的图纸或指令的细节,说明其发布的原因和须在何时发出,以及如果延迟发布造成工程延误或中断的性质和产生的金额。

如果工程师未能在通知中规定的合理时间内发出图纸或指令(细节),导致承包商延长工期和/或产生费用,承包商可要求延长时间和/或支付成本加利润;但是,如果工程师的失误是由承包商的错误或延误所造成的(包括承包商提交的文件的错误或延误),那么承包商将无权要求延期或额外付款。

2.6　文件的使用

2017 版红皮书和黄皮书的第 1.10 条和第 1.11 条以及 2017 版银皮书的

---

① 1999 版红皮书第 1.9 条的规定大致相同。

第1.9条和第1.10条分别涉及雇主对承包商文件的使用和承包商对雇主文件的使用。这些都是重要的条款，尤其是从承包商的角度，更确切地说，是从设计-建造承包商的角度来看。

雇主对承包商文件的使用在2017版的三类合同书中都有类似的处理方式。首先，三者均有明确的规定，承包商将保留承包商文件以及其他由承包商或代表承包商制作的设计文件的版权和其他知识产权（在红皮书中，这只适用于承包商制定或准备这些文件的情况）。承包商向雇主授予许可，允许其复制、使用和交流承包商文件和其他设计文件（包括在工程相关部分的实际或预期运行周期内对其进行修改和使用）。在合同终止的情况下，雇主可继续复制、使用和交流有关文件，以完成工程，或在适当情况下安排其他人这样做。

例如，若雇主无理由终止合同，承包商则有权获得付款。此外，在未经承包商同意的情况下，雇主或雇主代表方不得在第1.10条所允许的目的以外的情况下使用、复制或向第三方传播这些文件。

就承包商对雇主文件的使用而言，雇主保留对雇主要求（黄皮书和银皮书）或技术规格书和图纸（红皮书）以及其他由雇主或代表雇主制作的文件的版权和其他知识产权，但允许承包商出于合同目的自费复制、使用和交流这些文件。此外，除合同所需外，禁止在未经雇主同意的情况下，复制、使用这些文件或将其传达给第三方。

2.7　遵守法律

1999版合同中的第1.13条涉及承包商和雇主遵守适用法律的相关责任。2017版红皮书和黄皮书中的第1.13条和2017版银皮书中的第1.12条对此进行了更加详细的规定，主要是增加了彼此协助的义务及要求。

在2017版中，除非在雇主要求（黄皮书和银皮书）或技术规格书（红皮书）中另有说明，雇主必须负责永久工程的规划、分区或建筑许可证、许可、执照和/或批准，以及就任何延迟或未能获得这些许可的后果对承包商进行赔偿，除非该损失是因承包商自己未能履行第1.13条(c)项/1.12条(c)项关于提供相互协助的义务而造成的；这些义务也是承包商在雇主要求/技术规格书所要求的时间内所需提供的协助，或按雇主的其他合理要求提供协助，以使雇主能够获得有关的许可证、许可、执照等。

承包商负责发出所有通知，支付所有税款，并获得适用法律规定的与执行工程有关的所有其他许可、准许、执照和/或批准，同时还要赔偿雇主因未能这样做而产生的损失，除非是由于雇主自己未能遵守第2.2条规定的义务而造成的；这些义务又包括雇主应承包商的要求提供合理协助，以获得有关当地法律或必要许可、准许、执照等文件。

承包商在履行了第1.13条(c)项或第1.12条(c)项规定的提供相互协助的义务的条件下，若因雇主延迟或未能获得第1.13条(a)项或第1.12条(a)项规定的任何必要的许可证、执照等而延误和/或产生费用，承包商可要求延长工期和/或支付费用加利润。如果是雇主由于承包商没有履行第1.13条(c)项或第1.12条(c)项规定的协助义务，或由于承包商未能履行其关于发出通知、支付税款等方面的义务，或未能遵守雇主就工程获得的任何许可、准许、执照和/或批准[第1.13条(b)项或(d)项/第1.12条(b)项或(d)项]，导致雇主产生额外费用，则雇主可要求承包商支付该费用。

2.8 责任限度

2017版的红皮书和黄皮书第1.15条或2017版银皮书第1.14条以两种方式约束双方在合同方面的责任：

（i）除去某些例外情况，任何一方均无需就"任何工程的使用损失、利润损失、任何合同的损失或任何间接或连带的损失或损害"而对另一方负责；

（ii）约束了承包商对雇主的总责任，但同样也有某些例外情况。

在1999版中，第17.6条也以上述两种方式限制责任，但例外情况较少。

在2017版中，第1.15/1.14条有一个总体性例外情况，即该条款不限制任何"欺诈、重大过失、故意违约或违约方轻率的不当行为"情况下的责任。1999版也有类似的总体性例外情况，只是"重大过失"不在所列的违约类型之中[①]。

[①] "重大过失"和"轻率的不当行为"这两个词对于合同使用者来说可能不太熟悉。"重大过失"通常被认为是指极端地没有采取合理的谨慎措施，有时也被认为是指对需要谨慎行事的意识和自愿的漠视；"轻率的不当行为"通常被认为是指违反某种义务的故意作为或不作为，而没有考虑到其可能造成的损害性后果。合同中这部分条款中使用的这些表述和其他表述如未定义，它的解释最终将由管辖法律决定。

2.8.1 间接或连带的损失或损害

如上所述,2017 版的第 1.15/1.14 条以两种方式限制双方对彼此的责任。

第 1.15/1.14 条第一款规定,任何一方都不因任何工程的使用损失、利润损失、任何合同的损失,或任何"另一方可能遭受的与合同有关的间接或连带性损失或损害"向对方担责,但以下条款除外:

(a) 第 8.8 条,关于延迟赔偿。

(b) 第 13.3.1 条(c)项,关于指令变更。

(c) 第 15.7 条,关于雇主因自身便利而终止合同后的付款。

(d) 第 16.4 条,关于承包商终止合同后的付款。

(e) 第 17.3 条,关于知识产权和工业产权。

(f) 第 17.4 条的第一段关于承包商的赔偿[①]。

(g) 第 17.5 条,关于雇主的赔偿。

因此,除了上述(a)至(g)所列的例外情况,任何一方都不对另一方因合同而可能遭受的任何工程使用损失、利润损失、任何合同损失或任何"间接损失或损害"负责。

尤其是对那些非普通法背景的人来说,最大的困难是对于"间接损失或损害"这类措辞的理解。这些表述在英国合同法中被用来区分某些类型的损失或损害,以及无过错方可以获得赔偿的情况。建筑、销售和其他商业合同经常包含排除或限制因违约而造成的间接或连带损失责任的条款。

一般来说,英国法律会对因违反合同而产生损失的一方给予赔偿。因此,如果一个建筑商违反合同,在正在建造的房子里错误地安装了窗户,其违约行为通常会导致周围的墙壁因雨水渗漏而受到损害;那么建筑物的所有者可以从建筑商那里追偿修复费用。这种损失是由违约行为自然产生的或者是违约行为造成的直接损失。

[①] 必须指出的是,这一例外仅限于第 17.4 条第一段,该段规定了承包商对人身伤害和财产损失的赔偿;只有在这些赔偿方面,承包商才能享受第 1.15/1.14 条的限制。第 17.4 条第 2 款(下文将讨论该条款)规定,承包商还须就未能遵守第 4.1 条所述适用性义务对雇主进行赔偿;在黄皮书预发行的第二版中,该赔偿也不在限制范围内,但在 2017 版的黄皮书中,这一立场发生了逆转,承包商可就此类未能履行的义务从限制中受益。

在某些情况下,即使违反合同的结果不是常见的情况,无过错方也能获得损害赔偿。如果所造成的损失不是违约的常见后果,但在合同签订之日双方都合理地考虑到违约可能导致这样的损失,那么非过错方就可以获得赔偿。比如在上述窗户安装缺陷的例子中,雇主打算在房子建成后出租,但由于建筑商的违约行为,他在几个月后才能够出租房子,而如果建筑商遵守合同的话,他本可以尽早出租。如果建筑商在合同订立之日就被告知雇主打算在房屋完工后出租,那么雇主就可以获得一段时间的租金损失赔偿,理由是这种损失是双方当时合理考虑到的。租金收入的损失是间接损失,由于这是建筑商在合同签订之日获得的"特殊信息",使这种损失在双方合理的考虑范围内,因此可以得到赔偿。

直接损失和间接损失之间的区别源于普通法所采用的一项政策,即限制对违反合同的赔偿或损害的可追偿性,以便有过错的一方不对违反合同造成的任何和所有损失负责,无论这种损失是多么的不可能或不可预测。超过限度的损失被认为是"过于遥远"而无法追偿的。在维多利亚时期著名的 *Hadley v Baxendale*(1854)9 Ex. 341(354)案中奥尔德森男爵(Baron Alderson)如是说:

"如果双方签订了合同,其中一方违反了合同,另一方就这种违约行为获得的损害赔偿应被公平合理地认为是自然产生的,即根据事情的通常过程,由违约行为本身产生的,或者可以合理地认为是双方在签订合同时考虑到的、违约可能造成的结果。"

"如果这些特殊情况已由原告传达给被告,双方都知道,那么他们合理预期的因违反合同而造成的损害金额,应是在这些已知并已告知被告的特殊情况下违约而造成的损害金额。"

因此,该规则有两个部分:

(a) 因违反合同而自然产生的,或按照事情的通常过程产生的损失或损害;

(b) 鉴于双方当事人在签订合同之日已知的特殊情况,可以合理地认为双方当事人在签订合同时已经考虑到了违约可能造成的损失或损害。

关于 *Hadley v Baxendale* 案第一和第二部分的区别,一个例子是 *Victoria Laundry Ltd v Newman Ltd* (1949)案。一家洗衣公司打算扩大其业务,向被告订购了一个锅炉,并约定在某个日期交货。由于锅炉在被第三方拆解时发生了意外,锅炉受到了损害,导致延误交货。被告知道原告的业务性质,并写信告知原告打算在尽可能短的时间内将锅炉投入使用。由于延误,洗衣店失去了某些利润较大的合同。法院认为,虽然被告对这些合同的利润损失不负责任,因为他们对这些合同并不知情,但从当时的情况和他们作为工程师和商人的角度来看,他们知道或必须被认为知道将会导致某种商业损失,并应对这种必须纳入评估的损失负责[①]。

当第 1.15/1.14 条排除了对"间接或连带性损失或损害"的责任时,它排除了对一系列潜在损失的合同责任,如果各方有相关的了解,这些损失是可以追偿的;在 *Hadley v Baxendale* 案中,第 1.15/1.14 条可以被视为将可追偿范围限制为规则的第一部分。

2.8.2　承包商的总责任上限

2017 版合同的第 1.15/1.14 条第二段规定,承包商对雇主承担与合同相关的全部责任,除了以下情况:

（ⅰ）根据第 2.6 条,关于雇主提供的材料和雇主的设备的规定;

（ⅱ）根据第 4.19 条,有关临时公用设施的规定;

（ⅲ）根据第 17.3 条,有关知识产权和工业产权的规定;

（ⅳ）根据第 17.4 条第一段,关于承包商提供的赔偿金不超过合同数据中规定的金额,如果没有规定,则为合同数据中规定的中标合同金额(红皮书和黄皮书)或合同价格(银皮书)。在第 1.15/1.14 条的这一部分中,承包商在合同下或与合同有关的总责任受到限制。红皮书和黄皮书第 1.1.1 条对"中标合同金额"的定义是指中标通知书中接受的按照合同执行工程的金额;银皮书第 1.1.10 条对"合同价格"的定义是指合同协议书中规定的执行工程的商定金额(包括按照合同的任何调整)[②]。

---

① 上议院在 The Achilleas (2008) UKHL 48 一案的判决中指出(第 92 页):"……我们不仅要问,是否必须认为双方在订立合同时已经考虑到此类损失;而且还要问,是否必须认为双方在订立合同时已经考虑到此类损失的责任。换句话说,是否应认为被告对这类损失承担了法律责任?"后来的判决将 Achilleas 检验标准视为不改变法律,或只适用于相对罕见的情况,即在该情况下,一般检验标准的应用可能会导致不成比例的责任或有悖于市场理解和预期[见 *A. S. M. Shipping Ltd of India v T. T. M. I. Ltd of England*（2009）1 Lloyd's Rep 293 案;*Sylvia Shipping Co. Ltd v Progress Bulk Carriers Ltd*（2010）2 Lloyd's Rep 81 案]。

② 1999 版的第 1.1.4.1 条包含类似的定义,但注意 2017 版中删除了"……并对任何缺陷进行补救"的字样。

对承包商在合同项下或与之相关的总责任规定上限,是为了鼓励负责任的承包商投标,向他们提供潜在风险的总额,并使他们能够适当投保[①]。但重要的是,该条款并不限制承包商的责任期限,只限制其金额。与1999版一样,2017版的第11.10条明确规定,即使在通过签发履约证书接受工程后,每一方仍有责任履行当时尚未履行的任何义务,而且为了确定未履行义务的性质和范围,合同将被视为仍然有效。2017版合同与1999版唯一的不同之处在于,就设备而言,承包商无需对缺陷通知期届满后两年以上发生的任何缺陷或损坏负责,除非这与适用法律不一致,或是存在欺诈、重大过失、故意违约或轻率不当行为。

2.9　合同终止:红皮书和黄皮书第1.16条/银皮书第1.15条

这是2017版中的一个新条款,其目的是阐明双方在合同终止问题上的立场,尤其是除非管辖法律有任何相悖的强制性要求,否则根据通用条件的任何规定终止合同时,除了相关子条款中的规定,双方都不需要采取任何行动。因此,除了管辖法律的强制性规则所要求的和终止合同的具体子条款所规定的以外,不需要采取额外的行动,如另外发出的通知或警告。

---

① 例如,根据第19.2.3条规定,承包商有义务为违反第4.1条规定的设计(包括适用性)的责任投保;另见第4.1节。

3 雇主、工程师和合同管理

3.1 雇主

2017版合同对1999版第2条涉及雇主的条款进行了大幅修改。最值得注意的是，2017版删除了1999版第2.5条涉及雇主的索赔条款，而是在新的第20条中以完全相同的方式处理承包商和雇主的索赔。

2017版的三类合同的第2条关于雇主义务的规定基本相同。

3.1.1 现场进入权

第2.1条规定了雇主的义务，即在合同规定的时间内给予承包商进入和占用现场的权利。进入和占用权可能不是承包商独有的，比如，他可能被要求与雇主指定的其他承包商一起工作。如果合同数据中没有规定占有或进入现场各部分的时间，那么雇主有义务在任何必要的时间内给予承包商进入和占用现场各部分的权利，以使承包商能够按照进度计划进行施工(如果当时没有进度计划，则根据第8.3条提交的初步进度计划，见下文第7.3节)。如果雇主未能提供所需的进入或占用权，并导致承包商因此而延误工期或增加成本，承包商可要求适当延长工期和/或支付成本加利润；但如果雇主的违约本身是由承包商的错误或延误造成的(包括未提交适当的承包商文件)，承包商将无权要求延长工期或额外付款。

在黄皮书和银皮书中，如果雇主在给予任何地基、结构、生产设备或通道的占用权之前需要承包商的文件，承包商有义务根据雇主要求中规定的任何时间或方式向工程师或雇主提交这些文件。

3.1.2 协助

2017版的三类合同中的第2.2条都规定,在承包商的请求下,雇主应迅速提供合理的协助,以便承包商能够获得项目所在国的相关法律副本,以及承包商根据第1.13条要求获得适用法律所要求的任何必要的许可证、许可、执照或批准。货物交付和承包商的设备搬离时,雇主也需提供此类协助。

3.1.3 雇主的人员和其他承包商

第2.3条规定,雇主的人员和在现场或附近的任何其他承包商要与承包商合作,履行有关的健康和安全的义务以及遵守保护环境的规定。

3.1.4 雇主的资金安排

第2.4条包含与雇主的资金安排有关的重要条款。该条款比1999版对应的第2.4条要广泛得多,并给予承包商更大的保护。特别重要的是,承包商要对雇主在项目期间的持续支付能力和遵守任何其他的资金义务有信心,或尽可能有信心,因为尽管承包商有获得对雇主资金义务的履约担保的可能,但实际上这种担保很难获得或不能充分获得。雇主未能根据第2.4条提供其资金安排的相应证据,是承包商根据第16条暂停和终止合同的理由之一。

2017版的第2.4条规定,雇主为其合同项下的义务进行融资的安排应在合同数据中详细说明。如果雇主打算对这些安排作出任何重大改变,以至于根据合同价格和工程师或雇主(银皮书)的估计,可能会影响其支付剩余款项的能力,或者如果雇主因为财务状况的变化而不得不这样做,那么他必须立即向承包商发出通知,并提供完整的支撑细节。

如果原合同工程因第13条规定的变更而发生重大变化,或雇主未付款或资金安排发生重大变化,而承包商未收到任何通知,则可为承包商提供额外保护。因此,如果承包商:

(a) 收到执行变更的指令,其变更价格超过已中标合同金额(红皮书和黄皮书)或合同协议书中所述的合同价格(银皮书)的10%,或变更的累计总额超过该金额或价格的30%。

(b) 没有按照第 14.7 条的规定收到付款。

(c) 意识到雇主的资金安排发生了重大变化,但没有收到第 2.4 条规定的通知。

那么,承包商可以提出要求,而雇主在收到要求后的 28 天内,必须提供合理的证据,证明已经作出维持资金的相关安排,使其能够按合同价格,根据工程师(红皮书或黄皮书)或雇主(银皮书)的估计,支付合同剩余费用。

3.1.5 现场数据和参考项

2017 版的第 2.5 条涉及现场数据和参考项目。该条款规定,雇主应在基准日之前向承包商提供其掌握的关于现场地形和地下、水文、气候和环境条件的所有相关数据。如果雇主在基准日之后掌握了任何此类数据,他应及时向承包商提供这些数据。原始测量控制点、线和参考水平,在通用条件下统称为"参考项目",应在雇主要求中规定(银皮书),或在雇主要求中或在工程师发给承包商的通知中规定(黄皮书),或在图纸和/或技术规格书中或再次由工程师发给承包商的通知中规定(红皮书)。此外,银皮书明确表示雇主对数据和/或参考项目的准确性、充分性或完整性不承担任何责任,除非是在第 5.1 条规定的范围内(将在第 5.1 节中讨论)。

3.1.6 雇主提供的材料和雇主设备

第 2.6 条规定,雇主应按照规定的时间、安排、费率和价格等细节,将雇主要求(黄皮书和银皮书)中所列的雇主提供的任何材料和/或雇主的设备交给承包商,承包商应对其员工使用或操作雇主的每项设备负责。

3.2 工程师/雇主的管理

正如上文第 1.2.1 节所提到的,在两个版本的红皮书和黄皮书中,工程师都具有核心作用。他自始至终参与项目的各个方面,项目的成败在很大程度上取决于他是否愿意和有能力正确履行自己的职责。在菲迪克合同中,这些职责基本上包括两部分:

(i) 工程师管理合同,负责核证付款和接收工程、监督进度、指示变更、检查和参加承包商的试验,包括竣工试验等事项;

(ⅱ)工程师有责任就合同中出现的各种事项寻求协商,或在违约的情况下,确定合同中出现的各种事项,包括延长时间、变更合同价格和一系列其他事项。

2017版红皮书和黄皮书中的第3条比1999版的同一条款更详细地规定了工程师的权限、职能和职责。值得注意的是,根据1999版的第3.5条,工程师只需与各方协商,以寻求达成一致,如果未能达成,则应充分考虑所有相关情况,根据合同作出公平的决定。而2017版红皮书和黄皮书的第3.7条就工程师同意或者确定事项的步骤进行了详细的规定,并规定了时间期限和推定条款,使工程师更密切地参与到协商和解决问题中来。

根据2017版,工程师的裁定也应是公平的,符合合同规定,并考虑到所有相关情况,但现在还明确要求工程师履行第3.7条规定的职能时在各方之间需保持中立,其行为不被视为代表雇主,否则会影响裁定的过程和结果[①]。在2017版中,工程师的作用得到了加强,这反映了对主动的项目管理和避免争议的重视程度更高。两本新合同对工程师的素质、权力和权限,包括指定一名代表在现场代表他行事,做了更明确和全面的规定,这些会在第3.2.1节中进行讨论。

在2017版的银皮书中,雇主必须指定一名雇主代表,而非工程师。与1999版不同的是,这不再由雇主选择。在2017版中,承包商代表在项目过程中(包括发布指令时)拥有一个单一的联络点;只有雇主代表一方负责同意或确定索赔,以及在2017版银皮书第3.5条中规定的其他事项[②]。

2017版银皮书第3.5条规定的处理索赔和其他事项的程序与其他两本合同书的第3.7条相同,雇主代表的素质、权力和权限与工程师的相似,下文将对此详细介绍。然而,二者之间的一个重要区别是,雇主代表在履行第3.5条规定的职责时没有被要求保持中立,而其他两本合同书的第3.7条则要求工程师保持中立;但是,雇主代表在履行这些职责时仍不能被视为代表雇主行事,他的任何决定也必须是公平的,符合合同规定的,并充分考虑到所有相关情况的。

---

① 根据第3.2条第一段,除非合同另有规定,工程师在履行与合同有关的职责或行使与合同有关的权力时,应被视为代表雇主行事。

② 与2017版红皮书和黄皮书不同,2017版银皮书中涉及确定的条款编号,即第3.5条,与1999版保持一致(而不是更改为第3.7条)。

3.2.1　三本合同书中的合同管理：工程师/雇主代表的角色和权力

• 工程师/雇主代表

2017版红皮书和黄皮书第3.1条规定了工程师的任命和根据合同担任工程师所享有的一切权限；对工程师的资格和背景的要求，对流利使用第1.4条定义的裁决语言也有具体规定。

1999版的红皮书和黄皮书第3.1条规定，工程人员应包括有适当资质的工程师和其他有能力履行工程师职责的专业人员。而2017版的红皮书更进一步规定，工程师必须是具有相应资质、经验和能力的专业工程师，并能流利地使用合同语言。

红皮书和黄皮书的第一版明确规定，工程师无权修改合同，也无权解除任何一方在合同中的任何职责、义务或责任，除非另有规定（第3.1条）。2017版的第3.2条也包含一条非常类似的规定。

2017版红皮书和黄皮书第3.1条规定，工程师可以是法人实体，而不仅仅是个人或公司。如果工程师是法人实体，则必须向其指定并授权代表其行事的自然人发出通知（第3.1条，第四段）。

2017版银皮书第3.1条要求雇主指定一名雇主代表，除非合同条件中另有规定，否则该代表将被视为代表雇主按合同行事。雇主代表还被赋予了雇主的全部权力，但有关雇主终止合同的第15条除外；这点与红皮书和黄皮书不同，红皮书和黄皮书对雇主代表的权力没有这种限制。如果雇主代表是法人实体，则其权限的相关要求和应发出的通知在第3.1条已作规定，该条款与其他两本合同书中的第3.1条相似[①]。

• 权力和职责

2017版红皮书和黄皮书的第3.2条规定了工程师的职责和权力。他可以行使合同中规定的或必然隐含的属于工程师的权力。如果要求工程师在行使某项特定的权力之前须获得雇主的同意，则必须在专用条件中说明这一要求。但是不要求工程师在行使第3.7条规定的权力之前必须征得雇主的同意；此外，雇主不得对工程师的权力施加进一步的限制。但是，如果工程师行

---

① 在2017版银皮书中，"雇主"一词通常用于实际由雇主代表履行特定职能或角色的情况，但雇主代表不代表雇主行事的情况除外，例如第3.5条规定的协议或决定，这种用法将在下文提及。

使了需要雇主同意的特定权力,那么根据合同,视为已经获得雇主许可。

2017版银皮书(与1999版一样)对雇主代表行使其权力方面没有做出类似的限制,两个版本的第3.2条只涉及给助理的授权。

根据2017版红皮书和黄皮书第3.2条,工程师、工程师代表或助理的任何接受、同意、批准、指示、通知、无异议等,并不解除承包商在合同下或与合同有关的任何职责、义务或责任。2017版第3.2条的这一规定与1999版的红皮书和黄皮书的第3.1条(c)项相似。

2017版和1999版银皮书第3.3条与被委托人(包括雇主代表)有关,并规定,除非另有说明,任何批准、接受、通知等都不能免除承包商在合同下或与合同有关的任何责任(详见下文)。

- **工程师代表或助理**

2017版红皮书和黄皮书第3.3条规定,如果工程师愿意,可以指定一名工程师代表,授权其在现场代表自己行事。第3.4条规定了对助理的职责和权力的授予,但有一个限制,即工程师不得授予根据第3.7条行事或根据第15.1条[1]发出纠正通知的权力,每个助理的权力应参照授权通知仔细界定;尤其是他向承包商发出指示的权力仅限于工程师根据第3.4条发出的授权通知中规定的范围。

2017版银皮书第3.2条规定,雇主或雇主代表可通过向承包商发出通知的方式来任命助理,雇主或雇主代表可向其授权,但雇主代表不能根据第3.5条(决定)授权行事或根据第15.1条发出纠正通知。第3.3条将所有授权的范围限制在第3.1条(与雇主代表有关)或第3.2条(雇主的其他人员)规定的通知中界定的范围内,并规定承包商不得因被授权人(包括雇主代表)的接受、协定、批准、指示、通知、无异议等(根据授权通知中的规定)而免除任何义务或责任,除非被授权人在与该行为有关的函件中另有说明。

3.2.2 指示

2017版红皮书和黄皮书的第3.5条和2017版银皮书的第3.4条对工程师或雇主的指示的规定方式基本相同。这与1999版的三本合同书形成了鲜明的对比,最明显的是在红皮书中,工程师的指示不一定是书面的,尽管他应

---

[1] 见下文第12.1.4节。

该在可行的情况下以书面形式发出指示。在第3.3条中规定了对口头指示的确认，该确认将被视为构成工程师的书面指示。在2017版本的中，根据第1.3条，指示必须以书面形式出现，这对指示必须是书面的作出了明确规定，并要求指示符合该条款的其他要求。

1999版三本合同书的另一个区别是，在红皮书和黄皮书中，工程师可能发出的指示是"……根据合同执行工程和补救任何缺陷所需的指示"（第3.3条）。另一方面，在1999版的银皮书中，雇主可能发出的指示是"……为承包商履行合同规定的义务"所需的指示（第3.4条）。

在2017版的三本合同书中，这一表述已得到统一，如果有必要，可以发布"……为了执行工程，一切按照合同的规定"的指示。因此，2017版采用了1999版红皮书和黄皮书中关于合同规定的指示范围的措辞，但删除了"以及对任何缺陷的补救"这一内容。

一些评论者认为，上述做法造成了困难，因为严格来说，现在还不清楚工程师或雇主是否有权发布补救缺陷的指示。然而，在现实中似乎没有这样的困难，因为2017版的三本合同书中的第7.6条明确规定，工程师或雇主有权在接收工程前的任何时候发出指示，以修复或补救不符合合同规定的生产设备或材料，或者任何其他不符合合同规定的工程，并进行任何为工程安全所急需的补救工作；而2017版的三本合同书中的第7.5条包含了对任何生产设备、材料、设计或工艺的检查、检验、测量或试验所发现的缺陷发出通知的规定，工程师或雇主在必要时有权根据第7.6条发出指示。如果保留原来的措辞，确实可能引起混乱，因为不知道在验收之前可以根据哪条规定发出补救缺陷的指示。2017版没有保留原来关于发出指示以补救任何缺陷的一般权力，而是将该权力的行使具体到第7.5和7.6条；关于接收后的缺陷处理，则适用于与缺陷通知期有关的规定。

3.2.3 指示：2017版的规定

2017版的三本合同书对指示的处理方式基本相同，只是条款编号不同：在红皮书和黄皮书中是第3.5条，在银皮书中是第3.4条。

第3.5/3.4条规定，工程师或雇主通过雇主代表可在任何时候向承包商发出按照合同执行工程所需的指示。

条款中明确规定，承包商只能接受以下指示：

(a) 工程师/雇主的代表。

(b) 工程师代表(红皮书或黄皮书),如果已指定的话。

(c) 具有适当授权的助理。

这就建立了一个明确的沟通渠道。然后,第3.5/3.4条规定,除有关变更的限制性条款外,承包商必须遵守针对合同有关的任何事项发出的所有指示。

限制性条款是,如果一项指示说明构成了变更,那么将适用于专门与变更指示有关的第13.3.1条,该条款将在第11.3.1节中讨论。

3.2.4 指示中没有说明它是变更的情况

如果该指示没有说明是变更,但承包商认为:

(a) 该指示确实构成了变更(或涉及的工作已经是现有变更的一部分)。

(b) 该指示不符合适用的法律,或将降低工程的安全性,或在技术上是不可行的。

那么承包商应立即在开始与该指示有关的任何工作之前,向工程师或雇主(银皮书)发出通知并说明理由。工程师/雇主应在收到该通知后的7天内给出回应,发出确认、撤销或更改指示的通知。如果工程师或雇主没有在这段时间内这样做,则认为该指示已撤销。否则,承包商应遵守工程师或雇主的答复条款并受其约束。

3.2.5 第3.5/3.4条(a)项

上文第3.2.4节(a)项中提到的规定是为了避免1999版合同中经常出现的一种情况。工程师/雇主可能会发出一项不确定是否构成变更的指示。如果承包商认为这确实构成了变更,他将向工程师或雇主提出这一问题,如果工程师或雇主不同意,或不处理这一问题,可在继续工作的同时提出索赔。这就使问题陷入了僵局,并且在某些情况下,即使根据第20.1条,在最初28天内发出了索赔通知以维护承包商的权利,但问题也要等到一段时间后才能得到解决。

有人认为,通过要求工程师或雇主来确定某项指示是否构成变更,并尽力对其是否真正构成变更的问题逐步加以解决,可以更好地管理项目。

因此,2017版的合同要求承包商对某项指示是否构成变更的问题要"立即"提出,并给出他认为构成变更的理由,同时暂缓与该指示有关的任何工作的开展。为了避免工程的不当延误,工程师/雇主必须在 7 天内对承包商的通知作出答复;在答复中,他必须确认、撤销或更改指示。确保这一时间限制的有效性的公认条款是:如果工程师/雇主未能在 7 天内作出答复,将被视为已撤销该指示。但是,如果他在规定时间内作出答复,承包商必须遵守答复的内容,因此,如果指示得到确认,必须相应地继续进行工程。

因此,该条款使承包商有机会在收到指示后立即提出是否构成变更的问题,并说明其理由;"立即"一词没有被具体定义,很可能承包商在收到指示后需要一些时间才能了解它是否构成变更,并阐明其持有这一观点的理由。在这段时间后作出的反应很可能是"立即"的,因此,我们认为不宜过于准确地界定承包商何时可以提出这个问题,更不能对其附加任何明确的时间限制;但我们承认,承包商能否足够迅速地提出这个问题可能会引起争议。

工程师/雇主的答复很可能无法解决该指示是否构成变更的问题,因为在这 7 天内,他可能只是确认该指示,而不需要针对承包商认为该指示是变更的理由给出回复。然而,这至少使承包商有机会在经过深思熟虑之后再提出这个问题,工程师/雇主也有机会考虑或重新考虑他的指示是否属于变更;工程师/雇主可能和承包商一样渴望避免不必要的纠纷。如果承包商认为答复未能解决他的问题,并且该指示构成了变更,他可以根据第 20.2 条[①]要求延长工期和/或为他因遵守该指示而造成的任何延误或额外成本而支付相应的额外费用,正如该指示根据第 13.3.1 条被视为变更一样。

3.2.6　第 3.5/3.4 条(b)项

如果一项指示没有说明是变更,而且承包商也不认为是变更,但确实认为该指示不符合适用的法律,或将降低工程的安全性,或在技术上不可行,那么根据第 3.5/3.4 条(b)项,承包商必须在开始与该指示有关的任何工作之前,立即向工程师/雇主发出通知,并说明理由。工程师/雇主也必须在 7 天内作出答复,即确认、撤销或更改该指示,只要通知及时,承包商就必须遵守工程师/雇主的答复条款。

这一规定的目的是应对承包商没有说明或认为是变更的指示,但承包商认为该指示不符合适用的法律,或将降低工程的安全性,或在技术上不可行。

---

① 见第 15.2 节。

因此,2017版的合同引入了在三种特定情况下对指示提出反对的具体权利,过去,在这三种情况下是没有(在1999版中也没有)任何反对的权利。然而,工程师/雇主有最终决定权,尽管承包商提出反对意见,但仍可确认该指示[①]。

3.3 协议或决定

与1999版的合同相比,2017版在获得双方协议,或未达成协议时作出决定等方面的程序变得更加详细和有条理,更加强调各方和工程师/雇主代表的协商。该程序在所有2017版合同中是相同的,它在2017版的红皮书和黄皮书的第3.7条以及银皮书的第3.5条中有所规定。如上所述,协议或决定的程序不仅包括索赔,而且在合同要求工程师或雇主代表确定任何事项或索赔时都适用。

在下面的条款中,提到的是2017版红皮书和黄皮书的第3.7条,合同管理者被称为"工程师"。

3.3.1 协商

1999版的三类合同中的第3.5条只规定了工程师或雇主应与各方协商,以试图达成一致意见。这在实践中往往不会发生,或者即使发生了,也往往是敷衍了事。现在的第3.7.1条要求工程师与双方共同和/或单独协商,并鼓励双方讨论,努力达成一致。工程师必须迅速开启协商,以便有足够的时间遵守第3.7.3条规定的获得一致意见的时间限制,该条规定的默认时限为42天,从本条规定设置的开始时间点起算[②]。工程师还必须向双方提供一份协商记录,除非双方同意不提供。

如果在第3.7.3条规定的协议时限内达成协议,工程师必须向双方发出协议通知,在通知上注明这是双方的协议通知(双方必须签字),并附上协议副本。如果在规定的时间内双方没有达成协议,或双方告知工程师在规定的时间内无法达成协议(以较早者为准),则工程师应向双方发出相应的通知。然后,工程师必须立即根据第3.7.2条进行确认。

[①] 根据第13.1条规定,最后决定权同样适用于指示被声明构成变更,而承包商根据该条款允许的理由之一提出异议的情况;另见下文第11.1.4节。

[②] 见下文第3.3.3节。

3.3.2 工程师的决定

根据第3.7.2条,工程师在适当考虑所有相关情况的前提下,必须根据合同对该事项或索赔作出公平的决定,在第3.7.3条规定的时限内(见下一节),他必须向双方发出其决定的通知。该通知必须明确标注是工程师的决定的通知,并详细描述该决定的内容,说明其理由和详细的支撑细节。

3.3.3 时间限制

第3.7.3条规定了协议或决定过程中各个阶段的时限。

如果达成一致,工程师必须在42天内,或在他提出并经双方同意的任何其他时限内,在下列时间之后发出协议通知:

(a) 如果是有待协议或决定但不属于索赔的事项,则在有关合同条款中可能规定的协议时限的任何开始日期之后。

(b) 如果任何一方提出索赔,要求获得除第20.1(a)或(b)项[1]以外的救济,则在工程师收到索赔方的第20.1条通知的日期之后。

(c) 如果是根据第20.1条(a)或(b)项的索赔,则在工程师收到下列文件的日期之后:

(i) 根据第20.2.4条的全面详细的索赔[2];

(ii) 根据第20.2.6条的具有持续效力的索赔[3],即视情况而定的临时或最终详细索赔。

在以下情况下,工程师必须在42天内,或在他提出并经双方同意的其他时间内,发出第3.7.2条所述的决定通知:在42天内(或其他商定的时限)未根据第3.7.1条达成一致,或双方告知在该期限内无法达成协议,以较早者为准。

如果工程师没有在相应时限内发出协议或决定的通知,那么在索赔的情况下,将视为工程师已经作出了拒绝索赔的决定;或除了索赔以外,在任何需

---

[1] 这些都是与费用或时间有关的索赔。第20.1条(a)项包括雇主要求承包商支付额外款项、降低合同价格和/或延长缺陷通知期的索赔;第20.1条(b)项下的索赔是承包商要求雇主支付额外款项和/或延长时间的索赔。

[2] 见第15.2.5节。

[3] 见第15.2.13节。

要协议或决定的事项的情况下,根据第1.1.29条,这被视为产生了争议,然后可由任意一方根据第21.4条提交给争议避免/裁决委员会(DAAB)[①]进行裁决,而无需发出常规的不满意通知(NOD)[②]。

因此,通过加强时间限制的规定,旨在确保各方在工程师的推动下进行充分的协商,如果仍不能达成协议,则在规定的期限内通过工程师的决定解决有关问题或索赔,否则可移交给争议避免/裁决委员会处理。

3.3.4 协议或决定的影响

2017版合同的第3.7.4条规定,协议或决定对双方都有约束力,工程师也应遵守,除非和直到进行更正或修订。如前所述,在1999版的红皮书和黄皮书中,双方也受决定意见的约束,直到修改为止。但在1999版的银皮书中则不然,在银皮书中,承包商可以在14天内发出他对决定意见的不满通知来避免遵守决定意见。这种差异可能是由于在1999版的银皮书中,雇主能够自己管理合同;无论如何,2017版的银皮书(雇主不能自己管理合同)采用了红皮书和黄皮书的主张。

2017版合同包含了一个详细的程序,以修改协议或决定意见的印刷、文书或计算错误。第3.7.4条规定,这些错误可以在工程师发出或收到协议或决定的通知后14天内纠正。如果工程师发现了错误,他应立即通知各方;如果某一方发现了错误,他必须向工程师发出通知,表明这是根据第3.7.4条发出的,并需要明确指出错误[③]。如果工程师不认可存在错误,其应立即告知相关各方。

在发现错误或收到一方告知错误的通知后的7天内,工程师必须向双方发出更正后的协议或决定的通知。此后,更正后的协议或决定应被视为合同条款中规定的协议或决定。

虽然第3.7.4条提到工程师如果在收到一方或另一方告知错误的通知后,应将"更正的协议或决定"通知各方,但如果工程师确认没有错误,那么,他只要向各方提出相应的建议,就可以自由决定该协议或决定,不需要任何

---

① 见第16.2节。
② 见第15.2.10节和第16.2.1节。
③ 虽然没有明确发现错误的一方应该在什么时间内这样做,但2017版中的第1.3条规定,所有通知和其他类型的通信(在该条款中提及)不得被无理扣留或延迟。

更正。第3.7.4条没有明确规定通知方在这种情况下的追索权,但如果他认为工程师应该纠正协议或决定,他可以根据第20.1条(c)项要求声明或其他救济,和/或根据第20.1条(a)和/或(b)项要求赔偿适当的成本和/或时间。

请注意,如果协议或决定涉及一方对另一方的付款,那么承包商应将该金额列入其下一份付款报表,工程师应将相关金额列入下一份付款证书(红皮书和黄皮书)/雇主应将相关金额列入其下一次付款(银皮书)。

3.3.5　对工程师决定的不满

第3.7.5条是关于一方对工程师的决定不满意的程序。在这种情况下,不满的一方可以向另一方发出"不满意通知",并抄送给工程师。这份"不满意通知"必须写明是对工程师的决定不满的通知,并列出不满的理由。"不满意通知"必须在28天内发出,即在收到工程师的决定的通知或更正决定的通知(第3.7.4条)的28天内(或者如果被认定是拒绝索赔的决定,则在第3.7.3条规定的决定时限过后的28天内发出);此后,任何一方都可以根据第21.4条获得争议避免/裁决委员会的裁决。

如果任何一方在上述28天内均没有给出"不满意通知",则该决定将被视为已被双方接受,并被认定为对他们有约束力的最终决定。因此,这就是合同规定的时间限制,它可以使工程师的决定成为最终决定并具有约束力。与未能遵守第20.2条规定的初始的28天通知要求不同(在某些情况下,违约方实际上可以寻求延长工期①),在费用或工期索赔的情况下,未能及时对决定发出"不满意通知"的一方没有追索权②。请注意,如果不满意的一方只对工程师决定的部分内容不满意,那么"不满意通知"必须明确指出相关的部分,这些部分将被视为可与其他部分区分开,其余部分将成为最终决定,对双方都有约束力,与没有(对这些没有异议的部分)提出"不满意通知"一样。

2017版合同使根据第3.7条达成的协议和已经成为最终约束力的工程师的决定能够得到执行,在第3.7条中规定,如果一方未能遵守这项协议或具

---

① 见第15.2.9节。

② 例如,某一方可能对决定本身提出质疑,理由是因工程师在红皮书和黄皮书中的行为不中立导致程序有缺陷,然后争辩说这使决定失效,因此未及时发出"不满意通知"并不影响索赔,因为只有有效的决定才能成为"不满意通知"的对象。这种论点在某些司法管辖区可能会成功,但根据合同,如果没有及时发出"不满意通知",就没有程序机制来干扰决定。

有最终约束力的决定,那么另一方可以在不影响其可能拥有的任何其他权利的情况下,根据第 21.6 条直接将未遵守(协议或决定)的事宜提交仲裁,从而使协议或决定的执行程度与 DAAB 的最终有约束力的裁决相同[①]。

3.4 会议

为了与更加强调积极主动的项目管理保持一致,第 3.8 条(2017 版红皮书和黄皮书)/3.6 条(2017 版银皮书)包含一项新的权利,即工程师/雇主或承包商代表可以要求对方参加管理会议,讨论未来工程的安排和/或与工程执行有关的其他事项。如果任何一方提出要求,雇主的其他承包商、公共当局或私人公用事业公司和/或分包商也可以参加这种会议。工程师或雇主应保存每次管理会议的记录和行动清单,并提供副本。

---

① 见第 16.2.6 节。

4 承包商和目标适用性

与1999版合同的第4条一样,2017版的第4条在许多相同的标题下规定了承包商的责任,尽管它们的条款有些不同,内容也更加详细。

4.1 承包商的一般义务

三类合同的第4.1条涉及承包商的一般义务。

4.1.1 黄皮书和银皮书

黄皮书和银皮书中的第4.1条的第一段涉及设计-建造承包商的目标适用性义务。

1999版黄皮书和银皮书第4.1条规定,承包商有义务按照合同规定设计、实施和完成工程,使工程在完工后适用于"合同中规定的"目标工作。这与2017版是类似的,但后者在工程完成后要适用于"雇主要求中定义和描述的目标(如果没有定义或描述这样的目标,则适合于其通用目标)"。因此,2017版的黄皮书和银皮书中的目标性义务的适用性不是基于合同的普通条款,而是在雇主要求(或者在默认为相关工程的"通用目标")中确定的。

4.1.2 红皮书

在2017版红皮书中,如果合同规定承包商要设计永久工程的任何部分,那么,除非专用条件另有规定,承包商要对该部分负责,工程完工后必须适用合同中规定的目标,如果没有定义和描述这样的目标,则适用其通用目标。1999版的措辞与2017版是相同的,除了(像1999版的黄皮书和银皮书)没有默认相关部分适用其通用目标的规定。

因此,在 2017 版红皮书中,当合同规定承包商要设计永久工程的任何部分时,承包商就有了适用目标的义务,在这种情况下,工程要适用"合同中规定的目标",如果没有规定,则适用其通用目标。因此,在两个版本的红皮书中,如果没有雇主的要求,承包商承诺完成工程的相关部分,使其在完成后适用于合同中可能规定的任何预期目标。

4.1.3 "目标适用性"

生产适用其目标的成品或产品的义务在历史上属于英国的合同法范畴。如果承包商知道所要完成工程的特定目标,且认为自己可以完成,同时雇主在这方面依赖承包商,那么通常会在合同中隐含一个条款,即完成后的工作须适用该目标。

合同的明示条款可能与这样的条款不一致。例如,承包商只有义务对结果践行合理的技术和谨慎程度。承包商能否保证完成后的工作适用其预期目标,或者他的义务是否只是践行合理的技术和谨慎程度,在每一种情况下这都属于合同整体的构成问题。通常认为真正适用目标的义务是承包商保证结果的绝对义务或严格义务,因此,无论他是否运用了合理的技术且足够谨慎,只要目标结果没有达到,他就未履行其义务。在 *Viking Grain Storage Ltd v T H White Installations Ltd* (1986) 33 BLR 103 一案中,皇室御用大律师约翰·戴维斯法官(John Davies QC)对这种默认条款的效用总结如下:

"适用于目标的默认条款的优点是,它规定了一个相对简单和确定的责任标准,基于成品的'合理'适用性,而不考虑过错,也不考虑其不适用性是否来自于工程质量、材料或设计。"

由于该目标必须为承包商所知,因此确定在合同中何处描述或规定预期的目标就变得至关重要。正是由于这个原因,菲迪克合同在两个版本中都将承包商的目标适用性义务明确规定在合同(1999 版系列合同和 2017 版红皮书的相关部分)或雇主要求中(2017 版黄皮书和银皮书)。

2017 版黄皮书和银皮书将这一义务规定在雇主要求中,为设计-建造承包商提供了服务,因为它将义务定位在特定的合同文件中,而不是将其放在合同中泛泛地包含或描述预期目标。在一个复杂的项目中,众多的文件包含了大量的细节,而这些文件之间可能并不一致,这意味着应尽可能地将已完成工程的预期目标视为某一特定的文件或某一文件类别中规定的内容[1]。

英国最高法院对 *MT Hojgaard A/S v E.ON Climate and Renewables UK Robin Rigg East Ltd*（2017）UKSC 59 一案的判决，很好地说明了在预期目标没有明确规定的情况下可能出现纠纷。

在该案中，E.ON 公司委托 MTH 公司为莫雷湾的一个海上风电场设计、制作和安装桩基。合同规定，工程作为一个整体应"符合良好的行业惯例所确定的适用(其)目标"。

构成合同一部分的技术规格书或技术要求文件中有两个条款指出，桩基的设计或最低使用寿命为 20 年，设计应确保桩基有 20 年的使用寿命；该文件还指出，MTH 应采用 Det Norsk Veritas 公布的国际标准（DNV 标准）进行桩基设计，其中包括灌浆连接的设计要求。

后来发现 DNV 标准有缺陷，因为它在某些计算中存在错误，会导致灌浆连接不够牢固从而破坏桩基。

E.ON 认为 MTH 已经保证了桩基有 20 年的使用寿命，因为他们已经给出了适用性保证；MTH 对此提出异议。尽管问题的原因是 DNV 标准中的错误，而且 MTH 在桩基设计方面没有过错，但初审法官以 E.ON 保证桩基有 20 年的使用寿命为由，作出了有利于 E.ON 的判决。MTH 上诉成功的主要依据是，经过对合同文件的详细审查，上诉法院[2]认为合同文件的起草不完善，从整个合同的整体解释来看，合同没有对 20 年的使用寿命保证做出明确规定。法院认为，在执行这种保证或目标适用性义务之前，合同文件必须足够明确。如果委托方认为承包商不仅要承诺遵守相关的技术规格书和标准，而且还要承诺确保实现特定的结果，那么整个合同必须足够明确，以支撑这一结论，而在 MTH 案中却没有足够明确。在技术要求文件的两个条款中提到的 20 年的使用寿命好比一根"太细的线"，它是不足以"悬挂"起这样特定的义务的。

最高法院推翻了上诉法院的观点，认为要求承包商实现某种结果的"适用性"义务，即桩基将维持 20 年使用寿命，是在合同中规定的，并被赋予自然效力；它与合同的其他条款并不矛盾。

---

[1] 在 2017 版红皮书中，对于相关部分，双方可以在具体条件中约定此类文件或文件类别。例如，该规定可作为确认承包商设计工程的一个或多个部分的目标依据。

[2] 见卷宗（2015）EWCA Civ 407.

尽管这两个与工程执行相关的款项隐藏在技术文件中,但这并不意味着它们过于纤细而无法"悬挂"这样一项义务,尽管这一义务可能很繁重。虽然合同的措辞不够严谨,但法院认为,它足够清楚地表明 MTH 将可以实现桩基寿命为 20 年的目标。

根据 MTH 合同的规定,合同文件中要求遵守 DNV 标准和桩基设计应确保 20 年寿命的要求之间的不一致在本质上并不矛盾,而是在两者之间产生了优先级。因此,两个标准或要求中更严格或更苛刻的标准或要求将占上风,而较不严格的标准或要求则被视为最低要求。

做出主要判决的纽伯格勋爵(Lord Neuberger)在其判决的主要部分有如下论述:

"虽然每个案件都必须根据其自身的事实,但从英国和加拿大的法官的裁决和意见中得到的信息是,法院通常倾向于承包商应充分保证所生产的项目符合规定标准。其依据是,即使客户或雇主已经指定或批准了设计,如果承包商同意按该设计施工,但无法达到他所同意的标准,则承包商应承担风险。"

虽然 MTH 案因此肯定了英国法院倾向于全面落实所生产的项目符合相关合同标准的要求,但它更普遍地说明了如果不能足够清楚地确定承包商生产符合合同标准的项目的责任范围,就无法确定他可能具有的任何目标适用性义务的范围,这可能会导致混乱和风险。

2017 版的菲迪克承包商-设计合同在这方面相较于 1999 版有所改进,它将目标适用性义务的范围限制为雇主要求中所定义和描述的范围。如果这些雇主要求中存在的错误涉及工程或其任何部分的预期目标的定义,那么在银皮书的两个版本中,根据第 5.1 条(b)项,雇主应承担责任;尽管承包商在银皮书的两个版本中对与设计有关的事项负有全面责任,但他对雇主要求中与预期目标定义有关的错误或遗漏不负责任[1]。正如我们所看到的,根据 2017 版黄皮书第 1.9 条[2],如果一个有经验的承包商,在考虑到成本和时间的情况下,在投标或根据第 5.1 条审查雇主要求时,没有发现雇主要求中的任何错误或缺陷(包括与工程或其任何部分的预期目标的定义有关的错误或缺陷),承包商可以延长工期和获得费用的赔偿。

---

[1] 见下文第 5.1 节。
[2] 见上文第 2.5.1 节。

如上所述，2017版的新特点之一是包含了一个默认立场，即如果雇主要求中没有定义或描述工程的预期目标（在红皮书中，合同没有定义或描述承包商要设计的那些工程部分），工程或相关部分应适用于其通用目标。当然，对于任何工程的"通用目标"在特定情况下无法被定义；这些目标最终是什么将取决于证据和管辖法律。但我们认为，在此纳入默认立场是对1999版合同的改进，因为它明确规定了合同起草不清晰时的通用目标，这里的合同起草不清晰指的是在雇主要求或类似文件中，或在合同文件的其他地方并没有包括对预期目标的描述或定义。

4.1.4 其他一般义务

第4.1条包含了承包商的其他一般义务，在2017版黄皮书和银皮书中的第4.1条也是如此。要求承包商提供雇主要求中规定的永久设备和承包商的文件，承包商所有的人员、货物以及承包商履行合同中的义务所需的任何其他事物。条款中还明确规定，工程应包括为满足雇主的要求、承包商的方案[①]和进度计划、合同所隐含的任何必要工作，以及为保证工程的顺利完成或安全、正常运行所需的所有工作（即使合同中未提及）。

承包商还明确对其所有施工方法和所有工程的充分性、稳定性和安全性负责。如果工程师/雇主要求承包商提交拟为工程实施制订的计划和方案的详细资料，承包商必须提交。在未向工程师/雇主提交之前，不得对这些计划和方案进行重大变更。

2017版红皮书包含类似的一般义务，并对合同中规定承包商要执行的任何永久工程的设计进行了规定。这些与设计有关的规定（在红皮书第4.1条的最后一段）明确了承包商为工程的相关部分准备文件供工程师审查的要求；这些文件应符合技术规格书和图纸的要求，在根据第4.4.1条发出或视为已发出无异议通知之前，相关部分的施工不得开始。如果承包商希望修改已经提交审查的任何设计或承包商文件，他必须向工程师发出申请并说明理由。在(e)项中，有上文第4.1.2节所述的相关部分的目标适用性义务，以及在(f)项中的承诺，即设计和承包商的文件必须和合同的其他文件一样符合技

[①] 承包商的方案是1999版和2007版黄皮书的一个特征。在2017版黄皮书中，承包商的方案是指(第1.1.17条)投标书中声明或暗示为承包商对工程实施的方案的部分；合同也包括此部分。这些文件可能包括承包商的初步设计。银皮书中没有承包商的方案。

术规格书中所述的技术标准和适用法律。此外,还规定承包商在适当情况下提供竣工记录,以及操作和维修手册,并对雇主的人员进行操作和维修工程相关部分的培训。

4.2 承包商提供履约担保

与其他合同一样,菲迪克合同要求承包商提供履约担保,以确保其严格履行合同。在2017版合同中,必须按照合同数据中规定的金额和货币提供担保;但如果没有说明金额,承包商就没有义务提供担保。然而,在现实中,从雇主的角度来看,这是最重要的条款之一,从来没有留下空白或被忽视过。

在2017版三类合同中,与承包商提供履约担保相关的规定都在第4.2条。第4.2.1条要求承包商在订立合同后的28天内向雇主提供担保;在红皮书和黄皮书中,是在雇主颁发中标通知书后的28天,而在银皮书中则是在双方签署合同协议书后。担保必须由雇主认可的国家或其他司法管辖范围内的实体出具,并且必须采用专用条件所附的形式或雇主认可的其他形式。在颁发履约证书,并且承包商已根据第11.11条清理现场之前,承包商必须确保担保的有效性和可执行性。此外,合同还规定了担保的有效期可延长至签发履约证书和清理场地退场时。

在2017版合同中,项目施工期间提供的担保额度更加灵活。如果合同价格的变化或调整导致合同价格累计增加或减少超过中标合同金额的20%(红皮书和黄皮书),或超过合同协议书中所述的合同价格的20%(银皮书),那么合同价格在增加的情况下,承包商必须根据雇主的要求增加担保金额;在减少的情况下,如果雇主同意,可以相应减少担保金额。

两个版本的菲迪克合同都对雇主根据担保提出索赔的权利进行了明确的限制。在2017版的第4.2.2条中,明确禁止雇主根据担保提出索赔,除非满足下述(a)到(e)项的任何一项:

(a) 承包商未能延长担保的有效期。

(b) 承包商未能向雇主支付根据第3.7条(银皮书的第3.5条)协商或决定的应付金额。

(c) 承包商未能在42天内或通知规定的其他时间内根据第15.1条发出的整改通知纠正违约行为。

(d) 第 15.2 条中雇主有权终止合同的情况,无论是否已发出终止通知。

(e) 承包商未能按照第 11.5 条的规定从现场移走有缺陷或损坏的设备,并在相关通知中所述的日期或雇主同意的其他日期前将其送回现场重新安装并重新检测。

在雇主无权提出索赔的情况下,雇主有明确的义务对承包商的任何损害、损失和费用进行赔偿,包括根据担保提出索赔而产生的法律费用和开支。此外,雇主根据担保收到的所有金额将被计入应付给承包商的款项中。

合同中的第 4.2.3 条要求雇主在签发履约证书和清理现场后的 21 天内将担保返还给承包商,如果合同根据第 15.5、16.2、18.5 或 18.6 条被终止,则须在终止日期后立即返还担保[①]。

4.3　承包商代表

在两个版本的三类合同中,承包商必须指定一名代表,该代表应具有代表承包商在合同下行事的所有必要权力,除非他被更换。

2017 版的第 4.3 条包含了对代表的资格、经验和能力的要求,并规定了工程师或雇主(银皮书)对承包商拟指定为代表的人的认可。未经工程师或雇主的事先同意,承包商不得更换承包商代表。

合同明确规定,承包商代表在履行合同期间的任何时候都代表承包商行事,包括发出和接收所有的通知和其他信息,并接受指示。在工程实施的整个过程中,该代表应驻扎在工地上。第 4.3 条还规定,承包商代表可以将其权力、职能和权限委托出去,但他不能将发出和接收通知及其他信息,以及接受指示的权限委托出去。

4.4　分包商

2017 版黄皮书和银皮书的第 4.4 条涉及指定分包商之外的分包商的相关事项,指定分包商的情况则是在这两本合同书的第 4.5 条中进行说明。

[①] 见第 12 章。

2017版红皮书第5.2条[1]对指定分包商的说明与其他两本合同书的第4.5条相同[2]。2017版红皮书第5.1条对其他分包商的规定与2017版黄皮书第4.4条相同;这些条款与2017版银皮书第4.4条的规定类似,只是在银皮书中承包商无需获得同意就可以指定任何分包商,而在红皮书和黄皮书中则规定承包商需要获得同意才能使用他推荐的分包商(材料供应商或分包商在合同中被指定的情况除外)。

在1999版的三本合同书的第4.4条中,对分包的工程量的唯一禁止规定是不能分包整个的工程;这与2017版不同。在2017版合同中,双方可以就分包工程的比例达成协议,通过在合同数据(红皮书和黄皮书)中说明中标合同金额的比例或在合同协议书(银皮书)中说明合同价格的百分比。但是,如果双方没有商定这样的限制,默认的规则是承包商不得分包整个工程[3]。此外,合同数据还可以规定不得进行分包的部分。

与1999版的合同一样,2017版明确规定承包商应对所有分包商的工作和他们的任何违约行为负责;与1999版类似,2017版黄皮书第4.4条/红皮书第5.1条规定,承包商对分包商的所有拟定建议均应征得工程师的同意,但材料供应商或合同指定的具体分包商除外。如上所述,2017版的银皮书中没有上述的各种审批要求[4]。

4.5 指定分包商

2017版合同对指定分包商的规定比1999版要详细得多,并提供了重要的保护条款。

2017版黄皮书和银皮书的第4.5条/红皮书的第5.2条将"指定分包商"定义为雇主要求/技术规格书中指定的分包商,或工程师/雇主根据第13.4条(处理暂定金额)指定承包商雇用的分包商。第4.5.1/5.2.2条规定了反对指定分包商的程序,如果承包商在收到相关指示后14天内提出合理的反对意见并提供详细的证明材料,则承包商没有任何义务雇用工程师或雇主的指定分包商。

---

[1] 1999版红皮书第5条仅涉及指定分包商,第4.4条涉及非指定分包商。
[2] 2017版红皮书第4.4条涉及承包商文件;见下文第4.6节。
[3] 黄皮书和银皮书第4.4条;红皮书第5.1条。
[4] 1999版银皮书也没有要求承包商在指定分包商时征得雇主的同意(第4.4条)。

2017版合同通过举例帮助双方判断反对是否合理,如果反对意见是由第4.5.1/5.2.2条中的任何一个实例产生的,除非雇主同意对承包商在该问题上的任何后果进行赔偿,否则这将被视为是合理的。然而,第4.5.1/5.2.2条中给出的例子并不详尽。简而言之,它们可以被总结为:

(a) 有理由相信分包商没有足够的能力、资源或财务实力。

(b) 分包合同没有规定指定分包商对其代理人和雇员的任何疏忽或误用货物对承包商进行赔偿。

(c) 分包合同没有规定,对于分包工程,被指定的分包商应承担与主合同项下承包商相一致的责任,并就主合同项下或与之相关的所有义务和责任进行赔偿,以及分包商未能履行这些义务或责任所产生的后果,应向承包商作出赔偿。

1999版的三本合同书还规定,工程师或雇主可指示承包商雇用分包商,但允许承包商根据合理的反对意见拒绝雇用分包商,并在可行的情况下尽快通知分包商,并提供相关细节[①]。因此,2017版保留了承包商最终反对雇用指定分包商的权利,我们认为这个主张是正确的,因为如果承包商要对分包商的工作负责并对雇主进行赔偿,他就应该有最终拒绝权。

第4.5/5.2条的其余部分包含确保向指定分包商付款的规定,即承包商必须按照分包合同向指定的分包商支付其应得的款项,在签发付款证书/进行期中付款之前,如果其中包括应付给指定分包商的款项,工程师或雇主可以要求承包商提供合理的证据,证明指定分包商已经收到按照先前的付款证书/期中付款减去任何适用的扣款后的所有应得款项。此外,还规定可直接向分包商付款。

4.6　承包商的文件:2017版红皮书

涉及承包商的文件[②]内容位于2017版红皮书第4.4条和2017版黄皮书

---

① 1999版黄皮书和银皮书第4.5条,红皮书第5.2条。1999版的合同中没有提供关于什么是合理反对的指导。

② 在1999版红皮书中,专门涉及承包商文件的条款只有第1.1.6.1条(定义承包商文件)和第1.10条(涉及雇主对承包商文件的使用);2017版的第4.4条引入了审查程序和其他内容,而这些以前只出现在黄皮书和银皮书中。

和银皮书的第 5.2 条①。

红皮书第 4.4.1 条定义了承包商的文件,包括技术规格书中规定的文件,根据第 1.13 条规定由承包商负责的所有许可、准许、执照和其他监管审批所需的文件,第 4.4.2 条(涉及竣工记录)和第 4.4.3 条(涉及操作和维护手册)所述的文件,以及第 4.1 条(a)项(涉及与承包商根据合同应设计的工程部分)所要求的任何文件。

在两个版本的红皮书和黄皮书中,雇主的人员均有权检查承包商的所有文件的准备情况,无论这些文件是在哪里准备的。这与两个版本的银皮书不同,在银皮书中雇主没有这种权利。

2017 版红皮书的第 4.4.1 条规定了工程师审查承包商文件的程序。如果技术规格书或通用条件有此规定,承包商必须提交相关文件以供审查,同时附上通知,说明已准备好按照合同规定接受审查。然后,工程师有 21 天的时间来回应,向承包商发出通知,要么同意该文件,要么指出其不符合合同的方面,并说明理由。重要的是,工程师应在 21 天内作出答复,如果没有,第 4.4.1 条就认为工程师已经通知了他对文件的同意意见。如果工程师正式通知了关于文件的异议/错误,那么承包商必须修改并重新提交审查,工程师应在收到修改后的文件后的 21 天内作出答复。

请注意,在 2017 版红皮书中,承包商没有义务就其需要提交文件审查的工程部分延迟开工,即其无义务等到工程师对相关文件发出无异议通知或被视为已经发出无异议通知才开工。这与 2017 版黄皮书和银皮书第 5.2 条的情况不同,在该条中,(除了竣工记录、操作和维护手册)在无异议通知发出或被视为发出之前,不允许承包商开工。

2017 版红皮书第 4.4.2 和 4.4.3 条分别规定了竣工记录、操作和维护手册,并规定了承包商的义务,这些义务只在技术规格书要求承包商准备此类记录或手册时才适用。总之,承包商必须准备并及时更新一套完整的竣工记录和手册,并提交给工程师审查。

---

① 见第 5.2 节。

4.7 合作

2017版的三类合同在第4.6条中都有规定,要求承包商按照雇主要求(黄皮书和银皮书)或技术规格书(红皮书)的规定,或按照工程师/雇主的指示,与雇主的人员及其雇用的其他承包商以及任何依法成立的公共机构和私营公用事业公司的人员合作,并给予适当的机会开展工作。承包商还必须协调他在工地上的施工活动,并在雇主要求(黄皮书和银皮书)或技术规格书(红皮书)中规定的范围内,或按照工程师/雇主的指示,尽最大努力来协调这些活动与任何其他承包商的活动。

在2017版合同中,如果承包商因第4.6条规定的任何指示而导致工期延长和/或产生额外费用,考虑到雇主要求或技术规格书要求的合作所提供的机会和协调是不可预见的,承包商可要求延长时间和/或支付额外费用。

1999版合同包含类似的合作条款,但与2017版不同的是,在1999版中,工程师或雇主的指示,例如,为雇主的人员提供适当的工作机会,如果导致承包商产生不可预见的费用,则构成变更。这一点在2017版中有所变动,即如果承包商遭受延误和/或成本增加,导致指导的合作所提供的机会和协调变得不可预见,则承包商可根据第20.2条进行索赔。

4.8 质量管理体系和合规认证体系

2017版的三类合同都在第4.9条中规定,承包商要制订并实施质量管理体系和合规认证体系。这是2017版的新特点之一,在新合同更加强调有效的项目管理中有所体现。

4.8.1 质量管理体系

质量管理体系被广泛用于各种行业,以帮助协调和指导组织的活动,确保持续达到所需的质量标准。根据菲迪克2017版中的第4.9.1条,承包商必须制订并实施质量管理体系,以证明符合合同的要求。质量管理体系必须为工程专门制订,并在开工日期的28天内提交给工程师或雇主;它必须符合雇主要求(黄皮书和银皮书)或技术规格书(红皮书)中所述的任何细节;并且必

须包括承包商的程序,以确保:

(a) 所有的通知和其他通信、承包商的文件、竣工记录、操作和维护手册以及同期记录都可以完全确定地追溯到合同工程、货物、工艺或与之相关的检验。

(b) 对工程执行的各个阶段之间以及分包商之间的衔接进行适当的协调和管理。

(c) 承包商的文件须按时提交给工程师/雇主审查。

工程师/雇主可发出审查通知,要求承包商修改质量管理体系,以纠正任何不符合规定的情况,并可在任何时候要求承包商对未执行的情况进行补救。承包商还必须定期对质量管理体系进行内部审计,至少每6个月一次,并必须在完成审计后7天内提交一份报告,列出审计结果,每份报告还必须包括改进或纠正体系本身及其执行情况的所有建议措施。如果承包商的质量保证认证要求他接受外部审计,那么他必须立即通知工程师/雇主,说明审计中发现的所有问题。

4.8.2 合规性认证

除了质量管理体系外,承包商还必须制订并实施合规性认证体系,以证明设计材料、雇主提供的材料(如有)、设备、工程和工艺在所有方面都符合合同规定(第4.9.2条)。合规性认证体系必须符合雇主要求(若有)(或者红皮书中的技术规格书)中规定的细节,并包括报告承包商进行的所有检查和试验结果的方法。如果任何检查或试验显示不符合合同规定,则适用第7.5条(处理缺陷和拒绝)[①]的程序。承包商还必须起草并向工程师/雇主提交一套完整的工程合规性认证文件,按照雇主要求/技术规格书中的描述进行充分的汇编和整理,如果没有这样的描述,则以工程师/雇主接受的任何方式进行。

在第4.9.3条中增加了一项一般规定,即遵守质量管理体系和/或合规性认证体系并不免除承包商在合同下或与合同有关的任何职责、义务或责任;因此,承包商的全部职责、义务或责任不受制定并实施的质量管理和合规性认证体系的额外要求的影响。2017版合同中的质量管理和合规性认证体系的要求可能相当繁重,增加了双方的管理负担。人们普遍认为在新合同中引入质量管

---

① 见第6.2.3节。

理和合规性认证程序的好处超过了其带来的潜在缺点;但是,如果愿意,双方可以在他们均认可的专用条件中修改或排除这些程序。例如,如果承包商要接受外部审计,以保证其质量认证,可在专用条件中对此作出特别规定。

4.9　现场数据的使用

如上文第 3.1.5 节所述,2017 版合同的第 2.5 条规定,雇主应在投标阶段和之后向承包商提供现场数据和参考项目。第 4.10 条规定了承包商对第 2.5 条中提到的现场数据的责任。

正如预期的那样,黄皮书和红皮书对这一问题的处理与银皮书的第 4.10 条不同。

• **银皮书**

在银皮书中,承包商负责核实和解释由雇主根据第 2.5 条提供的所有数据。因此,承包商的责任是核实或确定现场数据的正确性或准确性,以及对其作出解释。

• **黄皮书和红皮书**

在黄皮书和红皮书中,承包商的责任是解释数据,而不是核实数据。这两本合同书中的第 4.10 条确实要求承包商获得并认为他已经获得了关于风险、突发事件和其他可能影响投标或工程情况的所有必要信息,但这只是考虑到成本和时间的可行范围;在同样的范围内,承包商被认为已经视察和检查了现场、进入现场的通道及其周围环境、上述数据和任何其他可用信息,在提交标书前对所有与执行工程有关的事项无异议。

以上事项包括:

(a) 场地的形式和性质,包括地表下的条件。

(b) 现场的水文和气候条件以及气候条件的影响。

(c) 工程的范围和性质以及执行工程所需的物资。

(d) 当地法律程序和劳工惯例。

(e) 承包商对通道、住宿、设施、人员、电力、运输、水和任何其他公用事业或服务的要求。

因此,根据黄皮书和红皮书,承包商不对雇主根据第 2.5 条提供给他的任何现场数据的准确性负责;而且在考虑到成本和时间的情况下,承包商对影响工程的风险和其他情况的评估（包括检查现场）程度以合理可行为限。这与银皮书中对承包商的相关规定形成鲜明对比，银皮书中承包商承担了雇主提供的现场数据是否准确的全部风险，这是他对影响工程的任何事项的一般风险承担的特点。例如，如果黄皮书或红皮书中的承包商遇到了地下条件的问题，尽管他在考虑到成本和工期的情况下采取了一切可行的措施来事先查明这些条件，但还是导致了工期延误或产生额外费用，那么他可以根据第4.12条就不可预见的实际情况要求适当延长工期或支付额外成本，但必须遵守该条款中的各种通知要求；相比之下，银皮书的第4.12条让承包商对所有此类风险承担明确的责任。

4.10 不可预见的困难/自然条件

- **银皮书**

在两个版本的银皮书中，承包商承担所有影响工程的困难风险，即使是不可预见的风险。2017版的第4.12条（与1999版的第4.12条几乎相同）阐述得十分清楚。除非在专用条件中另有说明，否则承包商应被视为已获得关于风险、意外情况和其他可能影响工程的情况的所有必要信息；通过签署合同协议书，承包商接受"全部责任"，并表明其已预见到成功完成工程的所有困难和费用；合同价格不应因任何不可预见或未预见的困难或费用而调整。

上述与专用条件有关的限制性条款使双方能够就银皮书承包商在项目开始时无法合理预见的困难方面所承担的全面责任商定例外协议。双方能否就这种例外情况达成协议，经常取决于承包商的议价能力和意外情况的程度或范围。如果同意对第4.12条规定的承包商责任做出例外规定，则必须（像对通用条件的任何其他修正一样）谨慎措辞，以确保它们既内部一致又与未修正的条件一致。

- **黄皮书和红皮书**

2017版黄皮书和红皮书的第4.12条规定，如果承包商遇到不可预见的自然条件导致工期延长和额外费用，他有权要求延长时间和/或增加费用。该条款（第一段）将"自然条件"定义为承包商在工程实施过程中在现场遇到的任何自然外界条件和外界障碍，无论是自然的还是人为的，以及污染物，包括地下和水文条件。

需要注意的是,现场的气候条件及其影响被明确排除在第4.12条的相关自然条件之外。气候条件在两本合同书中被单独说明,在第8.5条关于延期的规定中进行了阐述①。根据第8.5条规定,可能导致工期延长的原因之一是,根据第2.5条提供给承包商的气候数据和/或在有关国家公布的工地特定地点的气候数据,出现了无法预见的异常恶劣的气候条件。这与1999版的黄皮书和红皮书的模式相同,也是单独说明气候条件,特别是允许承包商(根据第8.4条)要求延长时间,但不能要求支付任何款项;而如果遇到不可预见的自然条件,承包商可以(根据第4.12条)要求增加费用和延长时间。因此,2017版的红皮书和黄皮书沿用了1999版的红皮书和黄皮书的规定,如果遇到特别不利的气候条件,承包商可以要求延长时间,但不能要求支付任何款项。

4.10.1 不可预见的自然条件:程序

2017版黄皮书和红皮书中的第4.12条规定,如果承包商遇到上述的自然条件,他认为是不可预见的,并对工程进度有不利影响和/或增加工程成本,那么第4.12.1至4.12.5条规定的程序将适用。

总之,承包商在发现不利的自然条件后必须(第4.12.1条):

(a) 在规定的时间内向工程师发出通知,使其能够在受到自然条件干扰之前迅速进行检查和调查。

(b) 描述自然条件,以便工程师能够及时检查或调查这些条件。

(c) 说明自然条件是不可预见的理由。

(d) 说明这些自然条件将如何对工程的进展产生影响和/或增加工程费用。

工程师应(根据第4.12.2条)在收到通知后的7天内或与承包商商定的更长的时间内,检查和调查实际情况。承包商应继续执行工程,采用适当和合理的措施来满足实际情况的需要,使工程师能够检查和调查。

第4.12.3条要求承包商遵守工程师关于处理自然条件的任何指示;如果这种指示构成变更,则第13.3.1条适用。

根据第4.12.4条,如果承包商因上述自然条件而导致工期延长和/或产

---

① 见第7.6节。

生费用,并在已经遵守第 4.12.1 至 4.12.3 条的情况下,他可以根据第 20.2 条的费用或时间索赔规定,要求延长时间和/或支付这些费用。

第 4.12.5 条规定,在同意或确定[①]承包商的索赔要求时,应考虑自然条件是否确实是不可预见的,如果是的话,其程度如何;工程师还可以审查工程类似部分的其他自然条件是否比基准日合理预见的更有利。如果确实遇到了这些更有利的条件,工程师可以在计算支付给承包商的额外费用时,考虑到由于这些条件而造成的费用减少,但必须符合以下条件:任何增加的实际影响不会导致合同价格的净减少。工程师可以考虑承包商在基准日前所预见的自然条件的任何证据(承包商可以在其根据第 20.2.4 条[②]必须提供的详细索赔的证明材料中包括这些证据),但不受这些证明材料的约束。

4.11 其他承包商义务

2017 版的三本合同书中的第 4 条涵盖了承包商的一系列其他义务。这些义务包括:承包商有义务(第 4.7 条)开展与第 2.5 条提及的参考项目有关的工作;承包商在健康和安全方面的义务(第 4.8 条),包括遵守所有适用的安全法规和法律以及合同中的任何相关规定;不影响公众的便利或非必要不进入、使用或占用道路、人行道等(第 4.14 条);有关通道、货物和设备运输的义务(第 4.15 至 4.17 条);保护环境(第 4.18 条);对临时公用设施负责(第 4.19 条);现场的安全(第 4.21 条);现场的操作(第 4.22 条);有关考古和地质发现(第 4.23 条)。2017 版红皮书的第 4.5 条包含了一个条款,规定了承包商在培训雇主员工和/或其他确定的人员方面的义务,但这只在技术规格书要求这样做的情况下执行[③]。

在 2017 版的三本合同书中,承包商承诺承担工程所需的特殊和/或临时路权的费用,包括进入工地的道路权(第 4.13 条),并在基准日时视为对进入现场道路的适用能力和可用性无异议,且承包商使用的通道的任何损坏和维护均由承包商自己负责。

承包商认可中标合同金额(红皮书和黄皮书)或合同协议书中的合同价

[①] 见第 7.6 节。
[②] 见第 15.2.5 节。
[③] 2017 版黄皮书和银皮书的第 5.5 条包含类似的培训要求,见下文第 5.3 节。

格(银皮书)的准确性和充分性(第4.11条)。

第4.20条涉及进度报告,规定了承包商有义务按照雇主要求/技术规格书中规定的格式提供月度报告,如果没有明确规定,则需按照工程师/雇主的指示提供月度报告。这些报告是监测进度的重要手段,必须提供至项目完成。除非雇主要求/技术规格书中另有规定,否则每份报告必须包括一系列详细信息(如图表、图示和详细的进度说明;每个主要设备和材料的预计或实际开始制造、装运和到达的日期;质量管理文件的副本;变更清单;健康和安全统计;实际和计划进度的比较;任何可能导致延迟的事件或情况的细节,以及为克服延迟情况已经或即将要采取的措施)。为了避免1999版中有时出现的含糊不清的情况,2017版已明确规定所有进度报告中的内容都不可构成合同中的通知声明文件。

5 设计

2017版黄皮书和银皮书的第5条规定了承包商在设计方面的义务,并涉及某些其他与设计有关的事项①。

5.1 承包商设计义务的一般要求

2017版黄皮书第5.1条规定,承包商应实施并负责工程的设计。在2017版的银皮书中,规定承包商也有同样的义务,此外还添加了对于雇主要求的落实程度的责任要求。

在这两本合同书中,第5.1条应与以下内容结合阅读:

(a) 第4.1条,承包商应根据该条规定实施工程,且应保证在竣工时,这些工程符合雇主要求中所定义和描述的目标(或在默认情况下,应满足其通用目标)。

(b) 第5.3条,承包商保证其设计、承包商文件、工程实施和竣工工程符合当地法律和合同文件要求,包括合同变更或修改内容。

5.1.1 银皮书:雇主要求中的错误

在两个版本的银皮书中,承包商被认为(根据第5.1条)在基准日之前已经仔细审查了雇主要求,包括设计方案和运算。如有特别要求的话,还需对雇主要求的准确性负责,但部分情况例外。在以下任一种情况下,雇主对雇主要求或承包商从雇主或雇主代表收到的任何数据或信息的准确性或完整性负责:

---

① 根据2017版红皮书,承包商对工程的任一部分或多个部分负有设计责任,这将在合同第4.1条中明确规定(见上文第4.1.2节)。

(a) 合同中不可改变的或由雇主负责的内容、数据或信息。

(b) 该问题涉及工程或其任何部分的预期目标的定义。

(c) 竣工工程的验收和性能的标准。

(d) 承包商无法核实的内容、数据和信息[①],除非合同另有规定。

这一措辞紧跟1999版银皮书第5.1条的措辞,特别是将承包商责任的例外情况限制在上述(a)至(d)项。

5.1.2 银皮书:雇主设计

1999版银皮书将因雇主或雇主负责的其他人对工程任何部分的设计而导致的工程、货物或承包商文件的损失或损害的风险归结在承包商身上。1999版黄皮书第17.3条(g)项将任何此类损失或损害的风险归结于雇主身上(承包商有权要求适当延长工期和/或增加费用),而1999版银皮书中却没有这样的规定。1999版合同系列的《菲迪克合同指南》对这一遗漏的解释是,设计风险完全由银皮书承包商承担。[②] 然而,在2017版银皮书中,根据新的第17.2条(c)项规定因雇主或他人代表雇主所提供的设计造成的损失或损害的风险由雇主承担,关于这一点将在下文第13章中展开讨论。这意味着风险承担向着有利于承包商方向的重大转变。

5.1.3 银皮书:设计人员

2017版银皮书第5.1条(第三段)包含了承包商的承诺,即设计将由工程师或其他在其负责的专业领域中具有适当资格、经验和能力的专业人员准备;并遵守雇主要求中所述的标准(若有);并且根据适用法律,有资格和能力来设计工程。1999版银皮书中没有包含这类承诺。

另一方面,1999版黄皮书包含承包商的承诺,其大意是:不仅设计工作将由符合雇主要求中规定的所有标准的设计师进行,而且(除非另有说明)拟议设计师和设计分包商必须获得工程师的同意。

---

① 对这些例外情况的解释及其在特定情况下的适用将取决于合同的管辖法律,但可能很难确定,例如,"承包商无法核实"在实践中到底意味着什么;例如,一个拥有无限资源和时间的承包商可能比一个在更常见的时间和预算限制下的承包商更有能力核实数据和信息。但事实证明,令人满意的替代措辞是难以找到的。

② 《菲迪克合同指南》,第275页。

2017版银皮书第5.1条中没有要求承包商的承诺必须获得上述同意,而在2017版黄皮书中仍然如此要求。除此之外,这两本合同书在对设计人员的要求方面非常相似。

5.1.4 黄皮书:雇主要求中的错误

2017版黄皮书与银皮书一样,要求承包商需满足5.1条中的规定并对工程设计负责。然而广义上讲,与银皮书不同的是,黄皮书中规定,如果这些错误或遗漏是一个有经验的承包商在合同规定的指定工期内无法发现的,承包商对雇主要求中的错误或遗漏无需负责任。

1999版黄皮书

根据1999版黄皮书第5.1条,承包商在收到开工日期的通知后,必须仔细检查雇主要求。如果在审查过程中,他发现雇主要求中有任何错误、过失或缺陷,他必须在投标书附录中规定的从开工日期开始计算的期限内发出有关通知。然后工程师需要确认,一个有经验的承包商在提交投标书前对现场进行检查并仔细审查雇主要求时,能否发现这些错误。基于此种假设,如果承包商在上述阶段仔细检查雇主要求时能够发现错误,那么承包商将无权要求延长工期或调整合同价格。另一方面,如果承包商没有发现错误,那么第13条(变更处理)适用;如果由于该错误造成延误和/或产生额外费用,承包商无需提出索赔,并且有权调整价格和延长工期。

1999版黄皮书还解释了以下情况,当承包商根据第5.1条仔细检查雇主要求时没有发现错误,却在后来阶段发现了错误。根据第1.9条规定,只要有经验的承包商在根据第5.1条仔细检查雇主要求时没有发现错误,承包商就可以根据第20.1条要求延长由此延误的工期和/或索取由此产生的成本加利润。

因此,根据1999版黄皮书,如果雇主要求有错误,承包商有两次机会获得额外的工期和/或费用:第一次是根据第5.1条所规定的通知工程开工后的雇主要求审查阶段,第二次是根据第1.9条所规定的第一次机会之后的阶段。两种情况下,承包商所获权利都基于有经验且谨慎的承包商无法在规定时间内发现错误的假设。然而,在第一种情况下,承包商的权利是通过第13条规定的变更来实现的,而第二种情况是通过第20.1条所规定的索赔来实现。

根据1999版黄皮书中的第5.1条,承包商除了要仔细检查雇主要求外,还要仔细检查合同中规定的或由工程师给出的参考项目,以使承包商能够根据第4.7条展开工作。这些相关项目中的错误应在投标书附录中规定的期限内与雇主要求中的错误一起告知;承包商是否有资格获得额外的工期或费用,应通过对假设的有经验且谨慎的承包商进行的相同测试来确定,这对于雇主要求本身存在错误也同样适用。

2017版黄皮书

在2017版黄皮书中,第5.1条将雇主要求中规定的相关项目的错误与雇主要求中的其他错误进行了区分。

在前一种情况下,适用第4.7条关于参考项目的相关规定,在承包商发现这种错误的情况下,它规定了单独的时间表和对此需要采取的措施。在后一种情况下,对于其他类型的错误,适用第1.9条。

- **第1.9条**

第1.9条现在涵盖了承包商根据第5.1条审查要求时发现的雇主要求中的错误(参考项目除外)以及在以后阶段发现的错误。与1999版的第5.1条类似,如果承包商在根据第5.1条仔细检查雇主要求时发现错误,他应在合同规定的期限内向工程师发出通知,该期限自开工日期开始计算;但与1999版不同的是,新的第1.9条规定了发出该通知的默认期限为42天。

第1.9条第二段规定,如果在这一期限结束后,承包商发现了错误,他也应向工程师发出通知,说明这一错误。

然后,工程师应根据第3.7条来商定或确定:

(a)雇主要求中是否确实存在错误。

(b)考虑到成本和工期情况时,一个有经验的承包商是否会在以下情况下发现该错误:

(ⅰ)在投标前检查现场和雇主要求时;

(ⅱ)在根据第5.1条仔细检查雇主要求时,承包商有关该错误的通知是否是在合同规定的上述期限届满(或默认情况下的42天)后发出的。

(c)承包商需要采取什么措施(若有)来纠正该错误。

如果根据上述(b)项,一个有经验和谨慎的承包商不会发现该错误,那么,若因错误导致工期延长和/或产生费用,承包商有权要求延长工期和/或支付这些成本加利润;根据第13.3.1条,承包商因上述错误而被要求采取的任何措施应被视为变更。因此,承包商将有权就这些措施适当延长工期和/

或调整合同价格,而无需根据第 20.2 条提出索赔。

因此,综上所述,根据 2017 版的黄皮书:

(a) 如果承包商在工程开始时根据第 5.1 条仔细检查雇主要求,发现了错误、过失或缺陷,那么第 1.9 条将适用,如该错误涉及雇主要求中规定的参考项目,则第 4.7 适用(见下文第 4.7 条:参考项目中的错误)。

(b) 如果错误不涉及参考项目,则第 1.9 条适用,承包商应在合同规定的期限(如果没有规定,则为 42 天)内向工程师发出通知。然后,工程师必须在考虑成本和工期的同时,根据第 3.7 条商定或确定是否确实存在错误并确定一个有经验的承包商在提交投标书前,在检查现场和雇主要求时是否能够发现错误。

(c) 如果在 42 天后或合同规定的期限后才发现错误,那么在承包商发出描述错误的通知后,工程师应考虑一个有经验的承包商在根据第 5.1 条仔细检查雇主要求时是否会发现错误。

(d) 在上述任何一种情况下,只有当假定有经验且谨慎的承包商不会发现该错误时,承包商才有权要求延长工期和/或就该错误造成的任何延误或额外费用要求增加成本加利润。根据第 13.3.1 条规定,承包商因错误而需要采取的任何措施将被视为变更。

• **第 4.7 条:参考项目中的错误**

如果雇主要求中的错误涉及其中的参考项目,则第 4.7 条适用,承包商也必须在合同规定的从开工日期开始计算的期限(如果没有规定,则为 28 天)内向工程师发出通知。在收到通知后,工程师应与第 1.9 条一样,根据第 3.7 条商定或确定是否确实存在错误,并判断一个有经验的承包商是否会在投标前检查现场和雇主要求时发现错误,或在合同规定的期限届满(如果没有规定,则为 28 天)后,根据第 5.1 条仔细检查雇主要求时发现错误。如果基于该种假设情况的承包商无法发现错误,承包商根据第 4.7 条可以要求延长工期和/或增加成本加利润,如果承包商因此导致工期延长和/或产生额外费用,他为处理错误而需要采取的任何措施将被视为第 13.3.1 条下的变更。

• **唯一准则**

因此,2017 版黄皮书第 1.9 条和第 4.7 条规定了一个唯一准则,用于处理因雇主要求中的错误而提出的工期延长和/或支付费用的要求(若有),并说明了承包商根据第 13.3.1 条就采取措施弥补该错误而享有的延长工期和/

或获得额外费用的权利。这个准则被认为是对1999版的改进,在1999版中,承包商是否有权因错误和/或为弥补错误而采取的措施造成的延误/额外费用而获得额外的工期或费用,这个问题在第5.1和1.9条中分别以相当复杂的方式被说明。

5.1.5　黄皮书:雇主设计

如上文第5.1.2节所述,在黄皮书的两个版本中,由于雇主或雇主代表的设计导致的工程、货物或承包商文件损失或损坏的风险都由雇主承担,该点与1999版(但不是2017版)的银皮书不同。

5.1.6　黄皮书:设计人员

2017版黄皮书与2017年版银皮书的第5.1条第三段一样,规定设计应由工程师、其他有资质的人员或在他们负责的设计领域有经验和有能力的专业人员准备。他们必须遵守雇主要求中规定的标准(若有)并根据适用法律进行工程设计。这是对1999版的改进,1999版的第5.1条中的要求并不包括设计人员具有良好的资质,并根据当地法律有权进行工程设计[1]。

2017版黄皮书中的第5.1条与1999版的第5.1条非常相似,即工程师需要批准拟定的设计人员,且承包商应保证其自身、其设计人员和设计分包商具有设计所需的经验、能力和其他重要条件。

5.2　承包商文件:2017版黄皮书和银皮书

2017版黄皮书和银皮书的第5.2条非常相似,根据雇主要求,承包商须进行相关文件归档,并将其定义为承包商文件,然后将这些文件提交给工程师/雇主[2]进行审查。

该条款第一段对承包商文件的定义是:雇主要求中规定的文件,为满足第1.13条规定的由承包商负责的所有许可证、执照和其他监管批准所需的文件,以及第5.6和5.7条所述的分别与竣工记录、操作和维护手册有关的文件。

---

[1]　如上文第5.1.3节所述,1999版银皮书未提及承包商聘用的设计人员的资质或特征,承包商只是根据第5.1款承担所有相关风险。

[2]　上文第4.6节介绍了2017版红皮书处理承包商文件的方式。

第5.2.1条规定了承包商有义务准备其所有以及其他任何必要的文件,以便在工程执行期间完成和实施设计,并指导承包商的人员。

2017版黄皮书的一个特点是,与1999版一样,雇主的人员有权检查上述所有文件的准备情况,无论这些文件是在哪里准备的。这与两个版本的银皮书形成鲜明对比,后者不存在这种权利。造成这种差异的原因是,银皮书是在1999年以一种新的范本形式推出的,在这种合同下,承包商可以自由地以其选择的方式开展工程项目,而雇主的监督和控制范围相较黄皮书[①]却更有限。因此,以1999版银皮书为例,该合同中没有提到承包商雇用的设计人员的资质或特征要求,也不需要雇主对拟雇用的设计人员进行批准,而这些步骤却是1999版黄皮书第5.1条中所要求的。正如我们所看到的[②],在2017版的银皮书中,这种情况已经得到改善,但新版银皮书仍有一些类似于1999版的较少干涉的规定。

第5.2.2条规定了工程师或雇主审查的流程。在21天内,或在雇主要求中规定的其他期限内,工程师或雇主必须向承包商发出通知,表明对承包商的文件无异议,或指出其不符合雇主要求和/或合同的程度,并说明理由。与红皮书一样[③],如果工程师在上述审查期内没有发出通知,将被视为已发出无异议通知,但条件是与该文件有关的任何其他承包商的文件也已被发出或被视为已发出无异议通知。

如果需要,工程师/雇主可以要求承包商提供更多的承包商文件,以证明承包商的设计符合合同规定,这些文件的准备费用由承包商承担。

如果工程师/雇主发出通知,指出有关文件中的错误,那么承包商必须修改该文件,并重新提交给工程师/雇主审查;审查期从工程师/雇主收到该文件之日起计算。承包商不得因这种修改和重新提交后的再次审查所造成的工期延误而要求延长工期。相反,如果雇主因重新提交和随后的审查而产生额外费用,他有权根据第20.2条提出索赔,要求承包商支付合理的费用。

第5.2.3条的一项重要规定是,除了竣工记录、操作和维护手册外,承包

---

① 例如,参见1999版菲迪克合同委员会主席克里斯托夫·韦德(Christopher Wade)的论文"An Overview of the FIDIC Contracts"(2005年4月在开罗举行的国际商会-菲迪克会议上发表的论文)。

② 见上文第5.1.3节,根据第5.1条,承包商应聘请具有一定资格、经验和能力的设计师(尽管不需要获得批准)。

③ 见上文4.6节。

商不得开始任何承包商文件中以供审查的工程部分的工作。因此,工程师/雇主在审查期内的答复是至关重要的,且上文提到的第5.2.2条中的认定条款也佐证了这一点。

承包商可以修改所有设计或先前提交审查的承包商文件,但需向工程师/雇主发出通知并说明理由;如果承包商已开始对工程的有关部分进行施工,那么他必须变更或暂停该工程;若工程师/雇主已发出通知反对有关文件或发现其错误,第5.2.2条中的审查规定也将适用。在发出修改后的文件或视为发出无异议通知之前,有关部分的工程不得复工。

因此,在2017版的黄皮书和银皮书中,规定了准备和审查承包商文件的详细流程,并通过工期限制和认定条款予以加强。我们认为,这是对1999版的改进,因为它缩小了范围且更清楚地定义了第5.2条中描述的步骤。

5.3 其他设计相关条款

如上所述,在这两本2017版合同书中,第5.3条包含了承包商的承诺,即设计、承包商文件、工程实施及竣工工程必须符合当地法律和构成合同的相关文件,并可通过变更进行修改。两本合同书的第5.4条都规定了承包商文件、工程实施和竣工工程要符合当地的技术标准和其他适用法律法规的规定。如果适用的标准在基准日之后发生变化,承包商必须通知工程师/雇主,并有权将工程师/雇主认为符合执行工程新标准的建议视为变更处理。

2017版的两本合同书的第5.5、5.6和5.7条分别以类似的表述规定了雇主员工和其他人员的培训,承包商编制并随时更新竣工记录、操作和维护手册的义务。

2017版合同中的第5.8条以同样的方式规定了承包商设计和/或承包商文件中存在的设计错误、遗漏、含糊不清和其他缺陷或瑕疵的情况。任何此类错误和工程应根据第7.5条关于生产设备、材料和工艺[①]的缺陷和拒收的规定进行更正。如果承包商的有关文件以前是属于无异议通知的类型,那么他们现在应被视为工程师/雇主已发出通知反对或确定文件存在缺陷;并明确规定,任何更正和重新提交所产生的风险和费用均由承包商承担。

---

① 见下文6.2.3节。

6 生产设备、材料、工艺以及职员和工人

2017版的三类合同的第6条和第7条分别涉及生产设备、材料、工艺及人员。

6.1 职员和工人

第6条中有关职员和工人的规定在三类合同中基本相同,规定了承包商在项目中雇用职员和工人、遵守劳动法、工作时间、设施、合同人员的健康和安全等方面的义务,以及有关承包商的监督、不当行为和记录留存的其他相关规定。在1999版的第6条中也有类似的规定,2017版的新特点是引入了新的第6.12条,涉及"关键人员"。

雇主可以在雇主要求或技术规格书(红皮书)中指定关键人员,如果是这样,承包商应指定投标书中的自然人担任关键人员。他们必须以现场为基础展开工作,如果工程是在现场以外的地方执行,他们在工程执行的整个过程中都必须在相关地点。其目的是通过让工程师或雇主熟悉的关键人员持续驻扎在现场,来促进项目更好地管理。这些人必须在投标书中指定,如果没有指定,或指定的人由于某种原因不能担任相关的关键职务,承包商必须向工程师或雇主提交另一个备选人员的姓名和其他详细信息,以供工程师或雇主审核批准。

6.2 生产设备、材料及工艺

在2017版的三本合同书中,关于项目的生产设备、材料及工艺的规定几乎完全一致。

在这三本合同书中,第7.1条的表述都是一样的。承包商应在工程实施过程中:(a)以合同规定的方式进行设备的制造、供应、安装、验收及调试和/或修补,材料的生产、制造、供应和试验,以及所有其他操作和活动。(b)按照公认的良好做法,以适当的工艺和谨慎态度完成工作。(c)除合同另有规定的情况外,项目现场应配备适当的设施和无危险的材料。

上述(a)至(c)所述的义务在1999版的第7.1条中也有同样的表述。承包商必须遵守合同的所有相关规定,包括规定的所有标准。承包商还有一项更普遍的义务,即"按照公认的先进做法,以适当的工艺和谨慎的态度完成工作"。这些词没有被准确定义,可能会导致一些不确定性,因为工程师或雇主试图将其应用于所提供的设备和材料以及所执行的工作中,但没有任何明确的验收标准。然而,普通法中的表述可以为这些条款来源提供一些参考。

· **工艺娴熟的方式**

以适当的工艺和谨慎的态度执行工作的精神在英国法律中发挥着重要作用,因为建筑合同中通常隐含着以所有适当的工艺和谨慎态度执行工作的义务[1]。

承包商所需的技能程度取决于各种情况,包括他明示或暗示自己具有的任何技能。菲迪克承包商通过作出第4.1条和其他条款中的承诺和保证[2],证明自己具有履行合同规定的关于已完成工程的所有义务所需的技能水平。在施工过程中,合同里隐含的技能和谨慎态度通常是一种持续的义务,这在第7.1条的开头段落中就明确表示过,该条款规定了承包商在工程实施过程中进行生产设备和材料的供应和安装,以及任何其他活动或操作的态度和能力。在将这项义务责任应用于特定情况时,菲迪克合同中的工程师或雇主还得到了"按照公认的良好做法"这项规定的保护。因为什么是公认的良好做法,往往是由适用的当地和国际标准或实践来说明的。

· **技能和谨慎**

运用技能和谨慎态度的隐含责任可扩展至如何选择没有专利缺陷的材料,以及在不违反合同条款的情况下,如何合理提供适合预期目标且质量良好的材料。即使承包商在选择材料时没有过错,或者即使材料是由雇主选择

---

[1] 见典型案例 *Young & Marten v McManus Childs* (1969) 1 AC 454 at (465)。

[2] 例如,黄皮书和银皮书第5.1条;另见三本合同书所附标准合同文件(投标书、验收书和/或合同协议书)的条款。

的,提供优质材料的义务仍可能会使承包商承担潜在的缺陷责任。因此,在 *Young & Marten v McManus Childs* 一案中,承包商对屋顶瓦片的潜在缺陷负有责任,这些瓦片是由雇主有经验的代理人选择的,且承包商已经合格安装;法院认为,承包商仍有责任提供质量过关的瓦片[①]。下文将对菲迪克承包商对潜在缺陷负有责任进行讨论[②]。

6.2.1 实施、样品和检验

2017 版合同中的第 7.2 条规定,承包商在使用材料之前要向工程师或雇主提交材料样品并获得同意[③];在红皮书和黄皮书中(但在银皮书中没有),这些样品包括制造商的标准材料样品以及合同中规定的或指示的任何材料。提供样品和获得工程师或雇主的同意,能够对材料的质量和规格保持一定程度的控制。

基于此,根据 2017 版合同的第 7.3 条,雇主的人员有权进入工地的任何地点和获得天然材料的任何地方进行检查或检验,包括在生产、制造和施工期间对材料、设备和工艺进行测量和验收;并完成雇主要求、技术规格书(红皮书)或合同条件中其他地方规定的其他职责和检验[④]。为了确保工程师或雇主能够展开实际检查和类似的工作,承包商必须在材料、设备或工程准备好接受检查之前,以及在将其遮盖、隐藏或包装好以便储藏或者运输之前发出通知[⑤];如果没有发出通知,承包商可能被要求揭开相关工程,然后将其复原并使其状态良好,且产生的风险和费用由承包商自理。为了确保承包商不至于等得太久,雇主的人员必须及时检查,不得无故拖延,或工程师或雇主应及时通知承包商不需要这样做。如果工程师或雇主没有发出这样的通知和/或雇主的人员没有在承包商发出的通知所规定的时间或与其商定的时间到场,承包商可以继续进行遮盖、包装等工作。

---

① (1969) 1 AC 454。
② 见下文第 9.6 节。
③ 1999 版第 7.2 条也要求提交样品;请注意黄皮书和银皮书(规定审查)与红皮书(规定获得工程师同意)在表述上的不同。
④ 1999 版第 7.3 条还规定了进入和检查/试验的权利。
⑤ 在 2017 版银皮书中,对这一通知义务进行了限定:"对于雇主的人员有权检查、检验、测量和/或测试的工程……。"

6.2.2 承包商的试验

2017 版合同的第 7.4 条规定了合同中规定的所有试验流程,而不是竣工后的试验程序①。这些试验包括在工程中对设备、材料或工程的其他部分进行的试验,以及在移交时所进行的试验。承包商负责提供所有必要的设备和其他协助以进行规定的试验,并需确保这些设备得到准确的校准。承包商必须向工程师或雇主发出通知,说明进行试验的合理时间和地点,工程师/雇主可以更改这些时间和地点,并指定试验的细节,或指示进行额外的试验;这些更改将被视为对第 13 条规定的变更,因此承包商有权延长工期和/或调整合同价格(无需根据第 20.2 条提出索赔),除非任何变更或额外的试验表明,被试验的设备、材料或工艺不符合合同规定(在这种情况下,进行变更所产生的费用和延误将由承包商承担)。

工程师/雇主必须参加验收,因此,第 7.4 条规定了向承包商发出通知的流程,即至少提前 72 小时通知参加试验的时间。如果工程师/雇主未按照上述通知的时间和地点参加验收,他们将被视为已经到场,则承包商可以继续进行试验,除非承包商被指示安排在不同的时间和地点进行验收,在这种情况下,承包商可以要求延长工期和/或追加款项以弥补导致的延期和/或费用②。如果承包商导致指定的(包括变更或额外的情况)试验延误,雇主可以要求支付因此而产生的所有费用。试验完成后,承包商必须向工程师/雇主发送经认证过的试验报告。如果试验通过,必须由工程师/雇主提供认可或其他证明材料。如果工程师或雇主没有参加试验,他将被视为已接受试验报告并认可报告信息的准确性。如果试验没有通过,则适用第 7.5 条(见下一节)。

因此,承包商有权要求或将这种变化视为一种变更,从而避免承包商受不当试验变更的影响,而工程师/雇主也有合适的机会去参加和监督试验,如果他们推迟或不参加试验,将承担不利后果。

6.2.3 缺陷和拒收

2017 版合同的第 7.5 条规定了适用于任何设备、配件、设计或工艺在检

---

① 见第 8 章。
② 承包商还可以就工程师/雇主应负责的其他延误提出索赔(第五段)。

查、检验、测量或试验中被发现有缺陷或不符合规定的相关流程①。

工程师或雇主必须向承包商发出通知,说明已发现的缺陷,且承包商有义务立即准备并提交必要的补救工作的建议。工程师/雇主会对其进行审查,并在 14 天内向承包商发出通知,说明承包商所提议的工作在多大程度上不符合要求。如果工程师/雇主在 14 天内没有发出这样的通知,将被视为对该提议发出了无异议通知。但是,如果发出了修改通知,承包商就有义务提交一份修订的提议书,如果工程师/雇主在 14 天内没有对已修订的提议书发出进一步的不符合要求的通知,就被视为已经发出了无异议的通知。

如果承包商不及时提交提议书或修订后的提议书,或如果他不执行工程师/雇主已发出或被视为已发出无异议通知的拟补救工作,工程师/雇主可根据第 7.6 条指示承包商执行补救工作(见下文第 6.2.4 节),或向承包商发出通知,就拒绝设计、设备、材料或工艺说明理由;在这种情况下,第 11.4 条②将适用。这一步骤结果是很严重的,因为根据第 11.4 条,工程师/雇主可以对承包商限定一个时间,如果在期限内仍未执行可能会导致工程转由其他人来完成,甚至最终被终止。

假设承包商对有关缺陷进行了补救,工程师/雇主可要求对有关项目重新进行试验;那么,重新验收将按照第 7.4 条进行,风险和费用由承包商承担。如果拒绝和重新试验产生额外费用,雇主也可以向承包商索赔。

6.2.4　补救措施

2017 版合同第 7.6 条规定,工程师/雇主有权在签发接收证书前的任何时候指示承包商:

(ⅰ)修复或补救,或从现场移走并更换所有不符合要求的设备或材料。

(ⅱ)对不符合合同要求的所有其他工程进行修复或补救或拆除并重新施工工作。

(ⅲ)无论出于何种原因,完成为了工程安全而急需的补救工作。1999 版合同的第 7.6 条也规定了工程师或雇主有权指示承包商进行补救工作。

---

①　1999 版中的第 7.5 条在处理这一问题时与 2017 版有本质区别,而且该区别体现在拒绝接受受影响的设备、材料、设计或工艺的权利方面。

②　见第 9 章。

承包商必须尽快执行,最迟不得超过指示中规定的时间;如果要求紧急,则应立即执行[1]。承包商必须承担本条款规定的所有补救工作的费用,除非是为了工程安全所需的任何紧急补救工作归因于:(a)雇主或其人员,或(b)根据第18.4条规定的特殊事件。

如果符合(a)类情况,承包商可根据第20.2条要求为开展此类紧急工作所产生的延误或费用提出工期延长和/或费用要求;如果符合(b)类情况,承包商可根据第18.4条获得额外的工期和/或费用以处理特殊事件。如果承包商未能执行工程师或雇主的指示,那么,在雇主的全权决定下,雇主可以雇用其他人进行工作,并且,除了承包商根据第7.6条有权获得工程款外,雇主可以根据第20.2条要求承包商支付由该失误产生的所有费用,且不影响他在合同或其他方面可能拥有的其他权利。因此,雇主可以根据该条款,也可以根据他在合同或管辖法律或其他适用法律下拥有的任何其他权利提出索赔。

6.2.5 生产设备和材料的所有权/特许权使用费

2017版合同的第7.7条是与生产设备和材料的所有权有关的条款,确定这些设备和材料何时成为雇主的财产。这一点很重要,例如,根据管辖法律,它指明何时能将运送到现场但尚未纳入工程中的货物的风险转移给雇主。该条款规定,在符合当地法律的强制性规定的情况下,每件设备和材料在以下时间中较早的时间点成为雇主的财产,且不受留置权和其他因素的影响:

(a) 当生产设备和材料被运送到现场时。

(b) 根据第8.11条(规定雇主停工后的生产设备和材料的付款问题)向承包商支付生产设备和材料的费用时。

(c) 根据第14.5条(规定用于工程的机械和材料)向承包商支付确定的生产设备和材料的费用时[2]。

因此,举例来说,当一批准备用于项目的水泥运送到现场时,雇主就获得了这批水泥的所有权,即使承包商在一段时间后才收到这批水泥的款项。必

---

[1] 这一措辞与1999版红皮书和黄皮书中的第7.6条(第二段)相似;1999版银皮书中的同一条款有所不同,没有规定承包商遵守指示的时间,而是提到了第3.4条(处理指示)。2017版合同消除了这一差异。

[2] 1999版合同第7.7条的相应条款规定了两个相关时间,一是向工地交货,二是根据第8.10条(在暂停的情况下)就设备和材料获得款项的权利。

须始终牢记所有权的转移要符合当地相关法律的强制性要求，因为不同的司法管辖区对所有权的转移和相关风险可能有不同的规定。

最后，2017版合同第7.8条规定，除雇主要求或技术规格书（红皮书）中规定的情况外，承包商必须为从工地外获得的天然材料和拆除、挖掘的材料及其他剩余材料的处理支付所有特许权使用费、租金和其他费用，除非雇主要求或技术规格书中规定了工地内的处理区域①。

---

① 1999版合同第7.8条更笼统地提到了"合同"中规定的处置区域。

7 开工、延误、工期延长以及雇主停工

7.1 开工

在菲迪克两个版本的合同中，工程的开工都是规定在第8.1条中。

在1999版的红皮书和黄皮书中，工程师必须提前7天通知承包商开工日期。开工日期本身必须在承包商收到中标通知书后的42天内，除非专用条件中另有说明。在2017版的红皮书和黄皮书中，也采用了相似的时间安排，只是通知期是14天而不是7天。

在1999版的银皮书中，第8.1条规定，开工日期必须由雇主通知承包商，除非在合同协议中另有规定，否则开工日期必须在合同协议中规定的合同完全生效后42天内[①]。该通知必须在开工日期前至少7天内发出。因此，在1999版的银皮书中，7天的通知必须在合同生效日期后的42天内发出。在2017版中，通知必须在开工前14天内发出，与2017版红皮书和黄皮书一样。

在2017版的三本合同书中，第8.1条的第二段要求承包商在开工日或在开工后合理可行的情况下尽快实施工程，他必须"以正当速度且不拖延地"实施工程。

应该注意的是，这种以正当速度且不拖延地实施工程的义务与第8.2条提到的在应当竣工时间内完成工程的义务，以及第8.3条规定的按照计划进行的义务是分开的（见下文第7.2和7.3节）。"不拖延地实施"的义务是指承包商不得拖延工程的进展，拖延程度取决于具体情况。对"正当速度"的解释似乎不那

[①] 在这两版银皮书中，合同协议（其签署标志着合同的成立）可能包含在合同完全生效之前需要满足的条件。例如，这些条件可能包括最终确定融资安排。合同协议签署后，合同即告成立，但可能会规定只有在某些条件得到满足后，合同才能完全生效。

么简单直接,最终将取决于管辖法律。然而,"正当的"是指为实现某种目的或目标而采取的适当的工程进度,这种目的或目标似乎是指工程的完成。所以,以"正当的速度"施工是指为了在竣工时间内实现竣工而采取的正当的速度。

如果承包商未能履行"以正当速度且不拖延地实施工程"的相关义务,工程师或雇主有权根据第8.7条[①]指示承包商提交一份修订的进度计划,描述加快进度和在应当竣工时间内完成工程的纠正措施,风险和费用由承包商承担,包括可能赔偿雇主因进度过慢而产生的任何费用。根据相关法律的规定,如果承包商没有这样做,就有可能承担赔偿责任,这就是"以正当速度且不拖延地实施工程"的独立义务。此外,根据第15.1条,工程师或雇主可以对违反义务的行为发出整改通知,要求承包商在规定的工期内弥补;如果承包商不遵守,雇主可以根据第15.2.1条(a)项(ⅰ)款以承包商违约为由终止合同。根据第15.2.1条(b)项(明确表示承包商不愿继续履行合同规定的义务)和/或第15.2.1条(c)项(无合理理由未按照第8条进行施工),还可能会产生其他此类理由[②]。

7.2 应当竣工时间

2017版的三本合同书中的第8.2条包含承包商的明确义务,即在应当竣工时间内完成整个工程和每个分段工程(如有),包括完成合同中规定的所有工程或分段工程所需的工作,以便在根据第10.1条验收时被视为竣工。

因此,合同中规定了分段竣工,"分段"的定义是指在合同数据中指定的工程的一部分[③]。分段竣工通常是指雇主要求在不同工期使用和占用整个工程的一部分或几部分,每一分段都有自己的开工和完工日期以及试验制度。合同数据中包含了一个用于定义各个分段的表格,该表格包括对工程中被指定为分段的一个或多个部分的描述。该表还规定了相关工作的价值,以中标合同金额(红皮书和黄皮书)或合同协议书(银皮书)中所述的合同价格的百分比表示。合同数据还规定每个分段工程的应当竣工时间和根据第8.8条规定适用于该分段的延误损失。

---

① 见下文第7.8.3节。
② 见下文第12.1节。
③ 2017版黄皮书第1.1.76条、2017版银皮书第1.1.66条和2017版红皮书第1.1.73条。

7.3 进度计划

工期控制是所有工程的核心特征，2017版的菲迪克合同在这方面的内容比1999版要详细得多。这一点最明显的莫过于对进度计划使用的进一步强调。

1999版对进度计划的内容说明相对较少，尤其是1999版银皮书，除了预定的工程顺序、第5.2条规定的审查期、检查和试验的顺序和时间，以及一份辅助报告，这份报告包含承包商方案的一般描述和关于每个主要工作阶段要部署的人员和要使用的设备类型的某些细节外，几乎没有其他细节要求。1999版黄皮书和红皮书规定得相对详细一些，包含了更多关于承包商的施工计划顺序要求和（在黄皮书中）第5.2条规定的审查期的细节，但如果想要取得实质性进展，则需要看雇主要求或专用条件。

这在2017版中是非常不同的。2017版对进度计划的要求非常详细，并且在三本合同书中是统一的。

每一本2017版合同书的第8.3条都涉及进度计划。其中，第一段要求承包商在收到开工日期的通知后的28天内提交一份初步进度计划，该进度计划必须使用雇主要求或技术规格书（红皮书）中所述的软件来编制；如果没有这样的说明，则使用工程师/雇主接受的软件[①]。该条款的第一段还明确要求，任何修订的进度计划应准确反映工程的实际进展情况，这在1999版中没有明确要求，该版本只规定，只要以前的进度计划与实际进展或承包商的义务不一致，就需要修订进度计划。

7.3.1 初始进度计划和修订进度计划的内容

在2017版的三本合同书中，第8.3条的第二段对这些内容的描述非常相似。提交给工程师/雇主的初始进度计划和每次修订的进度计划应包括一份详细的清单，这些清单还可以扩充。

在第8.3条规定的细节中，进度计划必须显示开工日期和应当竣工时间；提供工地每一部分进场和占用的日期；工程的预定执行顺序，包括试验和试

[①] 其中部分软件很可能利用建筑信息模型（BIM）系统来协调设计和其他活动。2017版合同后面的"指南"包含了一份对使用BIM的合同用户的建议说明。

运行;第5.2条规定的审查期;检验和试验的顺序和时间安排;所有安排之间的逻辑联系、显示最早和最晚的开始和结束日期、浮时、关键路径;生产设备和材料的所有关键交付日期;以及一份辅助报告,包括对工程执行的所有主要阶段的描述、对承包商方案的一般描述,对每个主要工作阶段所需的现场人员和设备的数量和类型的估计;如果是修订过的进度计划,需要说明对以前进度计划的所有重大变动以及承包商为克服延误进度的影响而提出的建议。

1999版到2017版一个特别明显的变化是,(g)项要求所有活动之间[达到雇主要求或技术规格书(红皮书)中规定的详细程度]要有逻辑联系,并显示每个活动的最早和最晚的开始和结束日期、所有浮时和关键路径。要求的详细程度应与项目的复杂性相称。这些活动要有逻辑联系,也就是说,每个活动都将前工序和后工序连接起来,并显示每个活动的最早和最晚的开始和结束日期[1]。如果承包商预留了浮时,即在计划时间之外完成一项活动的时间,以便为突发事件留出余地或缓冲,这也必须与关键路径一起显示[2]。

2017版合同中的其他重要变化是:

(a) 要求更详细地说明承包商实施工程的计划顺序。

(b) 修订后的进度计划要显示:

(ⅰ) 补救工作的顺序和时间(若有),根据第7.5条发出的无异议通知和/或根据第7.6条指示的补救工作的顺序和时间;

(ⅱ) 每项活动迄今的实际进展,该进展出现的任何延误以及这种延误对其他活动的影响。

(c) 要显示生产设备和材料的关键交付日期。

(d) 要求支撑性报告更加详细,包括承包商为克服延误的影响而提出的方案,以及在有修订进度计划的情况下,说明对以前进度计划的重大修改。

---

[1] 关于逻辑联系的讨论及其在承包商计划中的应用,参见英国建筑法学会的关于延误和中断的协议,即2017年2月第2版英国建筑法学会《延误和干扰协定准则》(后简称SCL《延误和干扰协定准则》)第1.39~1.64条以及附录A中的定义和示例。SCL《延误和干扰协定准则》在国际上得到广泛认可,为延误及相关问题的处理提供了有益的指导。

[2] 关键路径通常是指从工程开工到竣工的最长活动顺序,因此,如果关键路径上的某项活动出现延误,除非采取措施加快或重新安排相关活动的顺序,否则整个工程的竣工时间就会被推迟;见SCL《延误和干扰协定准则》第1.45~1.49条和附录A。承包商可能不希望在其建议的计划中显示其计划的浮动量,因为担心工程师或雇主在审查计划时为了节省时间而试图取消浮动量或重新安排活动顺序以减少浮动量。然而,雇主的要求或规范和/或指定软件所要求的详细程度,可能会使显示任何计划浮动的网络链接不可避免。

此外，第 8.3 条第 3 段要求工程师/雇主审查初始进度计划和每个修订的进度计划。"审查"是一个明确的表述，意味着"……工程师/雇主对承包商提交的文件进行审查和考量，以评估其是否（以及在多大程度上）符合合同和/或承包商在合同中或与合同有关的义务"。因此，工程师/雇主必须积极审查和考量初步进度计划和任何修改的进度计划，以评估它在多大程度上符合合同条款或承包商在合同项下的义务。在这样做之后，如果有任何不符合规定的情况，工程师/雇主必须向承包商发出通知，指出不符合规定的程度，或计划不再反映实际进展的程度，或与承包商义务不一致的情况。

这种通知有时间限制，工程师/雇主必须在以下时间内发出通知，即在收到最初的计划后 21 天内或在收到修订过的计划后 14 天内。如果工程师/雇主没有在相应时间内发出通知，将被视为已发出无异议通知，初始进度计划或修订进度计划应被视为合同进度计划[①]。承包商随后应按照该计划进行，但须遵守合同规定的其他义务，而雇主人员在计划其活动时也有权依靠该进度计划。

因此，2017 版合同对工程师/雇主规定了明确的审查义务，同时要求在规定的时间内通知承包商其所存在的任何不遵守合同或合同下的义务的情况。这与日益强调计划是管理项目的积极工具是一致的，并与 1999 版形成鲜明对比，在 1999 版中，工程师/雇主没有明确的审查义务；只说如果工程师/雇主在收到计划后 21 天内没有向承包商发出通知并说明其不符合合同的程度，承包商应"……按照计划进行，但必须遵守合同规定的其他义务"。

强化作为项目管理工具的进度计划，可以更有效地监测进度，更准确地评估或预测延迟事件的影响，从而帮助承包商采取更适当的措施，例如，减少延误。它还可以使工期延长申请得到更有效的处理，特别是可以鼓励各方在工程进行中，而不是在稍后的日期，评估延迟事件的影响。这有助于在相关事件发生后更及时地提出和处理工期延长的申请，而不是像 SCL《延误和干扰协定准则》所说的那样，采取"等待和观察"的方法[②]。在 2017 版的合同中，这种"同步方法"被第 20.2 条规定的索赔流程所强化，它对索赔和工期限制提

---

① 这被定义为承包商编制的详细时间计划，工程师或雇主已根据第 8.3 条发出或被视为已发出无异议通知（2017 版黄皮书第 1.1.66 条、2017 版红皮书第 1.1.57 条、2017 版银皮书第 1.1.67 条）。反过来，无异议通知具有使相关文件能够用于工程的效力（2017 版黄皮书第 1.1.55 条、2017 版红皮书第 1.1.55 条、2017 版银皮书第 1.1.47 条）。

② 见 SCL《延误和干扰协定准则》第 4 节，核心原则指南 B 部分。

出了新的要求(例如,关于提供索赔的全部细节)①。

要求承包商在28天内提供第8.3条规定的详细进度计划,可能被认为是对承包商的过分苛求。通用条件试图在给承包商足够的时间来准备初始计划和确保合同计划在开始后尽快准备和审查之间取得平衡。然而,如果双方同意,完全可以商定一个较长的期限,这一点在菲迪克合同后面关于准备专用条件(B部分)的指南中有明确规定,其中包含了菲迪克对通用条件中规定的工期的有用总结:

"通用条件中规定的每个工期段都是菲迪克认为在其所指的义务背景下合理的、现实的和可实现的,并反映了履行义务的一方的利益和权利取决于与该义务的履行的另一方的利益之间的适当平衡。如果考虑改变特别条款(专用条件——B部分)中的此类规定期限,应注意确保修改后的期限在特定情况下仍然是合理的、现实的和可实现的。"

7.3.2 其他条款:第8.3条

第8.3条的最后两段规定:

(a)任何进度计划,包括合同进度计划或所有支撑性报告中的内容都不能被视为合同规定的通知,或免除承包商发出这种通知的义务。

(b)如果工程师或雇主向承包商发出通知,指出进度计划未能遵守合同规定,或不再反映实际进度,或与承包商的义务不一致,承包商必须在收到通知后14天内按照第8.3条向工程师/雇主提交一份修订进度计划。

因此,在上述(b)项的情况下,无需要求修订计划,工程师/雇主就可以在14天内收到一份符合要求的修订进度计划。

7.4 事前提醒

根据1999版的第8.3条,承包商有义务就可能会对工程生产、合同价格提高或延误工程实施的未来事件或情况向工程师/雇主发出提醒,而工程师/雇主没有相应的义务提醒承包商。然而,在2017版红皮书和黄皮书中,第8.4条规定每一方都有义务提前告知对方和工程师,而工程师也有义务提前

---

① 见下文第15章。

告知各方任何已知的或可能的未来事件或情况,这些事件或情况可能会:

(a) 对承包商的人员的工作产生不利影响。

(b) 对工程竣工后的性能产生不利影响。

(c) 增加合同价格。

(d) 延迟工程或分段工程的实施。

在2017版银皮书第8.4条中,每一方的义务只是通知对方,但其他方面的条款是一样的。

在意识到已知或可能的未来不利事件后,工程师/雇主可要求承包商根据第13.3.2条提交建议,以避免或尽量减少该事件的影响。这与1999版的情况类似,工程师/雇主可要求承包商提交对未来事件的预期影响的估计和/或根据第13.3条提出关于变更的建议。

因此,2017版的义务是相互的,红皮书和黄皮书中的各方都有义务将相关事件或情况告知对方和工程师。此外,工程师也有义务将任何此类事件或情况告知各方。如果工程师未将任何已知的或可能的未来事件或情况告知双方,工程师可能为此承担责任,这取决于管辖法律,例如,如果工程师未能履行这一提醒义务,使承包商利益受到损害,承包商可以对工程师提起诉讼。

事前提醒义务的相互性,加上其范围的扩大,将会鼓励在避免或减轻不利事件或情况的影响方面进行更多的合作,并被视为朝着更积极主动和更积极参与的方式整体迈进的一部分,可确保2017版合同取得成功的结果。

7.5 工期延长

许多合同都规定,如果出现不应该由承包商负责任的事件或情况,承包商可以要求延长应当竣工时间。在2017版的菲迪克合同中,第8.5条规定,如果工程的完成被或将被一系列的原因所延误,承包商有权根据第20.2条提出索赔,并将工期延长。红皮书和黄皮书两本合同书的此项规定与银皮书有很大的不同,反映出它们的风险分配有很大的不同。

7.5.1 黄皮书和红皮书

2017版黄皮书第8.5条规定,如果由于以下任何原因导致以第10.1条为接收目的而进行的竣工"被或将被延迟",则承包商有权依据第20.2条获

得延期(EOT):

(a) 变更(但在这种情况下,不需要提出索赔)。

(b) 由于合同的另一条款导致延误从而获得延期权利。

(c) 异常不利的气候条件,这是指在考虑到雇主根据第2.5条提供的气候数据和/或在工地或大部分工地所在的国家以及永久性工程所在国家公布的工地地理位置的气候数据,工地上不可预见的恶劣气候条件。

(d) 由于流行病或政府行为造成的不可预见的人员或货物(或雇主提供的材料,如有)的短缺。

(e) 由雇主、雇主的人员或雇主在现场的其他承包商造成的或可归因于他们的任何延误、阻碍或阻止。

在决定根据第20.2条提出的每项延期索赔时,工程师也要审查以前的延期结果,可以增加,但决不能减少允许的获得总延期。1999版的第8.4条最后一段也有类似规定[1]。

2017版黄皮书第8.5条继续规定,如果由雇主负责的事项造成的延误与由承包商负责的事项造成的延误同时发生,则应根据特别条款[2]第12条规定的规则和流程来评估承包商获得延期的权利,如果没有规定,则应适当考虑所有相关情况[3]。

2017版黄皮书中的第8.5条表述与2017版红皮书中的第8.5条相同,但红皮书中包含了一项额外的权利,即任何工程项目的实测数量相对于估计数量的大幅增加的权利。红皮书第8.5条第二段规定,如果工程项目的实测数量比其在工程量清单或其他附表中的估计数量多出10%以上,并且这种增加导致竣工延迟,承包商可以要求获得延期。在同意或确定这种索赔时,工程师也可以审查其他项目的实测数量,如果这些项目比工程量清单或其他附表中的相应估计数量大幅减少(即超过10%)。如果出现这种测量数量较少的情况,工程师可以考虑到对关键路径的所有有利影响,但这种考虑的净影响都不会导致应当竣工时间的净减少。

这种额外的权利基础也是1999版红皮书的一个特点,它以更笼统的措辞规定,承包商有权就"……合同中包括的某项工程数量的重大变化"将工期延

---

[1] 这适用于1999版的三本合同书。
[2] 1999版中没有这样的规定。
[3] 见下文第7.7节。

长。这种表述使"重大变化"的含义没有定论，2017版的措辞消除了这一争议的根源；如上所述，2017版还使工程师能够看到其他工程项目的测量值和估计值之间是否有10%以上的减少，如果有，是否对关键路径有任何有利的影响(但前提是不应该导致应当竣工时间的净减少)。

7.5.2 银皮书

根据2017版银皮书第8.5条，如果竣工已经或者即将因为以下原因而延迟，在符合第20.2条规定的情况下，承包商有权获得延期：

(a) 变更(同样不要求索赔)。

(b) 由于合同另一条款导致延误从而获得延期权利。

(c) 由雇主、雇主的人员或雇主在现场的其他承包商造成的或可归因于他们的任何延误、阻碍或阻止。

(d) 任何不可预见的雇主提供的材料的短缺(若有)，由流行病或政府行为造成的任何不可预见的供应短缺。

上述前三个延迟原因也适用于1999版银皮书(第8.4条)，但2017版银皮书增加了第四个原因[隐藏在第8.5条(c)项中]，涉及不可预见的短缺情况。雇主提供的材料可能因流行病或政府行为而造成不可预见的短缺。因此，新版本银皮书在这一程度上对承包商更为宽松[①]。

同样，在决定延期要求时，雇主代表要审查以前根据第3.5条作出的决定，可以增加，但不能减少所授予的总延期[②]。

与其他两本合同书一样，这里也规定了对延误原因的责任划分。如果由雇主导致的延误与承包商导致的延误同时发生，则应根据特别条款中规定的规则和流程来评估获得延期的权利；如果没有规定，则应适当考虑所有相关情况。

7.5.3 竣工

第10.1条规定的接收意义上的竣工，是在获得工期延长前，必须因为相关事件或情况而延期的竣工。这一点在三本合同书中第8.5条的开头一句话中说得很清楚("……为第10.1子条款的目的而竣工")，并且与第8.2条一

[①] 见下文第7.6.4节。

[②] 如上所述，这也适用于1999版银皮书(第8.4条)。

致,该条规定了承包商在应当竣工时间内完成整个工程和分段工程的义务,包括根据第 10.1 条接收已被视为竣工的工程或分段工程所需的所有工作。

- **"正在或即将被延迟……"**

与 1999 版一样,如果竣工由于相关原因造成或将造成延误,可以批准延期。因此,相关原因可能是已经实际造成或开始造成竣工的延误,或将来可能会造成这种延误。由于不能准确地预测未来,在后一种情况下,工程师或雇主的任务是尽可能可靠地评估相关原因可能导致的延误。由于相关延误是指竣工延误,因此该原因必须在关键路径上。如果进度计划已经按照第 8.3 条的规定进行了更新,那么它将自然成为确定事件或情况的关键影响的起点,从而确定可归因于它的延误程度。使用程序软件和/或其他技术进行的延误分析可能是适当的,但复杂的流程分析并不是必须的,而且在某些情况下其有用性也受到怀疑[①]。

菲迪克合同和其他合同一样,认为当相关原因的延误影响只是预期之内时,承包商有权获得工期延长,从而在工程实施中批准延长工期。如上所述,这使得延期索赔的处理更接近于引起延期的事件,便于根据第 8.3 条规划准确更新合同进度计划。当某一原因造成的实际延误被证明低于确定其索赔时的合理预期时,预期评估可能对承包商有利,但如果实际延误被证明更大,同样可能对他不利。菲迪克合同中没有规定随后可以减少延期以反映实际延误。第 8.5 条第二段确实要求工程师/雇主在确定所有延期要求时,审查以前根据第 3.7/3.5 条作出的决定,但他无权减少而只能增加所批准的总延期[②]。如果在确定承包商的索赔时,延误事件的影响已经或开始显现,那么所批准的延期可能会更准确地反映所造成的实际延误,但工程师/雇主必须采用适当的、可追溯的方法来进行评估[③]。

- **"浮时":它属于谁?**

在决定批准延期的数额时,一个相关的考虑因素——有时会引起争议或

[①] 例如,参见 *City Inn Ltd v Shepherd Construction Ltd*(2008)BLR 269 一案中德拉蒙德·扬勋爵(Lord Drummond Young)的苏格兰一审判决第 29 页。参见 SCL《延误和干扰协定准则》指南 B 部分第 23~27 页第 5 节,其对同期延误分析进行了有用的讨论。

[②] 工程师/雇主在根据第 20.2.6 条(见下文第 15 章)考虑持续有效的索赔时,通常会审查以前的延期,但在其他情况下(例如,承包商对相关活动造成的延误提出索赔)也可能这样做。

[③] 见第 11 条。关于在完工后或在提出索赔之前相关事件或其延误影响已发生很久的情况下考虑延期索赔的不同追溯方法的有益讨论,见 SCL《延误和干扰协定准则》B 部分第 32~38 页。

分歧——是承包商能在多大程度上从他的计划浮时中受益。正如我们所看到的,浮时是指承包商在计划工期之外允许自己完成一项活动的工期;当浮时用完后,竣工日期将受到影响,因为相关活动将变得至关重要[①]。由此产生的问题是,如果发生雇主承担风险的延误事件,承包商是否有权获得工期延长,以补救由此造成的进度延误,即使这种延误没有或不会导致竣工延误,只是消耗了其浮时。如果承包商有这样的权利,他通常被称为"拥有"浮时。另一方面,如果合同条款规定,承包商只有在因雇主风险事件而延迟竣工时才有权获得延期,那么"项目"被认为拥有浮时。在实践中,这意味着谁先需要浮时,谁就可以得到浮时。如果雇主的风险事件发生,并耗尽了承包商的浮时,那么雇主就会受益,因为批准的延期只反映了该事件造成的延迟超过了浮时并影响了竣工;另一方面,如果承包商遇到了延迟事件,而他又无权延期,那么承包商就能在浮时的范围内受益。

合同中应明确谁"拥有浮时"。在两个版本的菲迪克合同中,似乎都明确规定项目拥有浮时。2017版合同中的第8.5条规定,只有在以接收为目的的竣工被相关特定原因延迟的情况下才可以延长工期;即使承包商的计划进度被特定原因延迟,他也只能在竣工时间被该原因延迟的情况下获得延期。1999版的第8.4条也是这种情况。

7.6 延迟竣工的特定原因

7.6.1 变更

这是2017版三本合同书的第8.5条规定的可能使承包商有权获得工期延长的诸多原因中的第一个。"变更"是一个已定义的表述,指的是根据第13条对工程所做的任何改变[②]。

第8.5条的相关部分[(a)项]规定,如果竣工"……由于下列原因而延误

[①] "自由浮时"是指一项活动可以延迟到其提前开始或提前结束日期之后的时间,而不会延误紧随其后的任何活动的提前开始或提前结束;它通常与"总浮时"一起显示,即一项活动可以延迟到其提前开始或提前结束日期之后的时间,而不会延误活动的完成。关于浮时及其与工期延长的关系的讨论,请参见 SCL《延误和干扰协定准则》附录 A 和第 8 章 B 部分(第 27~29 页)。

[②] 2017版黄皮书第1.1.88条,2017版红皮书第1.1.86条,2017版银皮书第1.1.78条。

或将延误：（a）变更［但不要求遵守第20.2条（费用和/或工期延长的索赔）］",承包商有权根据第20.2条的规定获得工期延长。

这与1999版的第8.4条的相应表述有两个重要区别。该条款规定,根据第20.1条的规定,承包商有权在以下情况下获得工期延长：

"……由于以下任何原因延误或将延误：（a）变更［除非根据第13.3条（变更流程）同意对应当竣工时间进行调整］"。[1]

- **1999版评估延长工期的程序中存在的差异**

正如1999版合同第8.4条（a）项规定,根据第20.1条,承包商有权获得变更延期,"……除非根据第13.3条（变更流程）同意对应当竣工时间进行调整"。然而,在黄皮书和银皮书中,第13.3条规定工程师/雇主应根据第3.5条对合同价格和付款计划的调整进行确定,但没有提到同意或决定工期延长；在红皮书中,工程师也应根据第12条进行评估,但不能同意或决定工期延长。

1999版第13.3条规定的变更程序确实规定了承包商在根据工程师/雇主要求准备提案时,要说明由于这些可能的变更而对进度计划和应当竣工时间进行的一切必要修改,但这并没有贯穿到第3.5条规定的协议或决议中,如果承包商的提案得到批准,则应随之签订协议或决议。因此,与费用索赔后果不同,尚不清楚（a）项中提到的协议具体涉及什么内容,因为没有明确规定工程师/雇主要同意或决定任何由于变更而对工期产生的后果。这一点在2017版中得到了纠正,2017版在第13.3条中明确规定,工程师/雇主可以根据第3.7/3.5条就应延长的工期和/或调整合同价格和付款计划（根据第13.3.1条第三段规定的程序）的变更进行协议或作出决定。

- **索赔程序的排除**

三本合同书的两个版本之间的一个相关区别是,如果变更是要求延长工期的基础,2017版合同只是排除了遵守第20.2条的要求（费用和/或工期延长的索赔）,而在1999版中,如上所述第20.1条要求（承包商的诉求）适用于第13.3条下规定的"……除非已经同意调整应当竣工时间"。这可以理解为,根据1999版合同,承包商因变更而要求延期时,有义务遵守第20.1条的通知和其他要求,除非根据第13.3条达成了延期协议,然而,在这种情况下,该条

---

[1] 在1999版红皮书中,第8.4条（a）项规定承包商有权因"……合同中包括的工程项目数量的其他重大变化"以及变更而延期。

款没有明确规定这种协议。2017版通过以下方式纠正了这一情况：在第13.3条中适用统一的变更流程；或通过第8.5条(a)项,简单地排除了第20.2条在因变更而要求工期延长时的情况。

7.6.2 根据另一条款的延期原因赋予工期延长的权利

这在三本合同书中都是一个直截了当的规定,承包商可以在相关情况下获得工期延长。例如,当地法律发生变化(第13.6条),或发生第18条规定的例外事件,且承包商已经根据第18.2条发出了相关通知。

2017版合同的第8.6条规定,如果承包商严格地遵循了工程所在国的相关法定公共当局或私营公用事业实体规定的流程,而这些当局或实体不可预见地延误或干扰了承包商的工作,那么这种延误或干扰将被视为第8.5条(b)项规定的延期原因。

7.6.3 特殊的恶劣气候条件：红皮书和黄皮书

1999版红皮书和黄皮书对遇到异常恶劣的气候条件时的工期延长作出了规定,但对该情况的含义未作说明。2017版合同纠正了这一点,并将该情况定义为"……考虑到雇主根据第2.5条(工地数据和参考项)提供的气候数据和/或国家公布的工地地理位置的气候数据,工地的不利气候条件是不可预见的"。因此,根据此条款的规定,不利的气候条件必须是不可预见的,尤其是考虑到雇主根据第2.5条提供的气候数据和/或在项目所在国公布的关于工地特定地理位置的气候数据。

这两本合同书在后面的特殊条款的编写指南说明中建议,各方不妨在雇主要求或技术规格书(红皮书)中更详细地说明哪些是特别不利的事件。例如,参照现有的天气统计资料和重现期,并给出以前在现场或附近发生的类似不利事件的频率的比较数字。

7.6.4 不可预见的短缺

2017版红皮书和黄皮书在第8.5条(d)项中规定,在下列情况下可延长工期：由流行病或政府行为造成的人员或货物的供应不足或雇主提供的材料不足。此外,造成的短缺必须是三个合同中定义的"不可预见的",即有经验的承包商在基准日之前无法合理预见,但对这一要求工期延长的依据没有进一步的限制。2017版比1999版对承包商更宽松,因为在1999版中没有规定因雇主提供的材料短缺可延长工期,而仅限于人员或货物短缺的情况。

在2017版银皮书中,第8.5条(c)项规定,如果由于流行病或政府行为导致雇主提供的材料出现不可预见的短缺,则可延长工期,但不包括人员或货物的短缺。然而,如上所述,这对承包商来说比1999版更宽松,因为1999版没有对雇主提供的材料(或其他)的短缺作出任何规定。

7.6.5 雇主造成的或可归因于雇主的延误、阻碍或阻止

2017版的三本合同书都规定了在"……任何延误、阻碍或阻止(是)由雇主、雇主的人员或雇主在工地上的其他承包商造成的或可归因于他们"的情况下,可获得工期延长。这一措辞与1999版是相同的,并为要求延期提供了广泛的基础,只要延误可以追溯到雇主的行为或疏漏,或他负责的人。

在普通法的司法管辖区,当承包商被雇主阻止,无法在规定工期内竣工时,提供一个延长竣工日期的条款是非常重要的,因为如果没有这样的规定,工期可能会变得很漫长,这样承包商的唯一义务就是在合理的工期内竣工,而雇主则失去了对延迟竣工索赔违约金的权利。这样的条款中和了原本适用的预防原则,即承诺人不能坚持履行其已阻止承诺人履行的义务的原则[1]。菲迪克合同尊重这一原则,并明确规定雇主对于承包商应负责的相关人员以及雇主自身都应包括在第8.5条(e)项/8.5条(c)项延期理由的范围内。

7.7 共存原因

2017版的一个新特点是在第8.5条最后一段明确规定,当由雇主负责的事项造成的延误与由承包商负责的事项造成的延误同时发生时,由双方去商定适用的规则和流程;在这种情况下,应根据这些商定的规则和流程来评估承包商的工期延长权利。这些规则和流程应在特别条款中说明,如果没有这

---

[1] 见 *Holme v Guppy* (1838) 3M & W 387 案;见 *Adyard Abu Dhabi v SD Marine Services* (2011) EWHC 848 (Comm)案。

样的说明,承包商的权利将按"适当考虑到所有相关情况"来评估。

承包商只有在特定事件或情况导致竣工延迟的情况下才有权获得工期延长。承包商必须证明:

(a) 特定事件或情况已经发生。

(b) 已延迟或将延迟竣工。

(c) 在索赔的范围内。

在(b)项出现了特别的困难,即发生了(a)项下的延误事件或情况["(a)事件"],但承包商负责的事件或情况有:(i)(b)项与(a)事件同时发生,其延误影响与(a)事件同时发生;(ii)(b)项与(a)事件不在同一时间发生,但其延误影响仍与(a)事件同时发生。对承包商权利的评估是否会在某种程度上受到(i)或(ii)这两种情况的影响?

如果没有第 8.5 条的最后一段,这个问题的答案只是管辖法律的问题。管辖法律在评估承包商有权获得工期延长时,可能会忽略承包商负责的共同延误事件的存在,或者考虑到该事件,可能会减少或取消承包商的权利。

如果管辖法律是英国法律,采取的方法大致上是上述第一种方法,即如果两个事件或情况均是造成竣工延误的原因,则承包商的权利是延长到可归因于雇主风险事件或情况的全部延误,不应以考虑可归因于承包商风险事件的延误而进行分摊。这种方法的基础是,如果双方明确规定因某些事件而延长工期,那么认为他们已经考虑到可能有不止一个有效的延迟原因,但还是同意承包商有权根据相关条款中规定的原因延期[①]。

其他法律体系下,情况很可能有所不同。例如,苏格兰的做法就很不同。在 *City Inn Ltd v Shepherd Construction Ltd* 一案中,内院(2010)CSIH 68号判决以多数票维持了外院(2008)BLR 269 号判决的观点,即若延迟是在出现并存情况下发生的,而无法确认其中哪一个是主导原因,延迟应该由管理建筑师根据英国 JCT 建筑范本在相关事件和承包商负责的所有风险事件之间进行分摊(需要确定一个公平合理的延长工期)。

---

① 见 *Henry Boot Construction*(*UK*)*Ltd v Malmaison Hotel*(*Manchester*)*Ltd*(1999)70 Con. LR 32 案;*Walter Lilly & Co. Ltd v DMW Developments Ltd*(2012)EWHC 1773 (TCC);(2012) BLR 503 案。就延迟和相关中断的损失和费用索赔的情况有所不同;在这种情况下,如果承包商的违约是一个原因,他通常无权索赔。见 *De Beers*(*UK*)*Ltd v Atos Origin IT Services UK Ltd*(2010) EWHC 3276 (TCC) [177]~[178]案。

菲迪克2017版合同中第8.5条最后一段的效力,包括并存的含义,本身就是一个合同管辖法律的问题。然而,如果双方已经确定了一套商定的规则,以评估承包商在共存情况下的权利,那么我们认为,根据管辖法律,应按商定的这套规则处理,不论管辖法律是什么立场。因此,在一份管辖法律为英国法的合同中,双方当事人若商定了他们的工期延长将按照,例如,基于City Inn案件中适用的方法来处理,那么工程师/雇主在评估承包商延期权利时,可以将延误的损失适当分摊①。

菲迪克在编写特别条款的指南中解释说,第8.5条的最后一段是这样起草的,因为国际上没有一套标准的规则或流程来评估并存的延期情况,尽管指南中强调SCL《延误和干扰协定准则》越来越被广泛接受。该核心原则可能是一个合适的基础,但需要对其进行修改,以便为工程师或雇主根据第8.5条进行的评估提炼出一套足够清晰和精确的规则和流程。

如果在特别条款中没有说明处理并存问题的规则,情况会怎样?如上所述,第8.5条的最后一段规定,在这种情况下,承包商的权利将被评估为"适当地考虑到所有相关情况"。尽管这属于管辖法律的问题,但这一条款似乎允许工程师/雇主在考虑到所有相关情况后,以其认为适当的方式分配或确定承包商的权利。换句话说,合同管理人被赋予了自由裁量权,即他在评估工期延长时有权决定如何处理同时发生的原因。如果不是这样,就很难看出合同管理人在适当考虑到所有相关情况后评估延期的权力有什么意义。例如,如果合同管理人只是根据管辖法律进行评估,人们会期望第8.5条作此规定,而不是明显地赋予合同管理人根据所有相关事实作出适当评估的权力②。

---

① 英国上诉法院最近在 *North Midland Building Ltd v Cyden Homes Ltd*(2018)EWCA Civ 1744 一案中的判决为这一立场提供了支持。涉案合同是经修订的英国 JCT 格式,其中的定制条款 2.25.1.1条(b)项规定,"由相关事件造成的任何延误,如果与承包商负责的另一延误同时发生,则不应考虑在内"。上诉法院认为,英国法律没有任何规则或原则阻止双方就并发事件的风险分配达成一致。库尔森(Coulson)大法官在22~23页说:"我认为,第2.25.1.3条(b)项非常明确。它显然是要将同时延误的风险分配给上诉人。这项明确规定的后果是,双方同意,如果延误是由于承包商造成的,即使雇主对该延误有同等效力的责任,并发延误的责任也由承包商承担,因此在计算任何延期时都不会将其考虑在内"。

② 在这方面需要指出的是,在2017版合同的其他条款中,工程师/雇主拥有分摊时间的明确权利;特别是在第17.2条的赔偿条款中,工程师/雇主有权考虑承包商应承担责任的延误原因以及雇主根据该条款应承担责任的延误原因。另见下文第13章。

7.8 延误损失

与延长工期密切相关的是,如果承包商没有在相应的竣工工期内完成工程,即在批准工期延长的最晚日期前完成,雇主有权获得延误损失赔偿。工期延长可使承包商免于承担由雇主提出关于延误损失的索赔。

7.8.1 第8.8条:第一段

2017版的三本合同书中的第8.8条是相同的,并(在第一段)规定如果承包商没有遵守第8.2条(竣工时间),雇主有权要求承包商赔偿这一违约的延误损失。延误损失赔偿费是合同数据中规定的金额,"……从应当竣工时间到相关的工程或分段工程实际交工日期之间的每一天都应支付"。延误损失的总额不超过合同数据中规定的最高限额(如有)。

1999版的第8.7条中也有同样的表述。

第8.8条的第一段包括三个部分:

(ⅰ)"如果承包商未能遵守第8.2条(应当竣工时间),雇主有权根据第20.2条(费用和/或工期延长的索赔)要求承包商为这一违约行为赔偿延误损失。"

当承包商在合同规定的应当竣工时间或根据第8.5条批准的最新延期时间(以较晚者为准)内未能按照第8.2条的规定完成全部或者分段工程,导致未能根据第10.1条完成验收,雇主有权获得延误损失赔偿。如果满足了这一要求,雇主可以索要延误损失赔偿,但在雇主未按照第20.2条提出索赔的情况下,雇主无权从应付给承包商的款项中扣除延误损失赔偿费用。雇主这样做将严重违反合同,并可能触发承包商根据第14.6.3条规定①向工程师或雇主要求暂改或调整,且承包商有权根据管辖法律获得损害赔偿。

(ⅱ)"延误损失赔偿费应是合同数据中规定的金额,应按应当竣工时间和相关工程或分段工程实际交工日期之间的天数来支付。"

合同数据中包含一个空白处,供双方根据第8.8条明确延误赔偿每天的费率,供整个工程或分段工程执行。然后,通过将该比率乘以从"应当竣工时间"和"相关工程或分段工程实际交工日期"之间的天数差来计算应得的延误

---

① 见下文第10.5.1节(d)部分。

损失赔偿费。应当竣工时间是承包商根据第8.5条获得工期延长的最晚完工日期（如果没有获得工期延长，则为合同数据中规定的应当竣工时间）。实际交工日期是工程师/雇主根据第10.1条签发的接收证书中所述的日期，即工程或分段工程按照合同完成的日期，如果第10.1条的最后一段适用（并且工程师/雇主未能在规定的28天期限内作出答复），则该工程或分段工程的竣工日期被视为按照合同完成的日期，详见2017版黄皮书和红皮书的第1.1.24条和2017版银皮书第1.1.21条。当第10.1条最后一段适用时，接收证书被视为在承包商申请接收证书后的第14天签发。

第8.8条规定了两点。

· 日费率

需要考虑的第一点是，合同数据中规定的延误损失的日费率是否有任何限制。使用日费率有很多好处，因为它提供了预先商定的金额，在承包商违约的情况下适用，并无需证明雇主因违约而遭受的实际损失或损害，减少了在违约的情况下为雇主获得适当赔偿而产生争议的风险。然而，管辖法律可能对日费率有所限制。

尤其是，在普通法体系中，一方面是实际的约定违约金或固定金额违约金，另一方面是罚款，这两者之间划有明显的界限。这种区分传统上是通过对比实现的，即这个金额是雇主因承包商的工期延误而可能遭受的损失的"实际的预先估计"（在一开始就同意），还是超出了预先估计以至达到相当于对承包商延误的惩罚[1]。在前一种情况下，该条款可以作为违约金条款执行；而在后一种情况下，该条款将被视为一种惩罚，因此无法强制执行。这并不一定意味着雇主不能因延误获得任何赔偿，只是雇主必须证明其实际损失，而这个证明很可能是困难且耗时的。

现在可通过英国最高法院在 *Cavendish Square Holding BV v Talat El Makdessi*（2015）UKSC 67 一案中的判决来了解违约金和罚款条款之间的区别。检验标准已被重新制定，以便在每一个案例中询问该条款是否满足和保护了任何合法的商业利益，如果是，那么在这种情况下，为该利益作出的规定是否是"过分的、过高的或不合情理的"[2]。检验罚款的正确标准是，当考虑到

---

[1] 见达尼丁勋爵（Lord Dunedin）在 *Dunlop Ltd v New Garage Ltd*（1915）AC 79 at (86) 一案中的主张。

[2] 见曼斯勋爵（Lord Mance）在第152页的表述。

无过错方在履行合同中的利益时,在违反合同的情况下规定的金额或补救措施是否过高或不合情理。

Cavendish 案涉及一般的违约金条款;在大多数建筑合同中,雇主关注的是延误的经济损失,因此唯一考虑的问题是,雇主可能因工期延误而遭受的损失,其固定费率是否明显过高。从一个较早的判决中摘录的内容很适合说明这个问题。

"如果你同意在一年内建造一栋房子,并约定如果你没有花 50 英镑建造房子,将支付 100 万英镑的罚款,那么这种做法明显很过分。在我所设想的这种极端情况和其他情况之间,很大程度上取决于交易的性质——要做的事情可能给努力履行合同的人带来的损失等"[①]。

至少得到一个强有力的初步的推定,即如果双方是公平交易的商业实体(比如是基于菲迪克合同的谈判),他们将处于判断处理违约后果的条款的最佳位置[②]。

- **什么时候可以要求延误损失赔偿?**

需要考虑的第二点是雇主有权要求延误损失赔偿。由于延误损失的计算方法是将日费率乘以从最近一次工期延长(应当竣工时间)和接收证书中所述的竣工日期,或全部工程或分段工程被视为竣工且已发出证书的日期(实际交工日期)之间的天数[③],因此,雇主似乎只有在工程已接收或被视为接收之后要求延误损失赔偿。因为在那之前,任何接收证书中都没有注明日期,也没有视为竣工的日期。

一些作者表示,2017 版的第 8.8 条与 1999 版的第 8.7 条有相同的表述,应仅仅解释为规定了承包商延误损失赔偿的天数和金额,而没有规定雇主可以要求承包商支付此种损害赔偿的具体时间;根据这种观点,雇主可以要求承包商赔偿不时产生的延误损失,这似乎是指在最近一次工期延长后到接收前发生的任何延误天数。

然而,这种观点仍然面临一个困难,如果没有结束日期,即接收证书中所

[①] 根据霍尔斯伯里勋爵(Lord Halsbury)在 *Clydebank v Yzquierdo* (1905) AC 6 at (10) 一案中的判决。

[②] 根据 *Cavendish Square Holding BV v Talal El Makdessi* (2015) UKSC 67 at (35) 案,纽伯格勋爵(Lord Neuberger)和萨姆欣勋爵(Lord Sumption)的意见。

[③] 根据第 10.1 条,如果按照该条最后一段的规定(在承包商提出申请后第 14 天生效)视为竣工,则接收证书视为在该日签发,因此,根据第 10.1 条(e)项的规定,该日完成接收。

述的实际竣工时间或被视为竣工/已发出证书的日期,就不可能计算出承包商的延误损失责任。该条款并没有说雇主有权对最近一次工期延长和他后来选择索赔的日期之间的每一天索取延误损失赔偿;例如,承包商当时可能有权进一步延长工期,他可能已经索赔,但尚未确定,或者他可能正在加快工期以避免延误索赔的情况。根据菲迪克合同,工程师或雇主无权征收临时延误损失赔偿费,如果承包商随后有权延长工期,这些赔偿金可能会被退还。通过参考接收证书/推定竣工日期来界定雇主的权利,目的是确保雇主只在最终确认承包商对竣工延误的责任时征收延误损失赔偿费。在竣工前的任何时候,承包商支付延误损失赔偿费的责任都不会被最终确认。因此,有人认为,试图在承包商支付延误损失赔偿费的责任和雇主要求赔偿的权利之间作出的区分,并不受该条款或其理由的支持。

(ⅲ)"根据本子条款,应支付的总金额不应超过合同数据中规定的延误损失赔偿的最高金额(如有)"。

菲迪克两个版本的合同都规定了延误损失赔偿费的上限,其数额将在合同数据中说明(2017 版);如果没有说明最高数额,则不设上限。然而,承包商通常会确保规定一个上限,这个上限一般为合同价格的百分比。根据《菲迪克合同指南》1999 版的建议,上限是价格的 5%~15%,这个比例差异很大。

延误损失赔偿费的上限(如有)是 2017 版红皮书和黄皮书的第 1.15 条/银皮书第 1.14 条规定的承包商责任总体限制的一部分。在极不常见的情况下,如果合同数据中没有说明这个总上限的金额,则总责任不超过中标合同金额(红皮书和黄皮书)或合同协议书(银皮书)中说明的合同价格,这可作为一个默认条款①。

7.8.2 第 8.8 条:第二段和第三段

第 8.8 条第二段规定,延误损失赔偿费是承包商未能遵守第 8.2 条的唯一损害赔偿金,但根据第 15.2 条因承包商在工程竣工前违约而被终止的情况除外。

第 15.2 条将在下文第 12.1 节中讨论,但在此需要注意的是,第 15.2.1 条规定了雇主可以终止合同的一系列情况,其中之一是承包商在没有合理理

---

① 见上文第 2.8 节。

由的情况下未能按照第 8 条规定进行施工。因此,在某些情况下,如果承包商未能按照第 8.1 条的一般义务尽快且毫不拖延地进行施工,雇主可终止合同,并向承包商索赔。此外,雇主还有权获得延误损失赔偿。

与 1999 版一样,为避免产生疑问,2017 版确认,延误损失赔偿并不解除承包商在合同中的其他任何义务(包括保持进度的义务)。

第 8.8 条第三段规定,承包商的延误损失赔偿责任上限不适用于承包商欺诈、严重疏忽、故意违约或轻率的不当行为等情况;正如在这些情况下,承包商不能从第 1.15 条/第 1.14 条规定的总体责任上限中受益一样。

7.8.3 其他与延误有关的条款

2017 版合同的第 8.7 条规定,如果实际进度太慢,无法在应当竣工时间内完成工程,以及/或者进度已经或将要落后于计划,工程师/雇主可指示承包商采取某些步骤加快进度,除非出现这些情况的原因是第 8.5 条规定的,可以证明延长工期是合理的。可能会要求承包商提交一份修订进度计划,说明他拟采取的纠正措施,以加快进度并在应当竣工时间内完成工程。除非工程师/雇主向承包商发出反对通知,否则承包商将采用修订后的进度计划中所描述的纠正措施,并自行承担风险和费用;除延误损失赔偿之外,雇主有权要求承包商支付因纠正措施而产生的任何额外费用。因此,延误损失赔偿费被区分为对雇主所遭受的延误的赔偿,且明确雇主有权要求因修改方案而产生的费用赔偿。

第 8.7 条最后一段对工程师/雇主指示承包商实施修改后的方法(包括加速措施)以减少第 8.5 条所列原因造成的延误情况,作了重要规定;在这种情况下,适用第 13.3.1 条,即关于指示的变更。这是 2017 版合同中增加的一项新规定,目的是使承包商有权在已采取指示性措施以减少第 8.5 条所列原因造成的延误影响的情况下,获得更多的工期和/或费用。

7.9 雇主的停工

除了延误之外,1999 版和 2017 版合同中的第 8 条都涉及工程师/雇主指示停工的权利和停工的后果,2017 版在这方面则规定得更详细。

7 开工、延误、工期延长以及雇主停工

7.9.1 指示停工的权利

2017版合同中的第8.9条授权工程师/雇主可在任何时候指示承包商暂停部分或全部工程,该指示应说明停工的日期和原因。无论停工的原因是什么,在停工期间,承包商必须保护、储存和保管受其影响的工程的所有部分,防止任何恶化、损失或损坏。

7.9.2 停工的后果

根据第8.9条发出的指示必须说明停工的原因,因为这影响到承包商获得额外工期和/或付款的权利。如果停工不是承包商的责任,他有权要求延长工期和/或支付成本加利润,这与遵守指示和/或根据第8.13条指示复工(第8.10条)而产生的延误和/或费用有关。承包商也有权获得第8.11条规定的付款(关于指示停工后的设备和材料),以及在长期停工的情况下,获得第8.12条规定的保护(见下文第7.9.4节)。然而,他无权(第8.10条)就其自身错误或设计、工艺、设备或材料缺陷导致的后果,或因其未能根据第8.9条保护、储存或保管工程的受影响部分而造成的恶化、损失或损害而获得延期或付款。

另一方面,如果停工是承包商的责任,他将无权获得前段所述的任何赔偿,这在接下来的两节中将进一步讨论。

7.9.3 停工后设备和材料的付款:第8.11条

第8.11条规定承包商有权获得在第8.9条规定的停工之日支付尚未交付到现场的设备和/或材料的款项。该条款的目的是详细界定承包商有权获得任何此类额外款项的情况。简而言之,这些情况包括:(a)在承包商有权获得额外款项之前,必须存在长期的停工(超过28天)。(b)根据计划,设备和/或材料必须在停工期间完成并准备交付给工地。(c)有理由证明设备和/或材料符合合同规定。(d)设备和/或材料必须根据工程师/雇主的指示被标记为雇主的财产。

7.9.4 持续的停工:第8.12条

第8.12条是针对持续的停工。此条的意图是,不应无限期地让承包商处

于停工状态。如果停工超过 84 天,承包商可以发出通知,要求工程师或雇主批准继续施工。如果在 28 天内没有得到复工通知,那么,承包商可以选择:

(a) 同意继续暂停施工,在这种情况下,双方可以商定延长因停工延误的工期和/或支付成本加利润(如果承包商产生了任何费用)。

(b) 如果承包商不愿意或不能与工程师或雇主达成进一步的停工协议(例如,他们不同意有关的工期延长或额外付款)。

(c) 在发出第二次通知后,承包商可以将停工视为工程中受影响部分的遗漏,就像根据第 13.3.1 条指示该遗漏作为变更一样。这在第二次通知后立即生效,并解除承包商对受影响部分的保护、储存或保管的进一步义务。如果停工已经影响到整个工程,那么承包商可以根据第 16.2 条发出终止通知。

因此,承包商受到保护的范围是,非承包商自身过错而要求的停工已持续超过 84 天,但在理论上必须再等 28 天,然后在可能的情况下同意进一步停工,或通过第二次通知,将长期停工视为变更的遗漏(因此根据第 13.3.1 条获得工期延长和额外付款),如果停工的影响足够大,可根据第 16.2 条发出通知,选择终止合同(然后根据第 20.2 条要求适当把工期延长和/或支付成本加利润)。

7.9.5 复工的指示:第 8.13 条

如果工程师或雇主通知承包商复工,无论是根据承包商依据第 8.12 条提出的要求,还是因为工程师/雇主认为这样做是合适的,承包商必须在收到通知后尽快复工(第 8.13 条)。

承包商和工程师/雇主应共同检查受停工影响的工程、设备和配件,工程师/雇主应记录停工期间发生的任何恶化、损失、损坏或缺陷;随后,承包商应及时弥补这些问题,以便工程竣工后符合合同规定。如果在停工期间,此类恶化、损失或损坏不是由于承包商未能按照第 8.9 条的规定进行保护、储存或保管而造成的,承包商可以要求延长工期或额外付款,以弥补相关损坏、缺陷或恶化。例如,如果一些损害可以归咎于雇主或在现场的其他承包商,尽管承包商保护了工程的相关部分,那么承包商也有权根据第 8.10 条获得工期延长和/或额外费用,但必须根据第 20.2 条提出索赔,以补偿修复所需的所有工作。

8 竣工试验和雇主的接收

在工程即将竣工时,承包商必须向雇主证明工程符合合同要求,但相对较小的缺陷和未完成的工作项目除外。通常,在雇主接收之前会根据黄皮书和银皮书中的雇主要求,或红皮书中技术规格书的其他要求,列出工程完工之前要执行和通过试验的详细信息。

1999版合同规定了竣工试验,但2017版在1999版的基础上对条款进行了改进,主要表现在:(a)要求承包商向工程师/雇主提交一份详细的试验方案;(b)当承包商认为试验已经通过时,必须提交一份试验结果的认证报告。然后,工程师/雇主可以审查已提交的材料,并通知承包商不符合合同要求的情况。

在这两个版本中,红皮书对试验内容几乎没有说明,而黄皮书和银皮书只说除非雇主要求另有规定,否则试验应采用一定的顺序。在实践中,现在根据第9.1条要求的试验方案以及雇主要求或技术规格书列出所需试验的细节。

与竣工后,特别是在雇主接收工程之后可能需要进行的试验相比,第9条规定的竣工试验在三种版本合同的通用条件下都是强制性的。竣工后的这种试验通常是在技术含量较高的项目中进行的,在这些项目中,为了证明符合合同规定,有必要延长试验期或进行其他广泛的试验。

在两个版本的黄皮书和银皮书中,第12条规定了与竣工后的试验有关的条款。这种试验只有在合同明确规定的情况下才会进行(或者在2017版的黄皮书和银皮书中,雇主要求特别规定)。红皮书中没有条款专门涉及竣工后的试验(第12条涉及测量和估价),但竣工后的试验可以根据红皮书进行。在2017版红皮书中,这种试验必须在技术规格书中说明,并按照特殊条款(第1.1.82条)进行;在1999版中,此类试验必须在合同中加以规定,并按照特殊条款(第1.1.3.6条)进行。

8.1 竣工试验

8.1.1 承包商的义务

2017版第9.1条第一段规定,竣工后的试验要按照第7.4条中关于试验时间安排和监测的一般规则进行,还规定只有在承包商提交了竣工记录、操作和维护手册后才能进行试验。第9.1条以下各段规定了一个时间表,即承包商应在预计的试验开始日期前至少42天提交一份详细的试验方案,说明试验的预计时间和所需资源。这个详细的计划应按照合同[①]中的第1条规定进行审查;为确保这一过程不出现延误或拖延的情况,工程师/雇主必须在14天内通知承包商试验计划不符合合同规定的程度。承包商必须在14天内修改试验方案以纠正问题。如果工程师/雇主在收到试验方案或其修订版后的14天内没有发出这样的通知,将被视为已发出无异议通知,然后承包商可在竣工后开始试验。但在收到实际的或被视为无异议的通知之前,承包商不能开始竣工试验。

第9.1条包含确保承包商向工程师/雇主充分通知其已准备好进行每次试验的条款。在黄皮书和银皮书中,试验必须按照以下规定进行:

(a) 试验方案(第四段)。

(b) 第五段中指出的试验顺序[②],除非在雇主要求中另有说明。

(c) 在试运行期间(第六段),当工程或分段工程在稳定的条件下运行时,承包商发出通知,说明这些工程已准备好在竣工后进行其他试验,包括为证明符合雇主要求中规定的性能标准和性能保证而需要的性能试验[③]。

红皮书的通用条件并不包含黄皮书和银皮书中关于试验的上述要求。任何具体的要求,比如顺序,如果合同有要求,应该在试验程序中规定。

这三本合同书中,第9.1条规定,当承包商认为每项试验都已通过时,承包商应向工程师/雇主提交一份试验结果的认证报告。该报告将由工程师/雇主审查,如果工程师/雇主认为结果不符合合同规定,他必须通知承包商,确定其不符合规定的程度。同样,为了防止程序的延误,如果工程师/雇主在

[①] 黄皮书第1.1.71条、红皮书第1.1.70条、银皮书第1.1.61条。
[②] 基本顺序为调试前、调试和试运行。
[③] 见下文第8.1.4节。

收到试验结果后 14 天内没有发出这样的通知,将被视为已经发出了无异议通知。

一个重要的附带条件是,在考虑竣工后的试验结果时,工程师/雇主必须考虑到雇主使用工程任何部分对工程的性能或其他特性的影响。

8.1.2 延误的试验

第 9.2 条对延误的试验作了规定。如果承包商已根据第 9.1 条发出准备就绪的通知,说明工程或分段工程已准备好在竣工时进行试验,但由于雇主的人员或雇主的原因,试验被不当推迟,则第 10.3 条适用;这可能使承包商有权提出工期延长和/或成本加利润的要求。

另一方面,如果承包商不适当地拖延试验,工程师/雇主可向承包商发出通知,要求他在收到通知后 21 天内进行试验。承包商必须在这 21 天内的某一天或几天进行试验,并至少提前 7 天通知工程师/雇主。

如果承包商未能在上述 21 天的期限内进行试验,那么在工程师/雇主向承包商发出第二次通知后,雇主的人员可以进行试验,承包商可以参加并见证试验。但无论承包商是否出席,试验都将被认为是在他在场的情况下进行的,而且结果将被视为是准确的。工程师/雇主必须在雇主的人员完成试验后的 21 天内,向承包商发送一份试验结果的副本。如果这种试验给雇主造成额外的费用,只要是合理的,他可以向承包商索赔。

因此,在试验因承包商而延迟的情况下,适用一个由推定条款支持的紧凑时间表;如果承包商延迟时间超过第 9.2 条规定的 21 天通知期,承包商将面临成本风险,更不用说试验结果风险了。

8.1.3 重新试验

第 9.3 条规定,如果承包商在竣工时未能通过任何试验,则应重新进行试验。在完成试验后,将适用第 7.5 条(见上文第 6.2.3 节)。就第 9 条而言,这种重复试验应被视为竣工时的试验。

8.1.4 未能通过竣工试验

第 9.4 条对竣工后反复不能通过试验的情况有特别规定。如果根据第 9.3 条进行了重新试验,但工程或分段工程仍然不能通过试验,那么就会产生一系列的后果,包括再次试验、拒收工程或分段工程,或最后签发接收证书但要对价格进行相应的调整或由承包商支付相关费用。

如果试验失败的影响使雇主基本上失去了工程的全部利益,则工程可能被拒绝接收。在这种情况下,根据第11.4条(d)项,雇主可立即终止合同。如果分段工程有问题,导致其不能用于合同规定的预期目的,工程师/雇主可以拒绝接收该标段,在这种情况下,第11.4条(c)项适用并且该部分应被视为根据第13.3.1条的工程师的指示而省略。

如果试验失败,工程师或雇主代表应雇主的要求仍决定签发接收证书,那么雇主可以根据第20.2条的规定,提出如下要求:

(a) 在黄皮书和银皮书中,根据第11.4条(b)项(ⅰ)目或(b)项(ⅱ)目,分别从承包商那里获得履约损害赔偿金或降低合同价格。

(b) 在红皮书中,根据第11.4条(b)项降低合同价格。

重要的是,上述权利不影响雇主在合同或其他方面可能拥有的其他权利。因此,根据管辖法律,雇主可以针对承包商采取额外的补救措施。

- **黄皮书和银皮书第11.4条(b)项(ⅰ)和(ⅱ)目**

上文第8.1.4条(a)项提及的2017版黄皮书和银皮书中的11.4条(b)项(ⅰ)目规定,与1999版有很大不同,它规定了承包商在未能达到任何性能保证表中规定的设备和/或工程或其任何部分的性能保证时应支付履约损害赔偿金[①]。履约损害赔偿金是一笔违约金(在性能保证表中说明),应足以弥补竣工试验未通过给雇主带来的价值损失。[11.4条(b)项(ⅰ)目]

然而,如果合同文件不包括性能保证表,或者没有适用的履约损害赔偿规定,那么雇主有权要求减少合同价格,这也是对承包商未能达到相关履约

---

① 性能保证表通常包含在2017版黄皮书和银皮书的合同附表中,显示雇主要求的工程和/或设备或工程任何部分的性能保证;它们将说明在未能获得性能保证的情况下应支付的适用履约损害赔偿(黄皮书第1.1.74条/银皮书第1.1.64条)。1999版黄皮书规定了性能保证表,1999版银皮书也对性能保证作了类似规定(见第9.1条),但没有规定与竣工试验有关的履约损害赔偿;相反,第9.4条中有一项更通用的条款,即合同价应减少适当的金额,以弥补因未能通过竣工测试而给雇主造成的利益损失。这与2017版黄皮书和银皮书第11.4条第(b)项(ⅱ)目的默认情况类似(见上文倒数第二段)。

正如下文第8.3.1节和第8.3.2节所讨论的,应该注意的是,1999版黄皮书和银皮书允许承包商支付任何规定的"不履约损害赔偿",如果规定了竣工后的试验,而工程或分段工程未能通过试验。(在1999版和2017版红皮书中,竣工后的试验属于专用条件/特殊条款中的具体规定,通用条件中没有涉及)。

水平(但没有其他违约)的完全补偿。减少的金额(如 1999 版)应足以弥补由于违约而对雇主造成的价值损失[11.4 条(b)项(ⅱ)目]。

履约违约金增加了确定性,但实际上仅适用于作为竣工试验的一部分的具有可衡量性能标准的项目,因为他们要求各方能够提前评估因未能达到相关性能水平而对雇主造成的"价值损失"。

- **红皮书第 11.4 条(b)项**

上文第 8.1.4 条(b)项中提到的 2017 版红皮书第 11.4 条(b)项,规定应按其他两本合同书第 11.4 条(b)项(ⅱ)目的相同条款对未能通过试验的部分给予雇主补偿,即通过在合同价格中获得适当的降价,以弥补由于未能履行合同而损失的价值,仅为了完全满足相关部分的损失。

8.2 雇主的接收

三本合同书所述的接收是项目中的一个重要里程碑。指的是在工程或分段工程已经通过了竣工试验,并准备好由雇主投入商业使用和占用时进行接收,只是有一些相对较小的缺陷或未完成的工作。在接收后,雇主承担起照管和维护工程的责任,承包商为工程投保的义务结束[①];50% 的保留金支付给承包商[②]。重要的是,接收证书中规定的竣工日期是雇主索赔延误损失的权利结束和缺陷通知期开始生效的日期。由于接收是项目中十分重要的一个阶段,工程师/雇主可能不愿签发或在不合理的情况下延迟签发接收证书,而这两个版本中的三种合同都为承包商提供了保障,以便降低这种风险或使风险最小化。

8.2.1　1999 版合同

三本合同书的两个版本中的第 10.1 条均涉及雇主对工程的接收。在 1999 版中,该条款在所有三本合同书中的措辞相同,规定在下列情况下,工程应由雇主接收:

(a) 除了未完成的小工程和缺陷外,工程都已按照合同规定完成。

(b) 工程已经通过了竣工试验。

---

① 见下文第 13.4 节。
② 见第 14.9 条,两个版本均有。保留金的另一半应在缺陷通知期结束后支付。相应条款适用于分段完工的情况。

(c) 承包商已经完成了合同要求在接收前必须完成的任何工作。

(d) 根据该条款已签发或被视为已签发接收证书。

2017版包含更详细的接收要求,这些要求在红皮书、银皮书以及黄皮书之间也有所不同。

8.2.2 2017版黄皮书

2017版黄皮书第10.1条规定,除第9.4条(未能通过竣工试验),第10.2条(对分段工程之外的部分工程的接收)[①]和第10.3条(对竣工试验的干扰),在下列情况下,工程应由雇主接收:

(a) 工程已按照合同规定完成,包括通过了竣工试验,但第10.1条第二段(ⅰ)目允许的情况除外(见下段)。

(b) 工程师已经(或被认为已经)对根据第5.6条(a)项提交的竣工记录发出了无异议通知。

(c) 工程师已经(或被视为已经)对根据第5.7条提交的工程的临时操作和维护手册发出了无异议通知。

(d) 承包商已经进行了第5.5条规定的所有培训。

(e) 已经(或被视为已经)根据第10.1条签发了接收证书。

上文(a)项提到的(ⅰ)目规定,当工程或分段工程按照合同完成后,除了未完成的小工程和缺陷(如接收证书中所列),不会对工程或分段工程的安全使用和预期目的产生实质性影响(在这项工作完成和缺陷得到补救之前或期间),将签发接收证书。因此,在2017版黄皮书中,接收前的要求清单比1999版的三本合同书更加广泛,并且包括与竣工图、临时操作和维护手册以及培训有关的新规定。

8.2.3 2017版红皮书和银皮书

2017版红皮书和银皮书第10.1条规定(与黄皮书一样,未能通过竣工试验、接收分段工程和干扰试验的情况除外),在以下情况下工程应由雇主接收:

(a) 工程已按照合同规定完成,包括通过竣工试验,但第10.1条(ⅰ)目允许的情况除外(见下段)。

---

① 见下文第8.2.6节。

(b) 如果适用,工程师/雇主已经(或被视为已经)根据第 4.4.2 条(红皮书)或第 5.6 条(银皮书)提交的竣工记录发出了无异议通知。

(c) 如果适用,工程师/雇主已经(或被视为已经)根据第 4.4.3 条(红皮书)或第 5.7 条(银皮书)对操作和维护手册发出了无异议通知。

(d) 如果适用,承包商已进行了第 4.5 条(红皮书)或 5.5(银皮书)中提及的培训。

(e) 已(或被视为已)根据第 10.1 条签发了接收证书。

与黄皮书一样,上述(a)项中所指的(ⅰ)目规定了当工程或分段工程已按照合同完成时应签发接收证书,但未完成的小工程和缺陷(在接收证书中列出)不会对工程或分段工程的安全使用产生实质性影响(直到或同时完成这项工作并且补救这些缺陷)。

然而,2017 版红皮书和银皮书与黄皮书的不同之处在于,上述(b)至(d)项中描述的要求是有条件的,因此,例如,如果技术规格书(红皮书)或雇主要求(银皮书)中没有要求承包商准备竣工记录,则第 4.4.2 或 5.6 条规定不适用,因此不要求工程师/雇主对任何此类记录发出无异议通知;而在 2017 版黄皮书中,承包商必须根据第 5.6 条[①]准备并更新一套完整的竣工记录。

8.2.4 第 10.1 条规定的程序

2017 版的三本合同书的接收程序都是相同的。

第 10.1 条规定,承包商可在其认为工程或每个分项工程即将完成并准备好接收前不超过 14 天向工程师/雇主申请接收证书。

如果根据第 10.2 条[②]只接收部分工程,则只有在满足上述第 8.2.2 条(黄皮书)和第 8.2.3 条(红皮书和银皮书)中提到的条件时,才会接收剩余的工程或分段工程。

然后,第 10.1 条要求工程师/雇主在收到承包商通知后 28 天内:

(ⅰ)签发接收证书,说明工程或分段工程按照合同完成的日期,但接收证书中列出的未完成的小工程和缺陷除外[③];

---

① 这既符合银皮书中承包商传统上更大的自主权,也符合红皮书中承包商更多的设计和相关责任。
② 见下文第 8.2.6 节。
③ 这些缺陷或未完成的小工程是"次要"的,因为在相关工程完工和缺陷得到补救之前或期间,它们不会对工程或分项工程的安全使用造成实质性影响(第 10.1 条第三段)。

（ⅱ）通过向承包商发出通知并说明理由,拒绝该申请。通知必须说明在签发接收证书之前需要完成的工作、需要修复的缺陷和/或需要提交的文件。然后,承包商必须完成工作、修复缺陷和/或提交文件,然后再根据该条款发出进一步通知。

如果工程师/雇主未能在上述28天内签发接收证书或拒绝承包商的申请,则适用推定条款:前提是分别满足上述第8.2.2和8.2.3节所述的条件,在工程师/雇主收到承包商的申请通知后的第14天,工程或分段工程将被视为已经按合同完成,并视为已签发接收证书。

因此,2017版的三类合同为承包商申请签发接收证书提供了时间表,这可能比他认为工程准备好接收的日期稍早,工程师/雇主要么在28天内签证书或拒绝申请,要么证书视为已签发。

8.2.5 推定条款的表述

值得注意的是,与1999版相比,推定条款的表述有了变化。在1999版中,根据第10.1条,接收证书被视为在承包商申请后的第28天签发。

"如果工程师(雇主)未能在28天内签发接收证书或拒绝承包商的申请,并且如果工程或分段工程(视情况而定)基本上符合合同规定,接收证书应被视为在该期间的最后一天签发。"

在2017版中,第10.1条的相关部分规定:"……在工程师收到承包商的申请通知后的第14天,工程或分段工程应被视为已按照合同完成,接收证书应被视为已发出"。

一些评论认为,这纠正了1999版中的一个不正常现象。在1999版中,承包商有权在其认为工程已经完成并准备好接收的14天之前申请接收证书(第10.1条第二段)。但如果工程师/雇主没有做出回应(无论是签发证书还是拒绝承包商的申请),将视为同意在承包商认为工程已准备好接收的日期后的第14天进行接收(因为工程师/雇主有整整28天的时间做出回应,证书被视为在第28天签发)。因此,如果承包商已经按期完工,并提前14天发出了申请,那么他可能会因为工程师/雇主没有在28天内发出接收证书而承担延误损失。而2017版消除了这种异常情况,因为如果工程师/雇主未能颁发证书,则认为在承包商申请后的14天内已接收。

然而,在上述情况下,承包商似乎不太可能根据1999版的规定承担误期损害赔偿责任,因为1999版只规定接收证书被视为在收到承包商的申请后的第28天签发,如有必要,承包商可以要求在申请后的第14天竣工(而不是第28天),或者,如果承包商面临对额外的14天(从实际完工日期到被认为的接收证书签发日期之间)的误期损害赔偿的要求,他可以说接收证书中陈述的正确竣工日期是实际竣工日期(而不是被认为的接收证书签发日期)来为索赔辩护。换句话说,第一版中的推定条款只与接收证书有关,而不与竣工日期本身有关。

然而,人们认为新的表述是一种改进,因为它将竣工日期视为申请后的第14天,然后将接收证书视为在该日签发,从而消除了竣工和接收何时被视为已发生的疑问。

8.2.6 部分工程的接收:第10.2条

我们已经看到,合同中的工程可能被划分为不同的部分,有各自的时间表和完成标准,但在某些情况下,如果工程没有被如此划分,雇主可能希望在整个工程完成或接收之前使用部分工程。在红皮书和黄皮书的两个版本中的第10.2条对此作了规定;这与银皮书有所不同,在银皮书中,在雇主接收或使用工程的任何部分之前,都需要双方达成具体协议。

根据2017版红皮书和黄皮书第10.2条,工程师可以(但只能由雇主而非承包商自行决定)为部分工程签发接收证书。该条款规定雇主在没有签发证书的情况下不得使用工程的任何部分,但如果雇主仍然这样做,承包商将受到保护,因为接收将被视为已经发生,接收证书应立即发出,承包商不再负责相关部分的照管。承包商还应尽快完成所需的进一步工作,包括在缺陷通知期到期之前进行竣工试验。如果承包商因雇主接收相关部分而产生费用,承包商也可以要求索赔成本加利润[①]。并且有相应减少误期损害赔偿的条款,1999版的红皮书和黄皮书在第10.2条中包含类似的规定,但2017版涵盖的主题要详细得多。

---

① 给出了计算扣减额的公式。扣减额按该部分的价值(任何未完工程和/或有待补救的缺陷的价值除外)占整个工程或部分(如适用)的价值的比例计算。然后,工程师应根据第3.7条同意或确定这一扣减额;就第3.7.3条规定的时限而言,工程师收到承包人根据第10.2条发出的通知的日期为该条规定的协议时限的开始日期。就第3.7.3条规定的时限而言,工程师收到第10.2条规定的承包商通知的日期为该条规定的协议时限的开始日期。需要明确的是,这些规定只适用于误期损害的日赔偿率,而不影响第8.8条所述的最高赔偿额。

8.2.7 第 10 条其他规定

2017 版的三本合同书中的第 10.3 条规定了如果由雇主的人员或雇主负责的某些原因导致承包商无法进行竣工试验的情况。

在红皮书和黄皮书中,如果阻碍持续时间连续或累计超过 14 天,并且承包商发出了相应的通知,将视为雇主在完成试验的日期接收了该工程或分段工程;然后工程师应立即为相关工程或分段工程签发接收证书。承包商必须在可行的情况下尽快进行竣工试验,并且无论如何应在缺陷通知期结束前进行试验。

银皮书中的规定有些不同。在银皮书中,如果因为阻止试验致使竣工试验未完成,不认为已经完成接收。但是,如果阻止试验的措施的持续时间超过其他合同中规定的连续或累计 14 天期限,承包商也有义务在相关缺陷通知期到期之前尽快进行竣工试验。

在这三本合同书中,承包商均可对因阻止试验导致的时间延长和/或成本加利润提出索赔。

最后,2017 版红皮书和黄皮书(但不包括银皮书)第 10.4 条规定,除非接收证书另有规定,否则分段工程或部分工程的证书不应被视为证明地面或其他表面的修复工作已完成。

8.3 竣工后的试验

在某些情况下,雇主会要求在竣工后进行试验,以及在接收前进行竣工试验。这些情况往往涉及一些行业,在这些行业中,雇主将工厂或其他设施投入商业使用和运营后,隔很长一段时间或一年中的特定时间进行试验是很重要的,例如电力行业或一些加工厂。

菲迪克黄皮书和银皮书的两个版本都在第 12 条中规定了竣工后的试验,这些试验在合同(1999 版)或雇主要求(2017 版)中都有规定。因此,竣工后的试验不像接收前的试验那样是自动进行的,而是需要事先指定。

红皮书没有对竣工后的试验作出明确规定,但如果需要,可以通过专用条件(1999 版)或特殊条款(2017 版)做出规定。

竣工后的试验的基本程序在黄皮书和银皮书的第一版和第二版中都是

一样的。这两本合同书之间最明显的区别是，在黄皮书中，由雇主在竣工后进行试验，而在银皮书中，则由承包商进行试验。人们可能认为，菲迪克在某种程度上表明，银皮书规定由承包商在竣工后进行试验比黄皮书规定让雇主进行试验更合适，但事实上并非如此。《菲迪克合同指南》第一版明确指出，菲迪克只打算提供备选方案，在知情后再进行选择，"……而不是因为菲迪克认为一种程序更适合 P&DP 合同，另一种更适合 EPCT 合同"[①]。换句话说，各方应在知情的情况下，就两种备选方案中哪一种适用于其特定合同做出选择，并将其写入合同；这对 2017 版和 1999 版均适用。

8.3.1 黄皮书

· 程序

两个版本的第 12.1 条要求雇主提供所有电力、设备、燃料、仪器、劳力、材料和有相应资质和经验的工作人员，以便在竣工时有效地进行试验[②]；试验应按照承包商提供的操作和维护手册进行，并在承包商人员在场的情况下按照其可能要求的指示进行。

然而，2017 版黄皮书在第 12.1 条（b）项中明确要求，试验应按照雇主要求进行（或默认在合理可行的情况下尽快进行），并要求承包商提供一份试验计划，说明每次试验的估计时间，而不是仅仅规定接收后在可行的情况下尽快进行试验。根据 2017 版，如果承包商没有在工程师通知中规定的时间和地点参加试验，雇主有权继续进行试验，在这种情况下，试验将被视为在承包商在场的情况下进行，承包商将被视为接受了读数的准确性；类似的规定在 1999 版中也适用。

由于竣工后的试验可能是在雇主开始使用和运行设备或其他设施很长时间之后才进行的，黄皮书两个版本的第 12.1 条明确规定，在评估试验结果时，应适当考虑雇主事先使用工程的影响；这种评估应由双方共同进行。

· 延误的试验

两个版本的黄皮书都在第 12.2 条中规定，如果雇主的不合理拖延导致

---

① 《菲迪克合同指南》，第 211 页。
② 2017 版的第 12.1 条（a）项的表述略有不同，该条款明确规定有关工作人员必须有能力、有资质和有经验，以便能够正确有效地进行试验。

承包商产生费用,承包商可以索赔成本加利润。此外,如果不可归咎于承包商,竣工后的试验不能在缺陷通知期或双方商定的任何其他时期内完成,相关工程或分段工程将被视为已通过该试验。因此,雇主应尽量避免延迟试验。

·重新试验

两个版本的第12.3条都包含了类似的规定,即如果工程或分段工程在竣工后未能通过试验,则应重新进行试验。在两个版本中,根据第11.1条(b)项发出的通知,执行工作以补救缺陷或损害的要求均适用[第12.3条(a)项]。然而,在2017版中,第12.3条(b)项适用于第11.6条规定的补救缺陷后的进一步试验程序,而不是仅仅规定任何一方要求在相同的条款和条件下重复失败的试验,这样做是为重新试验提供一个更有条理的程序。根据这两个版本的第12.3条,如果未能通过试验和重新试验是由承包商造成的,则承包商要承担因未能通过试验和重新试验而给雇主造成的所有额外费用[①]。

·未能通过试验

黄皮书两个版本中的第12.4条规定,雇主在竣工后未能通过任何或所有试验,可向承包商索取性能损害赔偿(2017版)或未履约损害赔偿(1999版),前提是性能保证表(2017版)或合同(1999版)中列出了这些内容。

两个版本的第12.4条在表述上有很大的不同。在1999版中,第12.4条规定,如果在缺陷通知期内支付了未履约损害赔偿金,相关工程在竣工后将被视为已通过试验;而在2017版中,雇主必须要求获得相关的履约损害赔偿,并且在支付时,明确将其视为对承包商未能通过试验的全部补偿;与1999版一样,如果在缺陷通知期内支付履约损害赔偿金,相关工程将被视为已通过试验。因此,2017版的第12.4条明确了1999版所隐含的内容,即支付履约损害赔偿金是对承包商未能通过试验的补偿。

在这两个版本中,第12.4条规定承包商在工程竣工后未能通过试验时,可对工程进行调整或修改。

最后,如果雇主为调查未通过试验的原因或进行任何调整、修改而不合理地拖延工程进度,承包商可向其索赔由此产生的额外成本加利润。

---

① 尤其是第11.2条(a)~(d)项中列出的事项(见下文第9.2节)。1999版和2017版对这些分项的表述相似。

8.3.2 银皮书

· 程序

两个版本的银皮书中的第 12.1 条规定了竣工后的试验程序,但 2017 版中包含了更多的细节。

1999 版中规定,承包商应在工程竣工并由雇主接收工程后,在合理可行的情况下尽快进行试验。2017 版中规定,承包商必须在其打算开始试验的日期前 42 天提交一份详细的试验计划。因为承包商必须根据第 9 条的规定进行竣工试验。同样,雇主可以审查拟议的计划,并发出通知,说明其不符合合同的程度,承包商必须在 14 天内修改试验方案。如果雇主没有在 14 天内发出这样的通知,即被视为已经发出了无异议通知。

除了试验计划中显示的日期外,在 2017 版中规定,承包商必须提前 21 天向雇主发出通知,说明他准备进行每项试验的日期。在雇主对承包商的试验计划发出或被视为发出无异议通知之前,承包商不能开始试验。届时,承包商必须在其发出上述通知(指出他能够进行试验)的日期,或在雇主指示的其他日期后的 14 天内开始试验。

在进行试验时,承包商应遵守试验程序(雇主已通知或被视为发出无异议通知)、雇主要求以及任何操作和维护手册(雇主未根据第 5.7 条通知/被视为已通知无异议)。竣工试验应在雇主和/或承包商的人员在场的情况下进行。

竣工后的试验结果由双方编制和评估,并适当考虑雇主之前使用工程的影响。这与 1999 版类似,只是试验结果由承包商编制和评估,并由承包商编写详细报告。

· 延误的试验

两个版本的第 12.2 条都涉及到延误的试验,特别是规定了在承包商延迟进行试验的情况下对其进行补偿,但 2017 版对此规定得更详细。

2017 版的第 12.2 条规定,如果承包商在发出工程竣工后可进行试验的通知后,出于雇主的人员或雇主负责的原因,他被阻止进行试验,或被不适当地拖延,承包商可以索赔成本。然后,承包商应在可行的情况下尽快进行试验,并无论如何应在相关的缺陷通知期结束前进行试验,如果因任何此类阻止或延误而产生费用,承包商可按上述规定索赔成本加利润。与 1999 版一样,如果不可归咎于承包商,竣工后的试验不能在缺陷通知期或双方商定的其他期限内完成,那么该工程或分段工程将被视为已通过相关试验。

- **重新试验和未能通过试验**

2017版银皮书中的第12.3和12.4条分别涉及竣工/性能损坏后重新试验和未能通过试验的问题,其条款与上文讨论的2017版黄皮书相同。1999版银皮书的第12.3和12.4条也与1999版黄皮书的这些条款相同。

9 接收后的缺陷、工程的验收和未履行的义务

工程在完成后,除了相对较小的不完整或缺陷/损坏的工程项目外,工程会被接收,以便雇主可以将设备或其他设施投入商业使用和占用。接收证书的签发或被视为签发标志着缺陷通知期(DNP)的开始,在此期间,承包商将完成未完成的工程项目并修复有缺陷或损坏的项目,以使工程完全符合合同要求并被雇主接收。通常,在接收时,工程师/雇主将与承包商商定一份完成清单或一份承包商在缺陷通知期要处理的问题清单;在此期间可能会通知其他人。

缺陷通知期期间承包商的义务是处理被通知的有缺陷或损坏的项目;他没有义务主动查找此类项目进行更正。但是,承包商有义务在未收到通知的情况下完成在接收时尚未完成的工作。1999版(第11.1条)对纠正有缺陷或损坏的项目和完成接收时仍有待完成的工程进行了类似的区分。两个版本的合同汇聚本中的第11条总体涵盖相同的主题,条款也大致相似,但2017版的条款更详细,并且存在某些重要差异,例如在未履行的义务方面[①]。

双方应在合同数据(2017版)或专用条件(1999版)中说明缺陷通知期。两个版本的三本合同书的默认期限均为12个月(当事人未约定其他期限的情况下)。两个版本均规定缺陷通知期在某些情况下可以延长,但在通常情况下,不会超过2年。当然,如果双方愿意,也可以规定与此不同的延长期限。

9.1 承包商的基本义务

第11.1条规定承包商在接收后纠正或完成未完成工程的基本义务,2017版的三本合同书中涉及此义务的条款相同。

---

① 见下文第9.6节。

为确保工程和承包商的文件符合合同要求,承包商必须在相关缺陷通知期期满或此后尽快在接收证书中规定的时间或工程师/雇主指示的合理时间内,在相关竣工日期之前完成所有未完成的工作,并且进行在缺陷通知期期满前(由雇主或代表雇主)通知的与缺陷或者损坏修复相关的工作。

如果在缺陷通知期内出现缺陷或损坏,应通知承包商,然后承包商必须立即与雇主的人员一起检查缺陷或损坏,准备并提交必要的补救工作方案,该方案可由工程师/雇主审查(第7.5条第二至四段关于处理缺陷和拒收)①。

9.2 谁负责费用?

两个版本的三本合同书都规定了谁来承担修复有缺陷或损坏项目的费用。如果缺陷或损坏是由承包商造成的,则承包商应承担费用和相关风险;但是,如果该缺陷或损坏可归因于任何其他方面,则应将其视为已根据第13.3.1条规定进行的变更。

因此,2017版黄皮书和银皮书第11.2条②规定,在缺陷通知期内修复缺陷或损坏的工作将由承包商承担风险和成本,前提是该缺陷或损坏归因于:设计(由雇主负责的设计部分除外);不合规的设备、材料或工艺;由承包商根据第5.5、5.6和5.7条③或其他条款负责的事项导致的不当操作或维护;承包商不遵守合同项下的其他义务。

如果承包商认为缺陷或损坏归因于上述之外的其他方面,他必须立即通知工程师/雇主。然后,工程师/雇主代表将根据第3.7/3.5条继续同意或确定原因④。如果同意或确定该工作可归因于其他方面,则第13.3.1条适用,如同该工作已被指示为变更⑤。

9.3 延长缺陷通知期

如上所述,在某些情况下,缺陷通知期可以被延长。这些情况在2017版

---

① 见上文第6.2.3节。
② 该条款的措辞与红皮书中的措辞非常相似,但考虑到了红皮书承包商的有限设计责任。
③ 关于培训、竣工记录以及操作和维护手册,见上文第5.3节。
④ 就第3.7.3/3.5.5条规定的时限而言,本通知的日期即为协议时限的开始日期。
⑤ 见下文第11.4.1节。

的三本合同书中都是一样的。第11.3条规定,在雇主根据第20.2条提出索赔的情况下,缺陷通知期可延长,前提是在接收工程、分段工程或部分工程或某一主要设备后,由于第11.2条(a)至(d)项所述的由承包商负责的事项[①]造成缺陷或损坏而不能用于预期目的,允许的延长期不得超过在合同数据中所述的缺陷通知期到期后2年。

在停工的情况下,向承包商提供一些保护:

根据第8.9条,停工的原因不是承包商的责任,或根据第16.1条,停工是由于雇主的某些违约行为。如果在上述任何一种情况下,设备和/或材料的交付和/或安装被暂停,则第11条规定的承包商义务一般不适用于设备和/或材料构成的工程缺陷通知期到期后2年以上发生的任何缺陷或损坏。因此,如果由于此类停工而延迟了接收,无论缺陷通知期延长至何时,承包商将不负责纠正在缺陷通知期到期后2年以上发生的任何损坏或缺陷。

9.4 其他义务

2017版三本合同书中的第11.4条规定了在承包商不当延迟对缺陷或损坏的补救措施(第11.1条)时,雇主可以采取的步骤。这些补救措施最终适用至合同终止。

第11.5条规定了在场外对有缺陷的设备进行维修,并允许承包商在通知雇主的情况下申请将有缺陷或损坏的设备从现场移除以进行维修。

第11.6条规定了缺陷修复后的进一步试验,第11.7条规定了接收后的访问权,特别是在签发履约证书后。根据第11.7条,承包商有权在履约证书签发后28天内访问工程的所有部分以及工程的所有操作、维护和性能记录,除非这可能与雇主合理的安全限制相抵触。如果承包商打算在缺陷通知期内访问工程的任何部分或此类记录,则承包商的访问权也依据此条款规定。第11.11条规定,承包商在获得履约证书后应立即清理现场。

2017版三本合同书中的第11.8条规定如工程师/雇主有指示,承包商有义务在工程师/雇主的指导下查找导致缺陷的原因。除非根据第11.2条由承包商承担修复缺陷的费用,否则他有权根据第20.2条要求支付查找费用加利

---

① 参见上文第9.2节第二段。

润。如果承包商未能按照第11.8条的要求进行查找,则可由雇主的人员查找,在这种情况下,雇主可以要求承包商支付合理产生的查找费用。

第11条的两项规定尤其值得关注。

9.5　履约证书

首先是第11.9条,它规定了履约证书的签发。这是在缺陷通知期结束时签发的证书,仅表示雇主对工程的接收。第11.9条[①]在2017版的三本合同书中的规定是类似的。

该条款规定,在工程师/雇主出具履约证书并明确承包商已履行合同义务的日期之前,视为承包商的合同义务未履行完成。

履约证书应在缺陷通知期最晚到期日后28天内签发;或在该日期之后,届时承包商已提供所有承包商文件和(黄皮书和银皮书)工程师/雇主已经或被视为已对更新的竣工记录发出无异议通知,并且按合同要求完成并测试所有工程,包括修复所有缺陷。

如果工程师/雇主未能在此28天内签发履约证书,则该证书被视为在根据第11.9条规定应签发证书的日期的28天后签发。

因此,如果工程/雇主未能在规定的28天期限内签发履约证书,则提供了签发履约证书的时间表,并附有推定条款。第11.9条明确规定,履约证书本身即构成对工程的验收。

保留金的后半部分也应在缺陷通知期到期后,也就是在签发履约证书之前,支付给承包商。

9.6　未履行的义务

第二个要考虑的条款是第11.10条,该条款在2017版的三本合同书中都有相同的表述,并对未履行的义务作出了规定。

在签发履约证书后,每一方仍有责任履行当时尚未履行的义务。为了确定未履行的义务的性质和范围,合同应被视为仍然有效。但是,对于设备,第

[①]　红皮书第11.9条与黄皮书和银皮书的不同之处在于,(a)项没有提及竣工记录。

9 接收后的缺陷、工程的验收和未履行的义务

11.10 条的第二段规定了一个例外情况。承包商对设备缺陷通知期到期后 2 年以上发生的缺陷或损坏不负责任,除非法律禁止这种限制,或发生在任何欺诈、重大过失、故意违约或鲁莽的不当行为的情况下。

第 11.10 条是一条重要的条款,特别是对承包商而言,涉及工程验收后发生或出现的缺陷。例如,如果承包商的工程设计缺陷在签发履约证书后变得明显,他仍然负有责任,他关于目标适用性或其他方面的义务仍然有效,以确定他的哪些义务没有得到适当履行。缺陷通知期期满和签发履约证书验收工程并不意味着承包商对其义务的潜在责任终止。

相关义务不一定是合同性的。根据管辖和/或当地法律,承包商还可能承担合同项外产生的义务和责任,这些责任可能归因于雇主和/或第三方。在某些情况下,除了合同规定的义务外,承包商可能还应承担雇主的注意义务[①]。承包商还可能对第三方负有责任,例如,他建造和/或设计的结构的完整性;如果有人因该建筑物倒塌而受伤,他可能要承担责任[②]。

所有责任的期限将取决于管辖和/或当地法律。必须特别注意提出索赔的所有时间限制。例如,根据合同或因违反合同而对承包商提出的索赔,必须在雇主希望提出索赔的司法管辖区适用的规则所允许的时间内提出,这些规则既适用于通过仲裁提出的索赔,也适用于通过当地法院提出的索赔。

如上所述,2017 版的第 11.10 条第二段在设备方面规定了一个例外情况,这是 2017 版的一个新特点,在 1999 版中没有涉及。承包商对设备缺陷通知期到期后两年以上发生的任何缺陷或损坏不承担责任,除非法律禁止这一限制,或在任何情况下存在欺诈、重大过失、故意违约或轻率的不当行为。该例外情况考虑到了设备供应商对无限期责任的担忧,并通过将承包商对设备的责任限制在缺陷通知期到期后的两年内实现了折中,但须遵守管辖和/或当地法律,并排除上述严重违约情况。

---

① 参见英国有关这一主题的案例讨论:*Robinson v P E Jones (Contractors) Ltd* (2011) EWCA Civ 9 案;以及 *Broster v Galliard Docklands Ltd* (2011) EWHC 1722(TCC)案,埃肯黑德(Akenhead)法官在第 21 段的论述。在实践中,并行的注意义务只有在因违反合同义务而提出索赔被法律禁止时(即晚于规定提起诉讼的时间而无法进行诉讼)才可能显示出其重要性。

② 在大陆法系中,十年或十年责任的概念被广泛应用,在某些司法管辖区,这种责任可能是严格的,因此不取决于任何过失。例如,在法国,承包商必须购买保险以防范此类责任。在普通法管辖区,承包商可能对设计或工艺缺陷等造成的人身伤害承担侵权责任。如果雇主面临诉讼,他可能希望依据第 11.10 条从承包商处获得赔偿或分担费用,这取决于适用的法律。因此,对于承包商应负责的潜在缺陷,第三方可能有对雇主提起诉讼的理由(因为它与菲迪克合同规定的未履行的义务有关),而雇主可依据第 11.10 条,就第三方的索赔要求承包商赔偿或分担费用。

10 计量、价格和支付

两个版本的菲迪克合同都包含了对工程定价的详细规定以及向承包商付款的程序和时间。由于红皮书是一种重新计量形式的合同,对工程的计量有具体规定,因此需要明确所使用的计量方法和所计量工程的估价,这在两个版本的第 12 条中都有规定。三个合同中的第 14 条都涉及合同价格以及付款程序和时间。

虽然红皮书是一种重新计量的合同,但可以通过适当的专用条件将其转化为固定总价合同,在 2017 版(以及 1999 版)后面给出的《特别条款编制指南》(后简称《指南》)中包含了用于此目的的示例条款。正如《指南》明确指出的,如果投标文件包含足够详尽的施工细节,并且不太可能出现重大变化,而且承包商能够根据投标文件中提供的信息准备其他必要的细节并施工,而不必向工程师寻求解释或进一步的信息,那么转换为总价合同可能是明智的。但是,《指南》也指出,如果需要承包商提供大量的设计资料,则采用黄皮书作为合同可能更合适。

黄皮书本身可以包含专用条件,规定部分工程可根据供应的数量或完成的工作量支付,而不是作为固定总价的一部分。在这种情况下,有关计量和估价的规定应在专用条件中说明;合同价格将相应估价,但须根据合同(第 14.1 条)进行调整。2017 版黄皮书《指南》给出了一个衡量基准的措辞示例,该示例复制了 2017 版红皮书第 12.1 条。

10.1 计量与计价:2017 版红皮书第 12 条

10.1.1 计量程序

第 12.1 条规定了工程计量和付款估价应遵循的程序。

工程可以在以下两种情况下进行计量：(a)工程师要求对工程的任何部分在现场进行计量；(b)根据记录对工程的任何部分进行计量。

如果工程要在现场进行计量，必须向承包商发出通知（不少于7天），说明在现场进行计量的日期和地点，以便承包商能够派出合适的代表。

如果工程要根据记录进行计量，应在技术规格书中注明。需要再次通知承包商（7天），说明承包商代表应出席的日期和地点，以便与工程师进行检查并就记录达到一致。

在这两种情况下，无论是现场计量还是根据记录，如果承包商未能在工程师通知或其他约定的日期和地点出席，则承包商将被视为已接受计量或记录的准确性。

同样，在这两种情况下，如果承包商认为现场计量或记录不准确，则他必须在14天内向工程师发出通知，说明理由，否则承包商将被视为已接受了计量的准确性。

10.1.2 计量方法

第12.2条规定，计量方法应按照合同数据中的规定进行。如果没有这样的规定，则按照工程量清单或其他适用的附表执行[①]。

10.1.3 计价

第12.3条规定了工程计价的规则。工程师应通过应用根据第12.1和12.2条商定或确定的计量方法以及该项目的适当费率或价格来评估每个工作项目。

一个项目的适当费率或价格是工程量清单或其他附表中为其规定的费率或价格，如果没有这样的项目，则是为类似工作规定的费率或价格。在特定情况下，什么是类似的工作将取决于具体情况。《菲迪克合同指南》建议，类似工作可能是指具有类似性质和在类似条件下执行的工作[②]。

[①] "进度表"在2017版第1条中定义为由雇主准备并由承包商填写的标题为"进度表"的文件，并附在投标函（红皮书和黄皮书）或投标书（银皮书）中并包含在合同里。此类文件可能包括数据、付款清单和时间表和/或费率和价格以及担保。因此，该表述是一个综合性表述，指的是被标识为附表并包含所提及信息类别的合同文件的特定子类。具体类型的时间表在第1条中定义，特别是付款时间表（所有三种形式）、履约担保时间表以及费率和价格时间表（黄皮书和银皮书）。

[②] 参见《菲迪克合同指南》，第209页。并注意1999版第12.3条(b)项(ⅲ)目和2017版第12.3条(a)项中的表述。

如果工程量清单或其他明细表中没有规定某个项目费率或价格,则该项目被视为包含在清单或其他附表中的其他费率和价格中。

第12.3条规定就某项工作达成新的费率或价格(例如,如果该项目未在清单或其他附表中确定,并且由于该工作不具有类似的特征而没有合适的费率或者价格可以适用),如果未能就适当的费率或价格达成一致,则适用第3.7条的协议/决定程序。

10.1.4　删减

第12.4条对部分或全部工程的删减作出了规定,这些工程的价值尚未商定。在这种情况下,承包商应在根据第13.3.1条对合同价格进行调整的建议书中包含该删减的细节,以反映承包商因删减而产生的所有成本,而他无法通过任何其他项目或任何替代工程收回该成本。

10.2　合同价格

在菲迪克合同中,雇主的基本义务与其他合同一样,是根据合同的付款条款向承包商支付所承包工程的款项。三种合同的第14.1条以不同方式定义和描述了合同价格。

10.2.1　黄皮书

2017版黄皮书第14.1条规定,除非专用条件另有规定,合同价格是一次性的中标合同金额,该金额可根据合同进行调整、增加和/或扣除[(a)项]。

正如我们所看到的,中标合同金额是在项目开始时雇主在中标通知书中认可的工程的执行金额。(a)项明确规定该金额可根据合同进行调整、增加和/或扣除,因此,虽然合同价格始终是一笔总金额,但仅在以下意义上是固定的,即承包商获得的并不是计量的工程款,而是获得根据合同调整、增加和/或减少的合同金额,例如,在变更方面反映成本加利润的权利。

该条款(b)项还规定,承包商应支付根据合同要求应由其支付的所有税款、关税和费用,并且不得因任何此类费用调整合同价格,除非根据第13.6条允许由于适用法律的变更而进行调整[①]。

(c)项和(d)项分别规定,如果合同文件包括数量明细附表,则这些数量应仅视为估计,并且它们和明细附表中列出的所有价格数据仅用于该明细附表所述的目的。

第14.1条最后规定了根据供应的数量或完成的工程支付的项目;在这种情况下,计量和估价条款将按照专用条件中的规定进行,合同价格将根据此规定进行计价,并可根据合同进行任何调整。

10.2.2 红皮书

2017版红皮书第14.1条规定,除非专用条件另有规定,否则合同价格为第12.3条规定的工程价值,即工程项目乘以相关单价确定的价值[(a)项]。与黄皮书一样,该值将根据合同进行调整、增加和/或扣除。

同样,与黄皮书一样,该条款的(b)项明确指出,除了第13.6条中有关适用法律变更的例外情况外,承包商根据合同规定应支付的所有税款、关税和费用将被视为包含在合同价格中,不得进行调整。

(c)项包含有关合同文件中出现的数量的详细信息。

工程量清单或其他合同附表中出现的所有数量均应视为仅用于工程以及第12条下的计量和计价目的的估计。然而(d)项包含一项要求(在黄皮书或银皮书中未明确规定),即要求承包商在合同附表中提供每笔总价(如有)的明细。这是为了协助工程师,例如计价变更,但也明确规定,工程师不受承包商提供的任何价格分解的约束。

10.2.3 银皮书

2017版银皮书第14.1条的规定与其他两本合同书中的规定一样,受专用条件中可能规定的任何内容的约束。

与其他两本合同书不同的是,银皮书第14.1条(a)项规定了雇主有义务支付"合同协议书中规定的合同总价",而不是定义合同价格本身;该定义在第1.1.10条中表述为"……合同协议书中规定的用于执行工程的商定金额,并包括根据合同进行的调整金额(若有)"。这种差异是1999版中不同表述的

---

① 见下文第11.4.1节。

延续,没有太大意义。在银皮书和黄皮书中,合同价格是在构成合同的签收或者执行文件(黄皮书中的中标函和银皮书中的合同协议书)中规定的总金额,并可能上调或下调;银皮书中的情况在(a)项的第二部分中明确说明:"……根据合同进行调整、增加……和/或扣除"。

银皮书第14.1条(b)项与红皮书和黄皮书的规定相同,即除了第13.6条中关于适用法律变更的例外情况外,承包商根据合同需要支付的任何税款、关税和费用均被视为包含在合同价格中,并且不得调整。

银皮书第14.1条(c)项与黄皮书第14.1条(c)项和(d)项的表述相似,即如果在附表中列出了任何数量,不应将其视为要求承包商执行的工程的实际和准确数量,而仅用于附表中所述的一个或多个目的。但是,对于部分工程的付款和计价,没有任何规定,无论专用条件中规定了何种计量基础(如黄皮书第14.1条的最后一段所示),因为银皮书不考虑对工程的任何部分以计量为基础进行估价。

10.3 预付款

在这三本合同书的两个版本中,都规定承包商可以从雇主处获得预付款作为无息贷款,以使他能够调遣和设计工程(在红皮书中,如果合同有规定,可以设计工程)。2017版的第14.2条包含有关预付款的详细规定。

在支付任何预付款之前,合同数据必须指定金额。预付款必须为该金额,并且需要在合同数据中说明要支付的币种。

为了防止承包商收到预付款后不继续施工,承包商必须自费提供同等金额和相关币种的预付款保函。2017版本中的第14.2.1条规定了承包商提供预付款保函的规则,即由在管辖范围内的实体以雇主可接受的形式提供担保。承包商有持续义务,确保担保的有效性和可执行性,直到其偿还预付款,但随着项目的推进,保函的金额会逐渐减少。三本合同书还规定,预付款保函可延长至预付款偿还完毕。

三种合同都规定:(a)只有在雇主收到履约担保(第4.2条[1])和预付款保

---

[1] 见上文第4.2节。

函后才能支付预付款;(b)在付款证明①(红皮书或黄皮书)或付款本身(银皮书)中按百分比扣除预付款。

10.4　用于工程的设备和材料

2017版中的第14.5条规定,承包商在其期中付款申请中包括已运送或交付到现场以纳入永久性工程的设备和材料增加的金额,以及当此类设备和材料的合同价值根据第14.3条(ⅰ)目作为永久性工程中部分内容时应扣除的金额(见下文第10.5节)。

因此,承包商计划用于工程的设备和材料在运往或交付到现场的阶段收到付款,并规定在设备和材料被纳入永久工程时进行相应的扣除,这有助于其现金流的运转。

第14.5条适用银皮书的第3.7或3.5条,要求同意或确定设备和材料的添加量,但须遵守(a)项至(c)项中规定的某些条件。总而言之,承包商必须保留充足的记录并能够提供充分的证据来证明设备或材料符合合同规定,以及证明获取、运输设备或材料或将其交付到现场的成本;并且相关的设备或材料必须已经运送或交付到现场。

10.5　付款流程

承包商申请和获得付款的程序、向承包商付款的时间以及逾期付款的后果,在2017版的三种合同中都是一样的,只是在银皮书中,雇主或其代表不签发付款证书,而是在到期付款时进行支付;在红皮书和黄皮书中,工程师签发证书,触发雇主支付相应款项的义务。因此,红皮书和黄皮书中的第14.7条规定了雇主有义务向承包商支付经证明的金额[例如,在期中付款证书(简称IPC)中],而银皮书中的第14.7条规定了雇主有义务根据合同的适用条款在到期时进行支付。

---

① 在红皮书和黄皮书中,工程师在收到履约担保和预付款保函以及承包商的预付款申请后14天内,根据第14.2.2条签发预付款证书;在银皮书中(第14.2.2条),雇主应在收到这些文件后14天内支付预付款。

向承包商付款的依据是：承包商在施工期间和工程完成后提出的申请；工程师或雇主对承包商的申请进行审议并随后予以证明（红皮书和黄皮书）或到期付款（银皮书）。除了第14.2条（见上文第10.3条）下的预付款外，根据三种合同向承包商支付的主要款项有两种：

(a) 期中付款，在工程完成期间和之后支付。承包商根据第14.3条申请期中付款（见下文第10.5.1节），工程师/雇主根据第14.6条证明/支付有关款项。如果合同中包括一份付款计划表，其中规定了合同价格的分期付款，那么，除非该计划表另有规定，否则就根据第14.3条提出的申请而言，该计划表中提到的分期付款应被视为合同的估计价值。

期中付款的支付周期为合同数据中规定的时间，若无规定，则在每个月末（第14.3条）。期中付款在工程实施期间和接收后（第14.10条），以及根据第14.13条（见下文第10.5.5节）部分商定或视为部分商定最终报表的情况下支付。

(b) 最终付款，应在雇主收到第14.13条规定的最终付款证明（红皮书或黄皮书）或第14.7条(c)项中指定的文件（银皮书）后，在合同数据中指定的期限内（如果没有规定期限，则在56天内）支付。

10.5.1 期中付款

申请期中付款

承包商申请期中付款的程序在2017版的三本合同书中都是相同的，并在第14.3条中规定。

承包商在合同数据中规定的每个付款期结束时（若无规定，在每个月末之后），以可接受的形式向工程师/雇主提交一份声明，说明承包商认为其有权获得的金额，并附证明文件和足够详细的信息，以使工程师/雇主能够调查申请的金额。

声明中需要包含的信息列表比1999版的描述更详细，但涵盖了大部分相同的项目[①]。包括截至付款期结束的已执行工程的估计合同价值（和承包商的

---

① 与1999版红皮书和黄皮书第14.3条相比，2017版增加了三个项目，分别是：第13.4条规定的临时款项的增加额；第14.9条规定的释放保留金的增加额；第4.19条规定的承包商使用雇主提供的公用设施的扣除额。1999版银皮书与1999版红皮书和黄皮书的不同之处在于，第14.3条规定的期中付款申请中应包括的项目清单不包括第14.5条规定的为工程准备的设备和材料应增加和/或扣除的金额。这一差异在2017版中已被删除，现在规定的项目相同。

文件)及其变更,以及根据第13.6条因适用法律的变更而增加和/或扣除的金额,该清单还包括(除其他项目外)因滞留而扣除的金额;因第3.7或3.5条协议或决定而产生的增加或扣除,以及根据合同或其他规定到期的所有其他增加或扣除。期中付款申请还应包括第4.20条要求的每月进度报告。

付款计划表

2017版的三本合同书中的第14.4条都规定了根据承包商实现的里程碑或阶段的付款时间表。所有合同都可能包括这样的时间表,指定合同价格的分期付款。

如果合同包括付款时间表,那么除非时间表另有说明,否则时间表中列出的分期付款将被视为根据第14.3条[第(ⅰ)目]规定期中付款的估计合同价值。如果有付款时间表,则2017版红皮书和黄皮书第14.5条有关用于工程的设备和材料的条款(见上文第10.4节)将不适用。

通常,根据付款时间表或里程碑,到期的分期付款将参考工程实施中取得的实际进展来确定。这将需要仔细定义里程碑完成以及分期付款到期的准确时间。菲迪克合同还允许以其他方式定义分期付款,例如,付款时间表可以列出工程完工期间每个月或其他时期估计的最终合同价格的金额或百分比[①]。

如果分期付款不是根据实际进度来定义,那么如果工程师/雇主发现实际进度与付款时间表所依据的进度不同,工程师/雇主代表可以根据第3.7/3.5条继续协议或决定修订后的分期付款,以反映进度与作为付款时间表基础的预期进度的差异程度。如果采用第3.7/3.5条协议/决定程序,那么工程师/雇主发现实际进度和预期进度之间的差异的日期应被视为第3.7.3/3.5.3条协议时限的开始日期。

合同可能不包括任何付款时间表。然而,在这种情况下,2017版的三本合同书要求承包商进行一定程度的前瞻性计划,因为承包商必须提交其预计在每三个月到期的非约束性付款估计。首次计价必须在开始日期后的42天内提交,然后每隔三个月提交修订后的估价,直至签发接收证书。这个程序也适用于1999版。

---

① 参见2017版后面第14.4条"特别条款编制指南"。如该处所述,如果承包商的进度与进度表的预期大相径庭,则制定付款进度表的依据可能是不合理的。双方需要仔细考虑如何界定付款时间表,而不是以实际进度为基础。

简化计价

2017版黄皮书和银皮书后面的"特别条款编制指南"中的举例列出了工程仅包含几种不同类型的操作时可以适用于期中计价的条款。在这种情况下,对期中估价采用简单的计量方法可能是合适的。示例条款提供了永久性工程的主要工程量清单以及工程师/雇主合理要求的所有支撑信息和计算。该清单应包括永久性工程主要项目的预期最终数量,必须使用总价进行定价,以使总金额等于估计的最终合同价格。工程的每个要素的价值,以及清单中未描述的所有其他工程要素的价值,都必须包含在该要素完成后将要建造的永久性工程的费率中。

本工程量清单须经审查,且不影响合同项下的最终应付金额;此外,如果在接收之前的任何时间,承包商发现他不能完全代表完成后的永久性工程,则承包商可以对其进行修改和重新发布,这也为承包商提供了一定程度的保护。在竣工期间,根据第14.3条[第(ⅰ)目]的规定,期中付款的合同价值不得超过根据当前主要工程量清单计算的金额,主要工程量基于按照合同建造的永久性工程的数量计算。

签发期中付款证书(IPC)或期中付款通知

两个版本的红皮书、黄皮书和银皮书的第14.6条涉及签发期中付款证书的程序(红皮书和黄皮书),或确定应付承包商的金额的程序(银皮书)。然而,在2017版中,第14.6条对程序进行了更详细的规定,并对1999版进行了重大更改,并使银皮书与红皮书和黄皮书更加一致。

- **2017版红皮书和黄皮书**

第14.6条在两本书中的用语相同。

第14.6条的第一段规定,期中付款证书的问题取决于雇主是否收到履约担保和承包商是否指定代表。与1999版相比,这是一项重大变更,在1999版中,承包商必须在所有金额被证明或支付给他之前提供履约担保,但不必首先指定其代表(即使第4.3条要求这样做)。这一变更与2017版更加强调有效的项目管理以及确保承包商代表按照第4.3条要求就位的重要性保持一致。

根据第14.6.1条,工程师应在收到承包商的报表和证明文件后28天内向雇主发出期中付款证书,并附上一份副本给承包商,说明工程师公平地认为应支付该金额,以及包括根据第3.7条或根据合同或其他条款规定的到期应支付的增加和/或扣除金额,并附有详细的支撑细节。这些细节用于识别确认的金额与报表中的相应金额之间的差异,并说明这种差异的原因。

要求工程师确认支付金额与承包商报表中相应金额之间的差异,并说明差异的原因,这标志着与1999版的另外两本合同书相比的第二项重大变更,而这在1999版中并没有类似的规定。这项规定的欠缺常常导致承包商的不满,他们认为工程师在签发证书之前可能没有充分或正确地考虑他们的陈述。要求工程师说明差异的原因使承包商能够了解工程师的立场,并可能有助于避免分歧或争议,或至少减少其范围。

1999版还规定了期中付款证书中的预扣金额,但2017版本的第14.6.2条在(c)项中增加了一个新的明确权利,即工程师在决定期中付款证书的金额时需考虑,承包商的报表或支撑文件中的重大错误或差异在多大程度上妨碍或影响了对报表中的金额的适当调查,直到承包商在随后的报表中更正为止。根据1999年的版本,工程师在确定期中付款证书的金额时不能考虑此类错误或差异,但根据第14.6条的第三段,仅限于缺陷和/或承包商未履行的义务[第三段的(a)和(b)项]。

两本合同书的1999版与2017版之间的第三个主要区别是承包商更正期中付款证书核定金额的范围更大。第14.6.3条的最后一段使承包商能够在下一个报表中确定他认为有权获得但未包含在当前期中付款证书中的金额,从而促使工程师做出应有的更正或修改。如果承包商不满意下一个期中付款包括上述确定的金额(并且确定的金额不涉及工程师已经处理的事项),则承包商可以根据第3.7条将此事项提交给工程师处理。这为双方在这种相当常见的情况下应如何处理作出了更加系统和清晰的规定,因为在1999版中,仅规定工程师可在任何支付证书中进行适当的更正或修改。

- **2017版银皮书**

与2017版红皮书和黄皮书第14.6条一样,第14.6条第一段规定,期中付款取决于承包商根据第4.2.1提供的履约担保和根据第4.3条指定其代表的情况。

由于银皮书中没有支付证书,在银皮书中,雇主根据与红皮书和黄皮书相同的28天时间表,根据第14.6.1条向承包商发出通知,指出相应金额之间的差异,并说明原因。

与其他两本合同书一样,2017版银皮书与1999版相比有重大变更,即

2017版银皮书要求雇主公平地考虑应付期中付款的金额[(a)款],而在1999版中,雇主只需将报表中他不同意的项目通知承包商,并附上支撑细节。这是对1999版的明显改进,使银皮书与其他两本关于期中付款的内容更加一致。值得注意的是,1999版的红皮书和黄皮书已经要求工程师"公平地确定"期中证书中的到期金额(见第14.6条第一段),因此2017版的变更(对"公平考虑")在这些情况下并没有那么大。

第14.6.2条中关于期中付款中预扣金额的规定,反映了红皮书和黄皮书中关于期中付款中预扣金额的相应条款。同样,雇主纠正或修改以前的期付款的范围,以及承包商有权确定他认为应包括在期中付款中的金额,也反映了红皮书和黄皮书第14.6.3条的相应规定。

10.5.2 竣工报表

除了在工程实施期间支付的期中付款外,承包商有权在工程被接收后获得期中付款。2017版的三本合同书中的第14.10条规定,承包商应在接收证书中规定的竣工日期后84天内向工程师/雇主提交一份报表,并根据第14.3条展示截至竣工之日根据合同完成的所有工作的价值;承包商认为在竣工之日到期的任何其他款项;以及承包商认为根据合同或其他规定已经或将在完成日期后到期的所有其他款项的估计,这些估计金额必须单独显示,并包括承包商已提交的所有索赔的估计金额、提交给DAAB的所有事项以及根据第21.4条[①]发出"不满意通知"的所有事项。工程师/雇主随后将根据第14.6条签发期中支付证书(红皮书和黄皮书)或期中付款通知(银皮书)。

10.5.3 最终报表

与1999版一样,根据2017版的三本合同书应付承包商的最终款项是在签发履约证书后支付的。在2017版中,付款是在承包商提交最终报表草案的过程中进行的,从而产生商定的最终报表或部分商定的最终报表以及结清证明。尽管与1999版中规定的程序相似,但新程序提供了部分商定的最终报表,并且更加详细。

2017版的三本合同书中的第14.11条内容相同。规定承包商在履约证书

---

① 见下文第16.2.6节。

签发后 56 天内向工程师/雇主提交一份报表草稿,列出(a)已完成工作的价值;(b)承包商认为在该日期到期的所有其他款项;(c)承包商认为在签发履约证书后已经到期或将到期的所有其他金额的估计值,这些估计金额将包括第 14.10 条(c)项(ⅰ)至(ⅲ)目中描述的有关竣工报表的事项,涵盖承包商已提交通知的所有索赔、提交 DAAB 的所有事项和/或已发出对 DAAB 决定"不满意通知"的所有事项。

如果上述(c)项中没有估计金额,并且承包商和工程师/雇主可以在最终报表草案中就金额达成一致,则承包商应准备一份经双方商定的最终报表,在合同条件中称为"最终报表"。另一方面,如果存在上述(c)项下的金额,和/或经过讨论,很明显承包商和工程师/雇主无法就最终报表草案中的所有金额达成一致,那么承包商将准备一份部分商定的最终报表,分别列出商定的金额、上述(c)项下的估计金额和不同意的金额。

因此,在流程结束时,要么有一份商定的最终报表,称为"最终报表",要么有一份部分商定的最终报表,清楚地列出商定的金额、估计金额(包括提交 DAAB 的,或在发出"不满意通知"后提交仲裁的所有索赔或事项)以及无法商定的金额。

这与 1999 版三本合同书中的程序有些不同。在 1999 版中,没有关于部分商定的最终报表的规定,而是承包商和工程师/雇主寻求就最终报表草案中不同意的项目达成一致,从而为草案中已商定部分提供期中付款证书/期中付款;那些有分歧的项目被视为争议的主题,可以在仲裁开始前由 DAB 根据第 20.4 或第 20.5 条友好解决。如果争议因此最终得到解决,承包商应准备并向雇主提交一份最终报表(红皮书和黄皮书),并向工程师提交一份副本。1999 版《菲迪克合同指南》设想争议可能不会根据第 20.4 或 20.5 条解决,而是可能通过仲裁解决,在这种情况下,《菲迪克合同指南》认为可能不需要最终报表,仲裁裁决实际上发挥了相同的功能。2017 版的程序可能比 1999 年的程序更清晰、更全面,尤其为部分商定的最终报表作了规定,明确列出了商定金额、估计金额和不同意的金额。

10.5.4 结清证明

2017 版的三本合同书中的第 14.12 条规定,当承包商提交最终报表或部分同意的最终报表时,他还必须提交一份结清证明,说明此类报表的总额代表了根据合同或与合同有关的所有应付给承包商的款项的全部和最终结算总额。但是,结清证明可能会声明,报表总额受限于根据第 21 条[1]正在进行的 DAAB 程序或仲裁的争议有关的应付款项,因此结清证明不影响承包商对不一致金额提出索赔,前提是索赔已成为第 21 条[2]下的 DAAB 或仲裁程序的主题,这在第 14.12 条的最后一段中明确规定,该条款下的结清证明"……不应影响任何一方所享有的根据第 21 条'争议和仲裁'[3]正在进行的 DAAB 程序或仲裁的责任或权利"。

结清证明还可以规定,只有在承包商收到最终付款证书中的付款金额(红皮书和黄皮书)或最终报表中规定的总金额(银皮书)的全额付款(见下文第 10.5.5 节)和履约担保后,结清证明才生效。

最后,还插入一项默认条款,即如果承包商未能提交结清证明,则视为已提交,并在上述两个条件都满足时生效。

1999 版的三本合同书的第 14.12 条中规定的结清证明形式比 2017 版更简单。它仅规定,在提交最终报表时,承包商必须提交一份书面结清证明,确认该报表的总额代表根据合同或与合同有关的应支付给承包商的所有款项的全部和最终结算;并且结清证明可以声明在承包商收到履约担保和总额中尚未付清的余款后生效。

10.5.5　最终付款证书的签发或最终付款

2017 版红皮书和黄皮书第 14.13 条相同,规定了最终付款证书的签发;2017 版银皮书遵循相同的基本程序,但没有规定最终付款证书,而是规定了一份说明应付承包商金额的通知。

- **2017 版红皮书和黄皮书**

第 14.13 条规定,在收到商定的最终报表或部分商定的最终报表后 28 天内,工程师应签发最终付款证书,说明他公平地认可最终到期的金额,将雇主应付给承包商的任何余额记入贷方,反之亦然;或在部分商定的最终报表的

---

[1]　在 2017 版的某些印刷版中,此处提及的是第 21.6 子条款(专门涉及仲裁),而不是一般的第 21 条;菲迪克已在勘误中纠正了这一错误。

[2]　见下文第 16.2 节。

[3]　因此,如果承包商在根据第 14.12 条的规定解除合同时,实际上并没有放弃任何未商定的索赔,那么在提交部分商定的最终报表阶段,承包商就应该对任何未商定的索赔启动 DAAB 程序,这一点非常重要。

情况下,根据第14.6条签发期中付款证书。任何受DAAB或仲裁程序约束的索赔(与根据第14.12条给出的结清证明一致)将留待解决。

如果承包商在根据第14.11.1条提供的履约证书签发后56天内未提交最终报表草案,则第14.13条还规定了违约情况。在这种情况下,工程师要求承包商这样做,但如果承包商未能在28天内这样做,工程师将按照他认为合理的应付金额签发最终付款证书。

如果承包商未能提交部分商定的最终报表,在工程师认为承包商提交的最终报表草案是部分商定的最终报表的情况下,工程师仍应按照第14.6条的规定签发期中付款证书。

- **2017版银皮书**

如上所述,相同的基本程序适用于2017版银皮书第14.13条下的最终付款,但雇主不是签发最终付款证书,而是发出通知,说明应付给承包商的金额。

该通知应在雇主收到最终报表或部分商定的最终报表以及第14.12条规定的结清证明后28天内发出。通知的内容需表明:

(a)雇主公平地考虑最终到期的金额,包括根据第3.5条或合同或其他条款的协议或决定已到期的任何增加和/或扣除金额。

(b)在将雇主先前支付的所有款项和雇主有权获得的所有款项贷记给雇主,以及在承包商支付他之前支付的和/或雇主根据履约担保收到的任何款项贷记给承包商之后,雇主应支付给承包商的金额,反之亦然,同时应提供详细的证明材料。

第14.13条的第二段规定了承包商未能在第14.11.1条规定的56天内提交最终报表草案的情况。在这种情况下,雇主将要求承包商这样做,如果承包商未在28天内提交报表草案,则在接下来的28天内,雇主应向承包商发出通知,说明最终付款,并附上详细信息。

与红皮书和黄皮书类似,第14.13条最后一段规定了在承包商已提交部分商定的最终报表或此类报表被视为已提交的情况下的期中付款。如果雇主准备将提交的最终报表草案视为部分商定的最终报表(区分确定商定的金额、估计的金额和不同意的金额),则此类报表将被视为已提交。当承包商已提交部分商定的最终报表或此类报表被视为已提交时,雇主应根据第14.7条中的时间表向承包商支付期中款项。

10.5.6 支付

2017版的三本合同书中的第14.7条明确规定了雇主有义务在一定期限内支付核定金额（红皮书和黄皮书）或根据相关付款条款（银皮书）通知的金额。

• **2017版红皮书和黄皮书**

2017版红皮书和黄皮书第14.7条要求雇主向承包商支付：

(a) 在收到预付款证明后21天内或合同数据中规定的任何其他期限内支付预付款。

(b) 根据第14.6条，在工程师收到报表和支撑文件后56天内（或合同数据中规定的任何其他期限）确认的所有金额；或根据第14.13条，在雇主收到期中付款证书后28天（或合同数据中规定的其他期限）内确认的所有金额。

(c) 在雇主收到最终付款证书后56天（或合同数据中规定的其他期限）内确认的证书中的金额。

• **2017版银皮书**

2017版银皮书第14.7条与其他两本合同书的条款相似，但规定了不同的付款期限。雇主应向承包商支付：

(a) 在第14.2.2条规定的期限内（即在收到指定文件后的14天内）支付的预付款。

(b) 根据第14.6条，在56天内或合同数据中规定的任何其他期限内，或根据第14.13条在收到部分商定的最终报表后的42天内或合同数据中可能规定的任何其他期限（如果没有提交，但最终报表草案被视为部分商定的最终报表，则在雇主收到草案后84天内）支付。

(c) 根据第14.13条的规定，在56天内或合同数据中规定的其他期限内，在雇主(ⅰ)收到最终报表之后（如果没有收到，并且第14.13条第二段适用①，则在雇主发出最终付款通知的14天之后）；(ⅱ)收到（或承包商被视为已发出）第14.12条规定的结清证明之后支付。

三本合同书的第14.7条的最后一段均规定，以每种货币支付的应付金额将存入承包商在付款国指定的银行账户，并以合同中规定的相关货币进行支

---

① 见上文第10.5.5节。

付。第14.15条规定合同价格应以合同数据中指定的一种或多种货币支付，并提供了在指定一种以上货币的情况下进行付款的详细信息。

10.5.7 延误的付款

菲迪克两个版本的三本合同书中，都根据第14.7条对雇主延迟向承包商付款的行为进行处罚。2017版的第14.8条规定了承包商有权获得融资费用，在延误期间按月计算未支付的金额。双方可在合同数据中自由商定计算这些融资费用的方法，除非另有说明，否则费用将高于下述利益的3%：(a)付款地点主要借款人支付货币的银行现行平均短期贷款利率；或（b）如果该汇率在该地点不存在，则为付款货币所在国的相同汇率；或（c）如果该汇率在任何一个地方都不存在，则采用支付货币国家的法律确定的适当汇率。因此，适用的税率为上述(a)，或默认为(b)，或默认为(c)项的3%以上。这与1999版形成鲜明对比，根据第14.8条，除非在专用条件中另有说明，否则唯一规定的利率是支付货币国家中央银行贴现率3%以上的利率。

2017版第14.8条第二段规定，承包商有权在不损害任何其他权利或补救措施的情况下获得融资费用，更重要的是，无需提交报表或任何形式的通知，特别是包涵了遵守第20.2条有关费用和/或工期延长的索赔的要求。这是对1999版的重大改进，后者仅规定承包商"……无需正式通知"即可获得融资费用。这就导致承包商不清楚是否仍需在规定的28天内根据第20.1条发出索赔通知，或者是否失去其获得融资费用的权利，还是仅仅意味着支付融资费用的合同义务不需要任何特别通知。新的第14.8条明确规定，承包商无需对应计融资费用提出索赔（或发出任何通知或报表），即可获得这些费用。

10.6 雇主责任的中止

菲迪克合同的两个版本都规定雇主对承包商的责任仅限于最终报表（或2017版中的部分商定的最终报表）和竣工报表中根据第14.10条明确要求的金额，但签发接收证书后发生的事项除外。这是为了防止在项目结束时进行最终结算之后继续无限期地提出额外付款的潜在索赔。

因此，2017版的三本合同书第14.14条的第一段规定，雇主不因"合同项下，或与合同或工程实施相关的事项或事物"对承包商承担责任，除非承包商已在最终报表或部分商定的最终报表中明确为其包含了相应的金额,或已在根据第14.10条制定的竣工报表中明确了金额(签发接收证书后发生的情况除外)。

这一表述与1999版的第14.14条第一段相似(除了2017版提到了部分商定的最终报表)。然而,2017版继续明确规定了最终付款证书(红皮书和黄皮书)或最终付款(银皮书)之后的时期,并给予承包商56天的期限,以便就证明或通知的款项提出索赔。因此,第14.14条第二段规定,除非承包商在收到最终付款证书副本或收到最终付款(银皮书)后56天内,根据第20.2条就最终付款证书下的一笔或多笔金额提出索赔,否则,承包商将被视为已认可此核定金额或最终付款。雇主除了支付最终付款证书(红皮书和黄皮书)项下的应付金额并将履约担保返还给承包商之外,不再对承包商负有任何责任。

在这三本合同书的两个版本中,上述对雇主责任的中止或限制受以下条件约束,即第14.14条不适用于限制雇主在赔偿义务下的责任,也不适用于雇主存在欺诈、重大过失、故意违约或轻率的不当行为的情况。

11 合同价格的变更和调整

建筑合同通常包含使雇主能够更改或变更最初商定的工程的条款。如果没有这些条款,雇主就不能未经承包商明确同意而改变工程。变更条款提供了一种机制来管理合同中的此类变更,而不是在雇主需要变更时对合同进行临时修改。

在菲迪克三本合同书的两个版本中,这种变更机制都是在第13条中规定的。新的第13条在保留了1999版的主要特点的同时,引入了更详细和大幅修订的指示变更程序,并就如何评估变更提供了指导;它还扩大了承包商可能反对变更的理由,并作出了某些其他重要的修改。这些将在下文中进行讨论。与1999版一样,2017版的第13条也涉及合同价格的调整,但不是由变更(如适用法律的变化)引起的。

11.1 变更

1999版的三本合同书的第13.1条规定,工程师/雇主可在签发接收证书之前的任何时候提出变更,可以通过指示或要求承包商提交建议书的方式提出。

2017版的第13.1条包含了相同的变更权的时间限制(在接收证书之前的任何时间),但让读者参考新的第13.3条,以了解如何启动变更的细节。新的第13.3条仍然规定了启动变更的两种相同的方式(指示或要求提交建议书),但提供了更为详细和规范的变更程序。

11.1.1 "变更"的含义

在1999版的黄皮书和银皮书中,"变更"被定义为"……根据第13条[1]规定,指示或批准的对雇主要求或者工程的任何变更"。在1999版红皮书中,该术语在第1.1.6.9条被定义为"……根据第13条规定,指示或批准的对工程的任何变更"。

2017版保留了这些不同的定义,只是省略了"……或批准"等词[2]。"工程"在2017版中被定义为"……永久性工程和临时性工程,或其中任何一项,视情况而定"[3]。"永久性工程"被定义为那些由承包商执行的永久性工程,"临时性工程"是指那些除承包商的设备外,在现场实施工程所需的工程[4]。

11.1.2 变更权:删减工作由他人执行

1999版中的第13.1条禁止变更,包括删减任何由他人进行的工作[5]。该禁令的目的是防止雇主在市场经济不景气时通过删减工作让替代承包商以较低的价格实施工程。在2017版本中普遍采用了同样的规定,但第13.1条现在规定,除了第11.4条规定的与承包商在接收后未能修复缺陷或损害有关的情况外,变更不包括由雇主或其他人执行的任何工作中的遗漏,除非双方另有约定。

因此,如果第11.4条适用(即承包商不适当地拖延补救第11.1条规定的缺陷或损害)或双方商定[6],变更可以包括"由雇主或其他人"执行的工作的遗漏。在后一种情况下,承包商可以要求赔偿可能因疏忽而造成的利润损失,以及他因此而遭受或将要遭受的其他损失或损害[7]。

---

[1] 黄皮书第1.1.6.9条/银皮书第1.6.6.8条。

[2] 黄皮书第1.1.88条/红皮书第1.1.86条/银皮书第1.1.78条。需要注意的是,在2017版黄皮书和银皮书的某些印刷版本中,"变更"的定义未提及雇主要求,因此"变更"显然被定义为对"……工程的任何变更,根据第13条被指示为变更"(因此与红皮书中的定义相同)。菲迪克已通过发布2017版黄皮书第1.1.88条和2017版银皮书第1.1.78条的勘误来纠正这一错误。

[3] 黄皮书第1.1.89条/银皮书第1.1.79条/红皮书第1.1.87条。这与1999版三本合同书中的定义相同。

[4] 1999版的定义与此类似。

[5] 见1999版黄皮书和银皮书第13.1条第一段/1999版红皮书第13.1条(d)项。

[6] 2017版黄皮书、银皮书和红皮书第13.1条第二段。请注意,红皮书第13.1条(ⅳ)目规定,变更可包括删减任何工作,除非该工作"……未经双方同意由他人实施"。尽管没有具体提及雇主,但本子条款中的"其他人"意在包括雇主,否则将与第13.1条第二段不一致。

[7] 见2017版黄皮书、银皮书和红皮书第13.3.1条(c)项。

一些评论家认为,明确允许双方同意删减由雇主或其他人执行的工程是多余的,因为双方总是可以同意这样做,而新条款没有增加任何内容。

虽然当事各方可能会商定临时性的修改,以允许合同所禁止的行为,但新条款并不多余,因为它明确地将所有商定的删减纳入了变更制度,并规定了在这种情况下如何对承包商进行补偿。新条款与合同的所有其他特点一样,都允许根据合同进行变更,而不是依靠工程进展中的临时协议(若有)。

11.1.3 承包商对变更的反对意见

两个版本的三本合同书都规定承包商可以根据某些特定的理由对变更提出异议,这一点在黄皮书和银皮书中的规定与红皮书的有些不同。

- 1999 版

在 1999 版的黄皮书中,承包商可以基于以下三个理由,通过立即通知工程师并提供详细信息来反对变更:

(a) 承包商不能轻易获得变更所需的货物。

(b) 会降低工程的安全性或适用性。

(c) 会对性能保证表的实现产生不利影响[1]。

1999 版银皮书确定了基本相同的三个理由,只是第三个理由是指对实现履约担保(而不是性能保证表)产生不利影响[2]。

1999 版红皮书只有一个反对理由,即承包商不能轻易获得变更所需的货物(即其他两本合同书适用的三个理由中的第一个),反映了红皮书中承包商的相对有限的设计责任[3]。

- 2017 版

2017 版黄皮书和银皮书第 13.1 条规定了五个反对理由。承包商应受第 13.3.1 条规定的每项变更的约束,并应尽快执行,不得拖延,除非承包商立即通知工程师/雇主,说明情况(并附有支撑细节):

(a) 考虑到雇主要求中描述的工程的范围和性质,变更的工程是不可预见的。

---

[1] 见第 13.1 条第二段和第 1.1.1.10 条。

[2] 见第 1.1.1.5 条。这在很大程度上是术语的差异,而不是实质上的差异。1999 版银皮书中的履约担保相当于 1999 年黄皮书中的保证表,见第 9.1 条(2017 版银皮书和黄皮书在说明相应的反对理由时都提到了性能保证表)。

[3] 第 13.1 条第二段。

（b）承包商不能轻易获得变更所需的货物。

（c）变更将对承包商履行第4.8条规定的健康和安全义务和/或第4.18条规定的保护环境义务的能力产生不利影响。

（d）将对性能保证表的实现产生不利影响。

（e）该变更可能对承包商完成工程以使其符合第4.1条规定的预期目的的义务产生不利影响。

在2017版红皮书第13.1条第二段中列出了三个反对理由。与黄皮书和银皮书一样，承包商受第13.3.1条规定的每项变更的约束，并且必须尽快、毫不拖延地执行，除非承包商立即向工程师发出通知，说明（并附有支撑细节）以下反对理由之一：

（a）考虑到技术规格书中描述的工作的范围和性质，变更的工程是不可预见的。

（b）承包商不能轻易获得变更所需的货物。

（c）变更将对承包商履行第4.8条规定的健康和安全义务和/或第4.18条规定的环境保护义务的能力产生不利影响。

- **变更的工程"不可预见"**

2017版的三本合同书中的第一个反对理由是全新的，目的是在通用条件中限制变更的程度或范围。在专用条件中没有任何具体的限制，有时表示为中标合同金额或合同价格的百分比，根据1999版，承包商有可能被指示执行远远超出他在合同成立时所能预期的变更。管辖法律可能会施加限制[①]，但除此之外，变更的无限制性质可能会给承包商在资源配置、方案拟定和已经对其他项目作出的承诺方面带来实际困难。

为了在通用条件中向承包商提供一些保护，2017版使承包商在考虑到雇主要求（黄皮书和银皮书）或技术规格书（红皮书）中描述的工程范围和性质的情况下，能够对无法预见的变更工程提出反对意见。在2017版的三本合同书中，"不可预见"的定义是相同的，即"有经验的承包商在基准日期前无法合

[①] 例如，在普通法管辖区，承包商可能拒绝开展合同合理预期之外的额外工作，或要求在恢复性基础上为此类工作支付报酬：见 *Thorn v London Corporation* (1876) 1 AC 120 案和 *Blue Circle Industries Plc v Holland Trading Company (UK) Ltd* (1987) 37 BLR 40 (CA) 案。

理预见的"(即在提交投标书的最晚日期前 28 天)[①]。

- **承包商不能轻易获得货物**

2017 版的三本合同书共同提出的第二个反对理由是,承包商不能轻易获得变更所需的货物,"货物"的定义很广泛[②]。承包商并非完全无法获得执行拟议变更所需的物品,但他必须能够证明在获得这些物品方面会有重大困难或延误,并且通常应确定这些因素可能会对他执行变更的能力和整个工程的进展产生的影响。

- **对健康和安全义务和/或保护环境的不利影响**

2017 版的三本合同书中第三个共同的反对理由是,变更将对承包商履行第 4.8 条关于健康和安全的义务和/或第 4.18 条关于保护环境的义务产生不利影响。1999 版的黄皮书和银皮书规定,如果变更会降低工程的安全性或适用性,承包商可以提出反对意见,但在 2017 版的合同(包括红皮书)中,相应的反对理由表述得更加准确,涵盖对承包商履行第 4.8 条和/或 4.18 条规定的义务的所有不利影响。

虽然第 4.18 条本身并不是一个全新的条款,但在 2017 版的合同中,它可以作为反对理由,反映了对环境保护的高度重视。第 4.8 条比 1999 版合同的第 6.7 条更详细地规定了承包商的健康和安全义务,包括要求承包商准备并提交专门为工程、工地和承包商打算实施工程的其他场所准备的健康和安全手册。

- **对实现性能保证表或承包商的适用性义务产生不利影响**

2017 版黄皮书和银皮书中的这两条理由使设计-建造承包商有权提出反对,理由是该变更会对其实现性能保证表[③]的能力或履行其适用性义务(第 4.1 条)产生不利影响。

在 1999 版黄皮书和银皮书中,相应的反对理由是,变更将对实现性能保证表或履约担保(银皮书)产生不利影响。2017 版中(e)项提供的额外理由填

---

① 这偏离了 1999 版黄皮书和红皮书中"不可预见"的定义(1999 版银皮书中没有该术语),该定义将可预见性锚定在提交投标书的日期,而不是基准日期(见上文第 1.2.1 节)。
② 黄皮书第 1.1.44 条/银皮书第 1.1.39 条/红皮书第 1.1.44 条。
③ 性能保证表在两本合同书中的定义都是指合同明细表中规定的所有文件,这些文件显示了雇主对工程和/或设备或工程任何部分的履约所要求的担保,并说明了在未能获得任何履约担保的情况下应支付的适用履约损害赔偿。这样的明细表很可能被纳入黄皮书或银皮书中,且根据第 1.5 条的规定,其优先权与一般合同明细表的优先权相同。履约损害赔偿又被定义为因未能实现性能保证表中规定的设备和/或工程或其任何部分的保证履约而应向雇主支付的损害赔偿。

补了1999版中的空白,使承包商能够在第4.1条规定的适用目的的义务受到变更的不利影响时提出反对。

11.1.4 工程师/雇主的回应

在1999版合同中,工程师/雇主在收到承包商反对变更的通知后,有义务作出取消、确认或更改指示的回应。这三种选择在2017版的合同中得到了保留,在第13.1条的最后一段中规定,在收到承包商的通知后,工程师/雇主应立即发出通知,取消、确认或更改指示。这些确认或变更的任何指示将被视为第13.3.1条规定的指示。

因此,尽管承包商提出反对意见,工程师/雇主仍可确认变更指示;换句话说,工程师/雇主有最终决定权。但是,必须区分工程师/雇主可以确认变更指示的两种不同情况。

(i)首先,工程师/雇主可能认为承包商的反对意见不成立,例如,有关货物不容易得到。因此,可能会出现争议,需根据第20条和第21条处理[①]。

(ii)其次,工程师/雇主虽然接受承包商提出的反对意见,但可能认为这不足以成为不执行变更的理由,例如,虽然货物可能不容易得到,但还是可以得到的,工程师/雇主可能准备调整合同价格或根据第13.3条适当批准延长工期。

如果工程师/雇主认为承包商已经履行反对意见,那么很难想象工程师/雇主会简单地确认变更指示。例如,如果工程师/雇主同意变更会对承包商履行第4.1条规定的适用性义务产生不利影响,工程师/雇主在实践中可能会更改或取消该指示。如果他不这样做,管辖法律可能会免除承包商遵守或限制其对结果的责任,或者经确认的指示可能被视为改变了预期目的。

11.2 价值工程

11.2.1 1999版

1999版合同规定,承包商可在任何时候向工程师/雇主提交建议供其批

---

① 见下文第15.1节和第16.2节。

准,这些建议如果得到实施,将加速完工,减少雇主执行、维护或运营工程的成本,提高已完成工程的效率或对雇主的价值,或在其他方面对雇主有利。承包商应自费准备书面形式的建议书,并应包括工程的细节、对计划的影响以及第13.3条所要求的其他事项。

在诸如黄皮书和银皮书之类的固定价格合同中,承包商可能有一定的动机来提出价值工程建议,例如,这些建议可以使他在固定价格范围内实现成本效益,同时使雇主受益。1999版红皮书的起草者认为,需要通过在第13.2条(c)项中规定按50∶50[①]的比例分配影响永久性工程的设计方案所产生的利益,来激励这种重新计量合同下的承包商提出价值工程建议。如下文所述,2017版合同的一项重大变更是,它们现在都能使双方同意并在专用条件中分配被接受的价值工程建议所产生的利益。

11.2.2　2017版

2017版合同通过参考与1999版中相同的四个特点来规定价值工程。因此,根据第13.2条,承包商可在任何时候向工程师/雇主提交一份书面建议,如被采纳,该建议将(承包商认为):

(a) 加速竣工。

(b) 降低雇主执行、维护或运营工程的成本。

(c) 提高已完成工程的效率或对雇主的价值。

(d) 在其他方面对雇主有利。

与1999版一样,该建议书的准备费用由承包商自行承担,并且承包商应在第13.3条中包括变更程序所需的详细信息,特别是第13.3.1条有关通过指示处理变更的规定(见下文第11.4.1节)。

根据2017版的三本合同书中的第13.2条(最后一段),如果双方商定并得到适当指示,按照在专用条件中可能商定的任何内容,工程师/雇主应考虑分摊(若有)因建议而产生的利益、成本和/或延误。因此,2017版的三本合同书都规定,所有此类利益、成本和/或延误的分摊将按照专用条件中的规定(若有)进行,而红皮书不再包含这方面的任何特殊条款。这可以被认为是对1999版合同的改进。

---

① 见1999版红皮书第13.2节第三段。

此外,第13.2条还规定了工程师/雇主对价值工程建议作出答复的时间表。在收到建议后,工程师/雇主必须尽快作出回应,发出通知说明其是否同意该建议。此外,承包商在等待答复时不得拖延任何工作。如果工程师/雇主同意该建议,则应指示变更,并规定承包商在合理的情况下进一步提交详细信息。

与1999版一样,2017版的红皮书明确规定承包商负责工程师同意的方案所涉及的永久性工程的所有部分的设计,除非双方另有约定(第13.2条最后一段)。

11.3 变更程序

如上所述,2017版合同遵循1999版的规定,规定了两种启动变更的方式,即通过指示,或通过要求承包商提供建议书。2017版的三本合同书中的第13.3条描述了这两种方式,而之前只是提到了这两种方式,并且比1999版更详细地列出了变更程序,包括各个步骤的时间表,并以默认条款作为支撑。该条款应与第3.5条(红皮书和黄皮书)或第3.4条(银皮书)结合阅读,其中第三段专门涉及变更指示和第3.7/3.5条[①]。

2017版的三本合同书中的第13.3.1条涵盖了通过指示进行的变更,第13.3.2条涵盖了通过征求建议进行的变更。

11.3.1 通过指示进行变更:第13.3.1条

与第13.3.2条一样,第13.3.1条受第13.1条约束,规定了变更的权利,包括承包人反对变更指示的权利。

工程师/雇主根据第3.5/3.4条发出变更通知,说明所需的变更(并说明成本记录的所有要求),从而启动变更。如上文第3章所述,第3.4/3.5条提出了一项新的要求,即如果要适用第13.3.1条规定的变更程序,构成变更的指示必须明确说明该指示为变更。

- **未说明是变更的指示**

如果指示没有说明其为变更,但承包商认为它:

[①] 如上文第3.2.3节所述,在2017版银皮书中,雇主应通过雇主代表或根据第3.2条(见上文第3.2.1节)获得适当授权的助理发布指示,包括变更指示。

(a) 构成变更(或涉及已经是现有变更一部分的工作)。

(b) 不符合适用的法律或会降低工程的安全性或在技术上是不可能的。

则承包商必须立即且在开始与指示相关的任何工作之前,向工程师/雇主发出通知[①],并说明理由。如果后者在收到该通知后 7 日内未作出回应,发出确认、撤销或更改该指示的通知,则视为其已撤销该指示;否则,承包商应遵守工程师或雇主的答复条款并受其约束。

要求承包商认为某项指示构成变更时立即发出通知的目的是避免在 1999 版合同中经常出现的情况,即指示是否构成变更的问题被推迟到以后。2017 版的观点是,要求工程师或雇主明确说明指示是否构成变更,并至少在一定程度上对出现的指示是否实际上构成了变更提出任何疑问,从而更好地管理项目。然而,这可能有不足之处。特别是根据 1999 版,承包商通常会根据第 20.1 条在发出索赔通知的同时继续实施工程,而 2017 版的合同要求在承包商开始有争议的工作之前处理该问题。这可能导致工程延误或中断,而 1999 版合同中可能不会出现这种情况。但是,工程师/雇主答复的 7 天时限和承包商在及时给出答复条款的情况下遵守答复条款的义务,减轻了这一要求的影响,可被认为达到了适当的平衡。

- **指示构成变更**

如果指示构成变更,则适用第 13.3.1 条,根据第 13.1 条提出反对的权利,承包商应继续执行变更,并在收到指示后 28 天内或双方同意的更长时间内,提供 (a)至(c) 项中列出的详细信息。

三本合同书中的 (a) 项要求承包商提供对已执行或将要执行的不同工程的描述,包括已采用或将要采用的资源和方法的详细信息;(b) 项要求承包商提供一份执行计划及其对计划的必要修改和完成时间的建议。

2017 版黄皮书和银皮书中的第 13.3.1 条的 (c) 项与红皮书中的有所不同。

在 2017 版黄皮书和银皮书中,第 13.3.1 条 (c) 项要求承包商提交其调整合同价格的建议,并附上支撑细节。该项专门处理构成变更的部分或全部工程的删减,此处的表述类似于 1999 版红皮书第 12.4 条的 (a) 项和 (b) 项。它规定,(a)如果承包商已经产生或将产生费用,如果该工程没有被删减,

---

① 请注意,在 2017 版银皮书第 3.4 条最后一段中,明确允许双方约定 7 天以外的答复期限。

该费用将被视为已接受合同金额（黄皮书）或合同协议中规定的合同价格（银皮书）的一部分；(b)如果删减的工程已经或将导致这笔款项不构成合同价格的一部分，则该费用可包含在承包商的建议书中，但需要明确该费用。因此，承包商能够索取本应构成合同价格的一部分的成本项目，如果这些项目没有被删减的话。

2017版红皮书第13.3.1条（c）项也要求承包商提交调整建议，要求承包商按照第12条对变更进行估算，包括确定所有估计数量，但这些规定没有纳入黄皮书和黄皮书中。至于删减，第12.4条规定承包商的提议应包括成本项目，如果没有删减，这些成本项目本应包括在已接受的合同金额中并构成合同价格的一部分。根据红皮书（c）项，承包商还应在其建议书中详细说明由于对竣工时间进行必要修改而产生或将产生的任何费用以及他认为有权获得的额外付款（若有）。

在2017版的三本合同书中，第13.3.1条（c）项的最后一句允许承包商在其调整建议中包含由于双方商定可由他人进行的工作产生的遗漏而造成的所有利润损失，以及承包商已经遭受或将遭受的其他损失或损害。

- **协议或决定**

在2017版的三本合同书中，一旦承包商提交了上述第13.3.1条（a）、(b)和（c）项要求的详细信息，以及可能需要的任何其他详细信息，工程师/雇主代表将根据第3.7/3.5条继续同意或确定到期的工期延长和/或对合同价格和付款时间表的调整。就第3.7.3/3.5.3条规定的时限而言，工程师/雇主代表收到承包商根据上述第13.3.1条（a）至(c)项提交的详细信息的日期（包括要求的更多细节）将被视为根据第3.7.3/3.5.3条达成协议的期限的开始日期[①]。

2017版合同明确规定而在1999版中为隐含的内容是，承包商有权根据第3.7/3.5和第13.3.1条延长工期和/或调整合同价格，而无需遵守与费用和/或工期延长索赔有关的第20.2条[②]。

- **第13.3.1条评估变更**

2017版黄皮书和银皮书中的第13.3.1条规定了根据指示评估变更。如

---

① 第13.3.1条第四段。
② 见红皮书第13.3.1条最后一段/黄皮书和银皮书第13.3.1条第四段。

果合同中未包含费率和价格表,则对合同价格和付款计划的调整应从实施工程的成本加利润中得出。如果合同中包含费率和价格表,则第13.3.1条规定了进行调整的规则。

所列出的费用还应包含在调整达成协议或确定之前的期中付款。在协议或决定之前,工程师/雇主将评估期中费率或价格,以用于期中付款证书/期中付款。

2017版红皮书第13.3.1条的最后五段没有像其他两本书那样规定调整价格或付款时间表(若有)的规则,而是在第13.3.1条(ii)目要求工程师在同意或确定根据第3.7条进行调整时,考虑第12条,使用各种工程的测量数量,对价格进行正确调整。

11.3.2 由于变更而要求提供建议书:第13.3.2条

工程师或雇主可能希望改变工程,例如增加设备的产量,但不能简单地指示变更以达到该目的;相反,根据这三本合同书的两个版本,工程师或雇主可以要求承包商提供一份可供考虑的建议书,然后再指示相关变更。

第13.2条在1999版的三本合同书中的表述基本相似,并规定了获取和回复承包商建议的简单程序。建议书应包含所需工作的详细信息、实施方案、对整体计划的影响以及可能需要对合同价格进行的调整。工程师或雇主在收到建议书后应尽快作出答复,包括批准、不批准或提出意见,承包商在等待答复期间不应延误任何工作。如果工程师或雇主批准该提议,将发出变更指示。

2017版的三本合同书的第13.2条也基本相同。它规定了比1999版更详细的程序,并填补了一项重大空白。如果工程师或雇主拒绝继续进行,1999版的合同没有规定承包商可以收回其在准备建议书时产生的所有费用,而这在2017版合同中得到纠正。

· 程序

根据2017版的第13.3.2条,工程师/雇主可以在指示变更之前通过向承包商发出描述拟议变更的通知来请求建议,然后承包商必须尽快通过以下任一方式作出回应:

(a) 提交建议书,包括第13.3.1条(a)至(c)项中描述的事项(见下文第11.4.1节)。

(b) 如果承包商不能遵守,应参照第13.3.1条(a)至(e)项中的规定提出反对理由(见上文第11.2.2节)。

如果承包商提交建议书,工程师/雇主必须在收到建议书后尽快作出回应,发出通知,说明他是否同意。承包商在等待回复期间不得延误任何工作。

如果工程师/雇主同意该提议,他将指示变更,然后承包商将提交合理要求的所有进一步细节。然后,工程师/雇主代表必须根据第3.7/3.5条同意或决定延长工期,和/或根据第13.3.1条(第三段)同意或决定调整价格。

如果工程师/雇主不同意该建议,但承包商在提交该建议时产生了费用,承包商可以要求支付该费用。

因此,该程序遵循1999版中的主要步骤,但要求所有请求均以通知的方式进行,并且承包商的回复也以通知的方式进行。与1999版一样,对于承包商对要求的回复,或工程师或雇主自己的回复,均未规定具体的时间限制,仅要求各方在切实可行的情况下尽快作出回应;这被认为在程序中提供了必要的灵活性。但1999版中规定,承包商在等待工程师或雇主的回应时不得延误任何工作。

2017版交叉引用了第13.3.1条以了解承包商建议书中所需的细节,而不是像1999版第13.3条第一段中给出的一般性描述,并且2017版也适用于承包商根据第13.1条要求对变更提供建议书而享有的反对权利。这无疑是对早期版本的一个重要改进,因为承包商现在可以根据第13.1条相同的理由提出要求,如果他认为提出建议的请求将导致指示,例如,如果他认为提议的变更会对他履行健康和安全或环境义务的能力产生不利影响。

11.3.3 变更程序的新应用

这里应该注意的是,2017版将第13.3条的变更程序应用于许多其他情况。例如,第13.3.1条适用于2017版黄皮书承包商为纠正第1.9条规定的雇主要求中的错误、故障或缺陷而必须采取的任何措施;或适用于黄皮书或红皮书中的承包商为纠正雇主根据第4.7.3条提供的参考项目中的错误而被要求采取的相应措施。

在2017版的三本合同书的第8.7条中,第13.3.1条的程序也适用于工程师或雇主指示承包商修改其工作方法或加快进度,以减少因承包商根据第8.5条有权要求延长工期而造成的延误;也适用于承包商修复因第17.2条

(a)至(f)项中所列的所有与工程照管责任有关的事项而造成的损失或损害[1]。

如果根据第13.6条(见下节)的法律变更而对工程的实施进行必要的更改,工程师/雇主可以根据第13.3.1条给出指示,或者根据13.3.2要求提出建议。

11.4 合同价格的其他调整

2017版中的第13.4和13.5条以类似的条款规定临时款项和日常工作。第13.6和13.7条分别涉及法律变更和成本变化的调整,并在下文详述。

11.4.1 法律变更调整

第13.6条规定法律变更的调整,并且与1999版一样,规定承包商能够要求工期延长和/或要求支付因此类变更而产生的额外费用。应该注意的是,2017版合同中,承包商必须根据第20.2条就任何此类延期或付款提出索赔(正如1999版中承包商也必须这样做一样),尽管如上所述,第13.3条的程序适用于由于法律变更所必须对工程实施进行的任何变更。因此,在后一种情况下不需要索赔,但承包商必须立即通知工程师/雇主,并附上支撑细节,工程师/雇主可以指示变更或者要求提出建议。

如下文更全面的描述,2017版与1999版相比的一个重大变化是,如果法律变更导致成本降低,雇主可以要求降低价格。还需要注意的是,如果由于法律变更而需要对工程实施进行变更,雇主不必等到承包商通知变更,而可以自行发出通知,然后指示变更或要求提出建议。

• 第13.6条

第13.6条在2017版的三本合同书中基本相同,并大幅修改了1999版第13.7条中的对应条款。相关的法律变更可能是"国家"法律的变更,即永久性工程将要实施的地点(或大部分地点)所在的国家/地区的法律变更,包括引入新的法律和现行法律的修改或废除,或司法或政府官方对这些法律的解释

---

[1] 见下文第13.3.1节。

或实施的变更。此外，变更可能是雇主或承包商根据第 1.13 条①获得的任何许可、允许、执照或批准的变更，或承包商根据第 1.13 条获得这些相关文件的要求的变更。

如果在基准日期之后作出和/或正式公布相关变更，并影响承包商履行其在合同项下的义务，承包商可以根据第 13.6 条要求延长工期和/或要求支付其由于延误或成本增加而产生的费用。同样的，如果成本降低，雇主可以要求降低合同价格。

最后，第 13.6 条规定，由于法律的任何变更，需要对工程的实施进行调整的情况下，承包商应立即通知工程师/雇主，反之亦然，并提供支撑细节②。

然后，工程师/雇主将根据第 13.3.1 条指示变更或根据第 13.3.2 条要求提出建议。

- **与 1999 版对比**

与 1999 版相比，第一个重要变化是，如上所述，2017 版规定由于法律变更而对合同价格进行了上调或下调。在任何一种情况下，都必须就增加或减少提出索赔。

第二个重要变化是"法律变更"在 2017 版中有了更详细的定义，以涵盖第 13.6 条中列出及上文总结的任何变更。在 1999 版中，第 13.7 条适用于永久性工程实施地所在国家（即施工地或大部分工程所在的国家/地区）③的法律变更，包括引入新法律，废除或修改现行法律，或修改其司法或政府官方对这些法律的解释或实施的变更。2017 版涵盖了国家法律的变更④，但也包括雇主或承包商根据第 1.13 条[(c) 项]获得的许可、允许、执照或批准的新类别和/或承包商根据该条款获得的许可和/或批准的要求[(d) 项]。此外，在这些情况下，变更不仅限于国家法律，也应包括项目所在司法管辖区的法律。

前文已经提到了第三个重要变化，即 2017 版适用一个单独的程序，具体取决于承包商是否希望获得因变更而产生的额外时间和/或成本的补偿，雇

---

① 见上文第 2.7 节。
② 请注意，在 2017 版黄皮书和银皮书的某些印刷版本中，第 13.6 条第四段可能暗示，只有在工程师/雇主通知对工程进行必要变更的情况下，才需要提供证明细节；菲迪克发布的勘误已纠正了这一误导性表述。
③ 参见 1999 版中第 1 条"国家"的定义。
④ (b)项提及司法或政府官方对此类法律的解释或执行，如 1999 版合同。

主是否希望从降低成本中受益,或工程实施的变化是法律变更所要求的。

在前一种情况下,第 20 条下的索赔程序适用(对承包商和雇主双方);而在后一种情况下,第 13.3 条下的变更程序适用。在 1999 版中没有这样的区别,承包商仅有权根据第 20.1 条要求因变更(国家法律)而延长工期或要求支付额外费用。

与 1999 版一样,2017 版中的第 13.6 条确定了评估基准日期更改的相关日期,即更改必须发生在基准日期之后,2017 版添加了"在基准日期之后更改和/或正式发布"的细节,而在 1999 版中,更改只能在该日期之后"进行"。

11.4.2　因成本变动调整

1999 版的黄皮书和红皮书在第 13.8 条中包含了一个复杂的公式,用于根据劳动力、货物和其他工程投入成本的上涨或下降而调整向承包商支付的相关款项。在 1999 版银皮书中,可以对此类上涨或下跌进行调整,但这些调整应根据各方可能在专用条件中约定的条款进行计算。

2017 版广泛采用银皮书的方法,在通用条件中不设置任何公式,而是在专用条件中引用成本指数化附表(若有),其中各方已同意他们自己选择的公式。2017 版的三本合同书中的第 13.7 条基本相同,并规定根据这些附表和某些规则进行调整,例如,包括调整用以支付的货币,或承包商未能按期完工,应如何处理。

12 终止和暂停

两个版本的菲迪克合同都阐述了双方终止合同的特定权利,并规定了合同终止后的付款和其他后果。这些合同权利和后果应与一方根据管辖法律终止合同的权利区别开来。例如,在普通法体系中,违反合同是根本的、触及合同"根源"或表明了不受合同约束的意图,可使另一方有权终止合同,并要求损害赔偿①。无辜方除了在合同某些特定条款下有权终止合同外,还享有这一权利。

两种版本的菲迪克合同的第15.2条都列出了使雇主有权终止合同的承包商违约清单②。雇主也会出于自身目的希望终止合同,通常是由于项目不再可行或其他外部原因。"为了自身便利"而终止合同的权利在两版合同的第15.5条中都有规定,并且是雇主的专有权利。

在菲迪克合同的两个版本中,第15.2条规定,雇主根据该条款终止合同的权利不损害其根据合同或其他条款享有的任何其他权利。因此,如果管辖法律允许,除第15.2条规定的理由外,雇主可以根据一些其他理由终止合同;其在合同终止时获得补偿或其他救济的权利可以比合同中规定的范围更广。两个版本的第16.2条的规定对承包商均适用。

如果第16.2条规定的理由适用,承包商可终止合同,但有一个例外情况③,这些理由涉及雇主的某种违约行为。根据管辖法律,承包商可能有其他

---

① *Heyman v Darwins Ltd* (1942) AC 356 案;*Johnson v Agnew* (1980) AC 367, 373 案.

② 除这些理由外,根据1999版合同,雇主有权根据第9.4条(b)项(未能通过竣工测试)和第11.4条(未能补救缺陷)终止合同;任何一方均有权根据第19.6条(选择性终止、付款和解除/不可抗力)和第19.7条(根据法律解除履约)终止合同。在2017版中,第9.4、11.4、18.5和18.6条分别保留了这些理由。

③ 根据第8.12条(6)项[第16.2条(h)项理由],长期停工影响到整个工程(但不属于承包人的责任)的情况除外。除第16.2条规定的理由外,根据1999版合同,承包商还有权根据第19.6条(选择性终止、付款和解除/不可抗力)和第19.7条(根据法律解除履约)终止合同。在2017版中,第18.5和18.6条分别保留了这些额外的理由。

终止合同的权利。

除了给予承包商终止合同的权利外,菲迪克两个版本的合同还赋予承包商在第 16.1 条[①]规定的特定情况下暂停工程的权利。根据管辖法律,承包商可能有其他暂停工程的权利。

12.1 雇主终止:因承包商违约

与 1999 版相比,2017 版包含了更多因承包商违约而导致雇主终止合同的理由,并对终止程序和终止后果做出了更详细的规定和一些修改。下面先讨论 1999 版。

• **1999 版**

1999 版的第 15.2 条在三本合同书中基本是相同的,仅 1999 版的银皮书比其他两本合同书少列一条承包商违约的终止理由。

在下列情况下,1999 版的红皮书和黄皮书赋予了雇主终止合同的权利[②]:

(a) 未能提供第 4.2 条要求的履约担保,或未能遵守第 15.1 条要求的整改通知。

(b) 放弃工程或以其他方式明确表明不打算继续履行合同项下的义务。

(c) 无合理理由未按照第 8 条的规定开展工程,或在收到通知后 28 天内未遵守第 7.5 条(拒绝工程)或 7.6 条(关于执行补救工作)的通知。

(d) 未经同意将整个工程分包或转让合同。

(e) 破产或资不抵债、进入清算、对其作出接收或管理命令,或发生其他特定的与资不抵债有关的行为或事件。

(f) 直接或间接给予或提议给予与本合同有关的若干特定的奖励或酬金,但对承包商人员的合法奖励和酬金除外。

如出现上述任何事件或情况,雇主可提前 14 天通知承包商终止合同,但如发生上述第(e)项和(f)项,雇主有权立即终止合同。

1999 版银皮书第 15.2 条与 1999 版其他两本合同书的不同之处仅在于,雇主如在 28 天后未遵守第 7.5 或 7.6 条规定的通知[红皮书和黄皮书中的

[①] 正如我们在前面第 7 章所看到的,根据两个版本的第 8.9 条,工程师/雇主都有权指示暂停施工。
[②] 与第 15.2 条中使用的分段字母相同。

(c)项(ⅱ)目],则无权终止合同。根据这些条款,承包商仍有义务弥补缺陷,并确保遵守合同,或遵守有关修复工作的指示,但这可能反映出合同管理人对银皮书合同下的工程实施的总体控制程度较低,雇主如果在红皮书和黄皮书规定的 28 天期限后仍未遵守规定,则无权采取终止措施。

12.1.1 终止理由:1999 版第 15.2 条

·(a)项:履约担保;整改通知

第 15.2 条(a)项所指的是未按照第 4.2 条提供所要求的履约担保,以及未能遵守第 15.1 条规定的整改通知的情况。第 15.1 条反过来规定如果承包商未能履行合同规定的义务,雇主可以通过通知要求承包商在规定的合理时间内弥补过失并予以补救。考虑到如果承包商在规定的合理时间内未遵守整改通知,雇主有权以通知的方式终止合同,不履行合同规定的"一切义务"对承包商来说可能导致极其严重的后果。在触发(a)项下的终止权之前,管辖法律可以通过某种重要性对"一切义务"加以限定[①];但根据本款规定,即使是承包商的一个微不足道的违约或失败,也可能触发终止权。如下所述,2017版对这一规定进行了修改,明确要求只有在承包商严重违反合同义务的情况下雇主才有终止合同的权利。

除了因未遵守整改通知而触发终止权利产生潜在的不确定性外,关于指定的合理时间也很可能存在不确定性。这是与 1999 版中使用的"合理"一词有关的一个普遍观点,这意味着合同管理人可以行使可能存在争议的判决。如下文所述,2017 版阐明了工程师/雇主在指定承包商补救过失或违约时应考虑的情况,在一定程度上减轻了这种潜在的不确定性。

·(b)项:放弃工程或以其他方式明确表明不再继续履行合同规定的承包商义务

第 15.2 条(b)项规定,如果工程已被放弃,或承包商以其他方式明确表明不打算继续履行合同规定的义务,则合同可以终止。因此,这一理由只适用于极端情况。可能很难确定工程是否已经被放弃,也就是不再从整体上继续

---

① 例如,参见英国高等法院在 *Obrascon Huarte Lain SA v Attorney General for Gibraltar* (2014) EWHC 1028 (TCC)[317]-[325]一案中的判决,在 1999 版黄皮书的背景下,第 15.1 条涉及承包商的重大违约行为,而是否为重大违约行为需要予以确认;承包商尚未构成违约的行为不足以判定为重大违约行为,如非实质性或无足轻重的失误、举动或遗漏。

实施工程,或者承包商是否"明确表明"不再继续履行合同义务的意图①。在根据本条款采取终止措施之前,谨慎的合同管理人可以考虑根据第15.1条就违约行为发出整改通知。

- **(c)项:未按照第8条进行;不遵守第7.5/7.6条通知**

第15.2条第(c)项(ⅰ)目规定在承包商"无合理理由"情况下未能按照第8条的规定实施工程时,雇主有权终止合同。如上文第7章所述,该条款明确规定承包商有义务以正当速度无拖延地实施工程。也就是说,"正当速度"意味着承包商在任何情况下都没有合理的理由拖延工程;但该条款强调了工程师或雇主在采取终止合同步骤前,确信承包商在无合理理由情况下未能保持进度的重要性②。

红皮书和黄皮书第15.2条(c)项(ⅱ)目规定,如果承包商在无合理理由情况下未遵守第7.5条规定的拒收有缺陷或不符合合同规定的设备、材料、设计或工艺的通知,或不遵守第7.6条规定,移走和更换不符合合同规定的设备或材料,或拆除和重新实施不符合合同规定的工程,以及实施工程安全迫切需要的工作,雇主有权通知终止合同。第7.5条和第7.6条是工程师在施工过程中控制工程质量的重要工具,其重要性体现在,如果承包商未遵守规定,且在违规时间达到28天的情况下,工程师有权终止合同;只有在该期限后,工程师才可以根据第(c)项(ⅱ)目的规定发出通知,在14天后终止合同。如上所述,此终止理由不适用于1999版银皮书。

- **(d)项:未经许可将整个工程分包或转让合同**

(d)项规定,如果承包商未经许可将整个工程分包或转让合同,则应终止合同。虽然没有明确提及,但本条款涉及的第1.7条和第4.4条分别禁止在未经雇主事先同意的情况下转让合同的全部或任何部分,以及分包整个工程。

- **(e)项和(f)项:腐败和破产**

(e)项和(f)项分别涉及腐败和破产问题,而且涉及范围很广。理解(f)项

---

① 见 Obrascon 案的判决,同前,第321页,其中至少根据英国法律对这一条款的解释进行了讨论。根据该判决,终止合同的理由必须与承包商的重大违约行为有关,而不是次要或不重要的违约行为。

② 同见 Obrascon 案的裁决,前引,第317~325页和第357~359页,为从英国法律角度解释这一条款提供了有益的指导。承包商支付违约赔偿金的责任与该条款规定的因未能迅速和毫不拖延地施工而终止合同的权利是截然不同的。与 Obrascon 案中考虑的其他终止理由一样,承包商必须有重大违约行为才有理由终止合同,轻微的违约或延误是不够的。

可能会特别困难,因为在实践中很难区分,对于合法诱因和奖励,雇主无权终止合同,而如果直接或间接地获得任何引诱或报偿,雇主有权终止合同。但是,通常可以起草专门处理腐败和贿赂问题的特别条件,尤其是在对这些事项有严格规定的司法管辖区[①]。

12.1.2 1999版第15.2条下的终止程序

如上所述,如果(a)项至(f)项所列的事件适用,则根据1999版,雇主可提前14天通知承包商终止合同,但如果(e)项或(f)项适用(腐败或破产),雇主可通知立即终止合同。

合同终止后,承包商应离开现场,并将要求的所有货物、承包商的所有文件以及由其或为其制作的任何其他设计文件交付工程师/雇主,此外承包商应尽最大努力立即遵守终止通知所列的关于分包合同转让、保障工程安全、保护生命和财产的一切合理指示。这显然是一项重要的附带条款,旨在最大限度地减少终止合同后对工程的干扰,并保障生命财产和维护安全。

雇主有权完成工程和/或安排其他公司完成工程,在这种情况下,雇主和这些公司可以使用承包商的任何货物,以及由承包商编制或者委托编制的文件和其他设计文件。同样,这项权利旨在最大限度减少合同终止对工程的干扰。上述相关内容使用后,雇主必须通知承包商,将承包商的设备和临时工程在现场或附近交付给他,承包商应立即安排将其运走,风险和费用自负。此条款的附带条件是,如果承包商未能向雇主支付应付款项,例如完成工程的额外费用[②],那么雇主有权出售承包商的设备和临时工程以收回该款项,该款项的余款应支付给承包商。

12.1.3 根据第15.2条终止后的估值和付款

1999版第15.3条规定,在第15.2条规定的终止通知生效后,工程师/雇主应按照第3.5条的规定,继续协议或决定工程、货物和承包商文件的价值,以及根据合同所实施的工程应付给承包商的其他款项。

---

① 例如,参见英国2010年《反贿赂法》,该法对各种不正当的金钱或其他利诱行为规定了严厉的惩罚措施,并且具有非常广泛的管辖权,允许与英国有联系的个人或公司受到起诉,而无论犯罪行为发生在何处。

② 根据第15.4条(c)项。

第15.4条规定,雇主有权不向承包商进一步支付任何款项,直到修补缺陷的费用、延误完工的损害赔偿和其他费用确定下来为止,雇主有权要求承包商赔偿他所遭受的所有损失或损害,以及从第15.3条规定的应付给承包商的款项中扣除完工所需的额外费用。

- **2017版**

与1999版合同不同,在2017版的三本合同书中,第15.2条的条款是完全相同的。因此,在2017版银皮书中,雇主可以使用和红皮书和黄皮书一样的承包商违约的理由终止合同。

不同于1999版的对应条款,2017版中的第15.2条将合同终止过程和终止后的程序分解为四个不同的子条款。第一个子条款第15.2.1条在雇主意图终止合同的通知和终止合同的通知之间进行了区分,这在1999版中是没有的。在各种情况下都必须声明通知是根据第15.2.1条发出的。该条款接着在(a)至(h)八项中提出了雇主有权发出这两种通知中的一种或另一种的情况。

根据第15.2.2条(见下文第12.1.5节)的规定,触发终止意向通知的作用是给承包商14天的时间,在发出终止通知之前纠正其不合规的行为。因此,承包商知道他的处境,并有机会在采取极端的终止步骤之前纠正其违约行为。与1999版合同相比,这是一个显著的改进。在1999版合同中,根据第15.2条,14天通知期结束后,未完全明确下一步要做什么。例如,如果承包商未能纠正违规行为,是否需要第二次通知。在2017版合同中,除了(f)、(g)和(h)项(见下文)外,第15.2.2条明确要求第二次通知。

2017版三本合同书的第15.2.1条规定了雇主有权发出终止合同意向通知,或在(f)、(g)或(h)项情况下,有权发出终止合同的通知,如果承包商[①]:

(a)未能遵守:(ⅰ)根据第15.1条发出的整改通知,或(ⅱ)根据第3.7条作出的有约束力的协议或最终且有约束力的决定,或(ⅲ)DAAB根据第21.4条作出的有约束力或最终且有约束力的决定,在任一情况下,未能遵守此类义务均构成承包商的重大违约。

(b)放弃工程或以其他方式明确表明不打算继续履行合同义务。

(c)无合理解释,未按照第8条的规定推进工程,或者如果合同数据规定

---

① 所使用的分项字母与2017版第15.2条相同。

了误期损害赔偿费的最高数额,承包商未按时完工将使雇主有权获得超过该数额的误期损害赔偿费。

(d) 无合理解释,在收到根据第 7.5 条规定发出的通知或工程师/雇主根据第 7.6 条(关于补救工程)的指示的 28 天内,拒绝实施相关工程。

(e) 未能遵守第 4.2 条关于履约担保的规定。

(f) 违反第 4.4 条将整个或部分工程分包出去,或未遵守第 1.7 条规定的需要获得同意才能转让合同的条款。

(g) 破产或资不抵债,或进入清算程序,或发生其他特定的破产行为或事件;或被重组;或在适用法律下发生类似或具有类似效果的任何行为或事件;或者,如果承包商是一家合资企业,若上述规定事项适用于其成员之一,而其他成员没有及时向雇主确认[根据第 1.14 条(a)项],该成员将按照合同的规定履行合同义务。

(h) 根据合理证据,在任一时间被发现有与工程或合同有关的腐败、欺诈、勾结或胁迫行为。

12.1.4　终止理由:2017 版第 15.2.1 条

· (a)项:通知纠正,协议/决定 和 DAAB 的决定

(a)项(ⅰ)目是指未遵守整改通知,因此与第 15.1 条有关,这一条款在 2017 版中进行了大幅修订。1999 版仅提及工程师/雇主有权在承包商未履行合同项下的任何义务时,通过通知要求承包商在规定的合理时间内对其违约行为进行补救,而 2017 版还要求工程师/雇主:(a)描述承包商的违约行为;(b)说明规定承包商有义务履行的合同子条款和/或条款;(c)规定承包商补救该缺陷的时间,该时间必须合理,并充分考虑到该缺陷的性质以及为补救该缺陷所需的工作和/或其他行动。

因此,关于整改通知的内容以及承包商有义务在规定时间内纠正错误的合理性,在 2017 版中提供了更多的细节。此外,对承包商还有一个新要求,即在收到整改通知后,应立即作出回应,向工程师/雇主发出通知,说明他将采取的补救措施,并说明他将采取这些措施的日期,以遵守整改通知中规定的时间。这将使承包商在早期就集中力量介入,并有助于确保承包商在规定的时间内纠正问题。

该版也明确规定整改通知中规定的时间并不意味着延长竣工时间。

除了提及未能遵守整改通知纠正外,2017版在1999版的第15.2.1条(a)项中增加了两个重要的终止理由,规定如果承包商:(ⅰ)未能遵守第3.7/3.5条规定的有约束力的协议或有最终约束力的决定;或(ⅱ)未能遵守DAAB根据第21.4条作出的裁定,则应发出终止意向通知,无论该决定是有约束力的还是最终有约束力的(如没有及时发出不满意通知[①])。这些条款加强了雇主在承包商未能遵守第3.7/3.5条的决定或DAAB裁定的情况下可获得的补救措施,受到许多合同使用者的欢迎。

根据2017版合同第15.2.1条(a)项规定,在正式发出终止意向通知之前,承包商的相关不合规行为必须构成对合同义务的重大违约。因此,如上文第12.1.1节所述,2017版合同消除了1999版合同中存在的不确定性,即雇主是否可以因承包商未能遵守发出的整改通知而终止合同,特别是在相关违约并不严重或不是重大违约的情况下。

- **(b)项:放弃工程或以其他方式明确表明不再继续履行承包商在合同项下的义务**

这和1999版一样。同样需要注意的是,在发出终止合同意向通知后,承包商有14天的纠正期。

- **(c)项:未按照第8条进行;超过最高误期损害赔偿费**

在1999版合同中,承包商在无合理解释情况下,未按照第8条推进工作也构成终止合同的理由,并在上文进行了讨论。然而,在2017版合同中增加了一个重要的附加理由,即雇主有权因承包商的延误获得超过合同数据中规定的最高数额(如有)的误期损害赔偿费。这项新规定为雇主提供保护,以防止无补偿的延误,这反映了在许多建筑合同中常见的修订。需要注意的是,该条款表述为"……如果承包商未能遵守第8.2条(竣工时间),则雇主有权获得超过最高数额的误期损害赔偿费"。因此,在适用本款之前,承包商须违反第8.2条,雇主才有权获得超过最高数额的误期损害赔偿费。如果双方不同意,雇主获得误期损害赔偿费的权利最终由DAAB决定或仲裁裁决确定,该裁决可通过延长工期将误期损害赔偿费降至最高数额以下。如果承包商要求延长工期,雇主可能倾向于不援引该终止理由,除非他确信承包商无权要求延长工期(或直到承包商的权利得到确定)。

---

① 见下文第16.2.6节。

- (d)~(f)项:未在28天内遵守第7.6条规定的拒收通知或工程师/雇主指示;未遵守第4.2条有关履约担保的规定;违反第4.4条进行分包或在无第1.7条规定的必要协议下进行转让

除(d)项不适用于1999版银皮书外,上述理由在1999版合同中同样适用,并已在上文讨论过。需要注意的是,根据(f)项理由,雇主有权根据第15.2.2条发出终止通知,而不是终止意向通知;其结果是,合同终止可立即发生,终止日期为承包商收到通知的日期(第15.2.2条)。这与1999版的合同不同,因为在未提供规定的协议情况下分包或转让合同不构成立即终止合同的理由,这与提前14天通知终止合同的模式不同。

- (g)项:破产或重组事件

2017版的终止理由与1999版的终止理由基本相同,只是2017版(g)项包含了作为触发通知事件的重组,而这在1999版中没有出现,此外,2017版对承包商为合资企业的情况作出了明确规定。在这种情况下,如果本条规定的任何事项适用于合资企业的任一成员,则其他成员必须向雇主确认受影响的成员将履行合同规定的义务,否则将适用(g)项规定。与(f)项一样,雇主可以发出终止通知,而不是终止意向通知。

- (h)项:腐败

本项比1999版的对应条款更短,但它提供1999版所没有的举证标准指导,即应根据"合理证据"发现承包商进行了特定的腐败活动。因此,合同明确规定,不需要排除合理怀疑或类似的更高的责任,而只需要合理的证据就可以让雇主依据这个理由终止合同。与理由(f)和理由(g)一样,如果理由(h)适用,则雇主可以发出终止通知,而不是终止意向通知。

12.1.5 终止:2017版第15.2.2条

如上所述,终止合同发生的情况如下:(a)承包商在收到第15.2.1条通知(即终止意向通知)后14天内未能对通知中所述事项进行补救,雇主在该期限届满后再次发出终止合同通知;(b)项理由,(f)、(g)或(h)项中的一项或多项理由适用,雇主已发出立即终止通知。在上述(a)情况下,终止日期为承包商收到第二份通知的日期;在上述(b)情况下,终止日期为承包商收到第15.2.1条规定的终止通知的日期。

12.1.6　2017版第15.2.3和15.2.4条下的终止程序

这些条款的程序与1999版第15.2条的程序基本相同。然而,2017版第15.2.3条规定,合同终止后,承包商应立即遵守雇主根据合同条款发出的关于分包合同转让和保护生命、财产或工程安全的通知中包含的所有合理指示;而在1999版的合同中,承包商的义务只是尽最大努力立即遵守有关分包合同转让和保护生命、财产或工程安全的所有合理指示。

12.1.7　第15.2条终止后的计价和付款

与1999版相比,2017版15.2条提供了更多终止后关于估价和付款情况的细节。

2017版合同第15.3条对即将进行的估价提供了指导,特别是根据第14.13条(a)和(b)项规定的事项,包括与签发最终付款证书/最终付款有关的所有增加、扣除和结欠余额(如有)[1],但不包括任何不符合合同规定的承包商文件、材料、设备和永久性工程的价值。

2017版合同第15.4条还更详细地规定了根据第15.2条终止合同后的付款情况。与1999版合同一样,雇主可以根据第15.3条扣留应付给承包商的款项,直到确定第15.4条规定的费用、损失或损害。这些规定与1999版合同大致相同,只是包括了清理、清洁和恢复场地等特定事项,并规定在竣工日期结束后,如果工程或分段工程尚未被移交而合同被终止,雇主可获得误期损害赔偿费;在这种情况下,误期损害赔偿费应按这两个日期之间的天数支付。这一条款填补了1999版合同中的一个重要空白,即当合同在工程接收之前被终止,但终止时间又在竣工日期之后时,雇主获得误期损害赔偿费的权利并不明确,因为根据第8.7条,获得误期损害赔偿费的权利参照接收证书中规定的日期确定。正如我们在前文第7章中看到的,该定义在2017版第8.8条和1.1.24条中仍然适用,但现在第15.4条为雇主填补了在合同终止时工程尚未被接收导致的误期损害赔偿费这一空白。

---

[1]　见上文第10.5.5节。

12.2　雇主终止：无理由终止

两个版本的第 15.5 条都规定雇主可以无理由终止合同,即在承包商没有任何过错的情况下终止合同。一般来说,如果雇主出于自身原因选择终止合同,2017 版为承包商提供的保护比 1999 版更多。

• 1999 版

在 1999 版的三本合同书中,为方便起见,雇主有权通过向承包商发出终止通知而终止合同,该终止通知应在承包商收到通知或在履约担保返还给承包商这两者中较晚的日期后第 28 天生效。对雇主无理由而终止合同权利的唯一限制是,雇主不能因自己施工或安排其他承包商施工而终止合同。

合同终止后,承包商(根据第 16.3 条)应停止工作,移交文件、设备、材料和其他已收到款项的工程,并将其设备移出现场。在 1999 版中,因不可抗力原因而终止合同,承包商将根据第 19.6 条获得与选择性终止、付款和解除有关的报酬。关于此项付款的一项重要删减是:在雇主终止合同之日,承包商若未按合同执行剩余工作,或因终止合同而产生其他损失或损害,其不得获赔任何利润损失。这通常被承包商认为是不当的,他们质疑为何承包商在合同因后续不可抗力事件而终止和在雇主出于自身目的终止合同时在赔偿方面是一样的。正如我们现在看到的,2017 版合同实质上改变了这一规定。

• 2017 版

2017 版合同第 15.5 条更详细地规定了雇主无理由而终止合同的权利,并给予承包商比 1999 版合同中更多的保护,但不再禁止雇主自身或让另一个承包商为开展工程而终止合同。这一禁止情况现已在 2017 版合同中删除。然而,根据第 15.6 条,承包商有权获得因终止而遭受的利润损失和其他损失或损害。此外,根据第 15.5 条,雇主无权实施工程的任何部分或安排其他公司实施工程的任何部分,直到承包商收到第 15.6 条规定的应付款项。当雇主意图由自身或由另一承包商继续工程时,这一条款加强了承包商收到款项的能力,但条件是雇主现在被允许采取这种方式。然而,在许多情况下,1999 版禁止雇主自行或聘请其他承包商来开展剩余工程,在承包商看来这并不十分有效,因为在实践中往往难以确定雇主终止合同的意图是否是为了让自身或另一个承包商完成工程,或者,例如,当雇主发现自己所处的财务状况紧张,必须停工相当长的一段时间,直到有了资金后才能与另一个承包商恢复工程。2017版合同取消了原来的禁止情况,增加了更大的确定性,允许雇主做之前版本禁止做的事情,但前提是确保承包商首先得到款项。

如上所述,雇主无理由终止合同不仅包含在2017版的第15.5条中,其他条款同样包括,特别是第15.6和15.7条。这三个条款一起以一种更为结构化的方式规定了雇主无理由终止合同的权利及其后果。

12.2.1　2017版第15.5条

根据第15.5条,雇主必须发出根据第15.5条明确规定的终止通知,并在发出通知后立即:

(a) 除了已给承包商付款的文件,不再使用其他应退还给承包商的文件。

(b) 在雇主要求或根据第4.6条(红皮书)技术规格书中的规定,失去承包商设备、临时工程、通道安排和其他设施或服务的相关使用权。

(c) 安排向承包商退还履约担保。

在承包商收到终止通知或雇主返还履约担保两者中较晚日期后的第28天,终止生效。如上所述,除非承包商收到第15.6条规定的应付款项,雇主自己不得就工程的任何部分进行施工,也不得安排其他人施工。合同终止后,承包商应按照第16.3条的规定推进工作,包括停止继续施工及交付承包商的文件、设备材料和其他已收到款项的工程,并离开现场[①]。

12.2.2　2017版第15.6和15.7条

在雇主无理由终止合同的情况下,第15.6条规定确立了合同终止后承包商的财务权利。在切实可行的情况下,承包商应尽快提交在终止日期时已完成的工程价值的详细证明资料,包括第18.5条[②]和第14.3条[③]所述事项,以及承包商因终止而遭受的任何利润损失或其他损失和损害的金额。然后,工程师或雇主代表应根据第3.7/3.5条的协议或决定进行处理,工程师应就协议或决定的金额出具付款证书,或雇主(银皮书)支付协议或决定的金额,在每种情况下,都不需要承包商根据第14.13条提交报表。

---

① 见下文第12.4.6节。
② 见下文第14.5节。
③ 见上文第10.5.1节。

然后,第15.7条规定,在承包商根据第15.6条提交已完成工程的价值、利润损失或其他损失和损害的详细资料后的112天内,雇主应向承包商支付第15.6条(红皮书或黄皮书)规定的付款证书中已经证明的或经雇主代表协议或决定的金额。这改进了1999版的规定,因为它给出了协议或决定金额的明确支付时间,而根据1999版第15.5条,雇主只需在"本合同终止后"向承包商支付第19.6条规定的应付金额。

12.3 承包商的暂停权

两版菲迪克合同中的第16.1条均规定承包商有权因雇主违约的特定事件而暂停工程。在2017版的红皮书和黄皮书中,在四种情况下允许承包商停工,具体见(a)至(d)项。而在1999版合同中,只有在雇主未能遵守第2.4条规定履行提供其财务安排细节的义务或未能遵守第14.7条规定付款时间的情况下,才允许承包商停工。由于该合同下不存在付款确认程序,2017版银皮书中规定了三种情况。

在这两种版本中,承包商在行使停工权之前,必须提前21天通知雇主。在2017版的合同中,声明通知必须是根据第16.1条发出的。此外,在这两种版本中,承包商可以减缓工程进度,而不是完全暂停工程,直到雇主补救违约行为。2017版合同的一个重要附带条款是,任何雇主违约都必须构成其合同义务的重大违约。这在1999版的合同中是没有的,尽管与终止条款一样,管辖法律可能会通过某种实质性要求使承包商享有停工的权利。

2017版红皮书和黄皮书中规定的四种情况下,承包商有权暂停或减缓工作进度:

(a) 工程师未能按照第14.6条的规定核实期中付款。

(b) 雇主未能根据第2.4条提供其财务安排的合理证据。

(c) 雇主未按第14.7条的要求付款。

(d) 雇主未能遵守第3.7/3.5条规定的有约束力的协议或最终有约束力的决定,或未能遵守DAAB根据第21.4条规定所作的决定,无论该决定有约束力的还是最终具有约束力的。

在每一种情况下,停工权利都以下述要求为支撑条件,即违约应构成雇主对合同项下义务的重大违约。在相同的条件下,2017版银皮书规定了承包商有权暂停或减缓工程进度的三种情况；与上文红皮书及黄皮书(b)至(d)项所陈述内容相同,但差异(如上述所示)的原因在于银皮书并没有规定付款证明程序。

如果任何规定的理由适用,承包商有权提前21天发出通知(根据第16.1条发出的声明通知),暂停工程或减缓进度,除非并直到雇主补救规定的违约行为。条款明确规定,承包商的这一行为不影响其根据第14.8条获得融资的权利,也不损害其根据第16.2条终止合同的权利(见下一节);此外,在根据第16.2条规定发出终止通知之前,如果雇主对通知中规定的违约行为进行补救,则承包商应在合理可行的情况下尽快恢复正常工作。这一规定反映了1999版第16.1条中的这些规定。

与1999版一样,根据第16.1条的规定,由于暂停工作或降低工作效率而导致承包商工期延长和/或产生费用,如果承包商提出索赔(根据2017版第20.2条),他有权获得延期和/或支付成本及利润。

12.4 承包商的终止

两个版本的菲迪克合同的第16.2条规定,在某些特定情况下,承包商有权终止合同。与雇主终止合同一样,与1999版合同相比,2017版合同确定了更多承包商终止合同的理由并对终止意向通知和终止通知进行了区分。

- 1999版

根据1999版红皮书或黄皮书的第16.2条,承包商有7个终止理由,这些理由在很大程度上与2017版的第16.2.1条重叠。因为合同中没有规定付款证明程序,1999版银皮书少一个终止理由。

1999年红皮书和黄皮书的第16.2条规定,如果发生以下情况,承包商有权终止合同[①]：

(a) 在因雇主未履行义务,承包商根据第16.1条发出暂停或减缓工作进度通知后42天内,仍没有收到根据第2.4条要求的雇主财务安排的合理证据。

(b) 工程师在收到报表和证明文件后56天内未能向承包商出具相关付款证明。

(c) 在第14.7条规定的付款期限届满后42天内,承包商未收到期中付

---

① 使用了与1999版合同第16.2条相同的分项字母。

款证明规定的应付款项(雇主根据第2.5条提出的索赔所作的扣减除外)。

(d) 雇主实质上未履行合同规定的义务。

(e) 雇主违反第1.7条规定,未履行其根据第1.6条规定的义务订立合同协议或未经协议转让合同。

(f) 如第8.11条①所述,长期停工,影响整个工程。

(g) 雇主破产或资不抵债,进入清算,并且发生类似的资不抵债行为或情形,或发生了根据适用法律具有类似效力的任何行为或事件。

1999版银皮书第16.2条就终止合约的理由作出相同的规定,但理由(b)并不适用,因为该合同没有包括证明付款的程序。还应注意的是,在1999版银皮书(e)项中,没有将未能按照第1.6条订立合同协议作为终止的理由,因为在银皮书条款中,合同只有在合同协议签署时才生效②。

12.4.1　1999版第16.2条:终止理由

- **(a)项:持续不履行提供财务安排证据的义务**

如果雇主违反第2.4条规定的义务,且在承包商根据第16.1条规定发出暂停或减缓进度通知42天后,承包商仍未收到雇主财务安排的合理证据时,承包商可以根据1999版的三本合同书,提前14天发出终止合同的通知。这是暂停通知发出后的42天,而不是根据第2.4条要求提供财务安排证明后的42天。因此,该条款是承包商在雇主持续或长期违反这一重要义务的情况下可用的一种补救办法。

- **(b)项:工程师未能出具相关付款证明(红皮书和黄皮书)**

这是红皮书和黄皮书中对承包商的一项重要保护,防止工程师长期未能出具相关付款证明。如果工程师在收到承包商根据第14条提交的报表和证明文件后56天内仍未签发证书,则该条款适用。到那时,未能签发证书的时间将是应该签发证书时间的两倍,在第14.6条规定下,工程师在收到报表和证明文件后28天内可以签发期中付款证书;在收到最终报表和书面解除合同

---

① 见上文第7.9.3节。

② 两个版本的银皮书第1.6条都提到了合同在合同协议中规定的日期(在其中规定的任何条件得到满足之后)"完全生效";而在1999版的红皮书和黄皮书中,第1.6条规定了双方签订合同协议的时间,即承包人收到中标通知书后的28天内。2017版红皮书和黄皮书第1.6条将这一期限延长至35天。

通知后的28天内,应根据第14.13条出具最终付款证书。

- **(c)项:未能收到应付款项**

如果承包商在根据第14.7条应收到付款的日期42天后仍没有收到期中付款证书中规定的应付款项,那么承包商可以提前14天通知终止合同,根据第2.5条雇主索赔所产生的索赔额除外。

- **(d)项:实质未履行**

如果雇主实质上未能履行合同规定的义务,该理由允许承包商提前14天通知终止合同。因此,这一理由是一般性的,可以涵盖雇主的所有不履行行为,只要该不履行义务的情况是实质性的。这种表述可能不太清楚,因为不完全清楚实质未履行的义务本身是否必须是重大的义务,或者实质未履行的非重大义务是否也需要发出14天通知。这在2017版合同中得到了说明,相应的理由明确地只适用于实质性未履行合同构成对雇主在合同项下义务的重大违约的情况[①]。

- **(e)项:未遵守第1.6条(红皮书和黄皮书的合同协议书)或未经必要协议转让合同**

本条款包含了两种不同的终止理由,第一种是没有按照第1.6条的要求在28天内签署合同协议,第二种是没有按照第1.7条的要求获得承包商的同意而转让合同。

就第一种情况而言,表面上看,这似乎是一个令人惊讶的终止理由,即使它是在14天前通知的,因为红皮书和黄皮书中的合同是由雇主通过中标通知书接受承包商的投标书而形成的,合同协议对合同的订立是不必要的。然而,这作为合同终止的理由,说明合同对签订合同协议的重视,其中列出了重要但简短的细节协议,包括合同文件和双方的主要协议。

至于第二个理由,这再次反映出合同对禁止无协议转让规定的重视。承包商没有义务在未经雇主同意的情况下接受雇主的任何受让人,正如雇主没有义务在未经同意的情况下接受承包商的受让人一样。

- **(f)项:长期停工**

与其他终止理由不同,这一理由并非指雇主违约,而是指根据工程师或雇主的指示,在第8.11条规定的长期停工的情况下有权终止,前提是针对整

---

① 见下文12.4.6节。

个工程，并且指示停工的原因不是承包商的责任。

- (g)项：破产及类似事件

这是许多商业合同、建筑合同或其他合同的共同条款，如果发生破产、资不抵债或类似事件，或根据管辖法律具有类似影响的任何行为或事件，则有权终止。

12.4.2 1999版第16.2条：终止

如果第16.2条规定的任何事件或情况适用，承包商有权在提前14天通知雇主后终止合同。然而，如果第(f)项或第(g)项适用，承包商可通知立即终止合同。如上所述，承包商根据第16.2条选择终止合同，不影响他根据合同或其他规定享有的任何其他权利。因此，如果管辖法律允许承包商以第16.2条规定以外的理由终止合同，则他可以这样做，并且因合同终止而有权获得的补偿或其他救济的范围可能比第16条规定的范围更广。

12.4.3 终止和付款的影响

1999版合同第16.3条和第16.4条分别规定了承包商在根据第16.2条终止合同后应采取的步骤及其获得付款的权利。

在根据第16.2条终止合同之后，承包商应立即停止所有进一步的工作，但工程师/雇主为保护生命、财产或工程安全而指示的工作除外；承包商须交付已获得付款的承包商文件、设备、材料和其他工程；将除安全需要外的所有其他物品搬离现场，并离开现场。根据第16.4条，雇主必须在终止通知生效后立即将履约担保返还给承包商，按照第19.6条（关于选择性终止、付款和解除）向承包商付款，并向承包商支付所有利润损失或承包商因合同终止而遭受的其他损失或损害对应的金额。

- 2017版

根据2017版红皮书和黄皮书第16.2.1条，如发生以下情况，承包商可发出通知（必须说明是根据该条款发出的），表明其终止合同的意向；或如果以下(g)项(ⅱ)目、(h)项、(i)项或(j)项中的任何一项适用，则可发出终止合同的通知[①]：

(a) 承包商在42天内仍未收到雇主根据第2.4条作出的财务安排的合

---

① 以上使用的分项字母与红皮书和黄皮书第16.2.1条相同。

理证据,尽管承包商已根据第16.1条就违反该要求而发出暂停工程或减缓进度的通知。

(b) 工程师未在收到报表和证明文件后56天内出具相关付款证明。

(c) 承包商在第14.7条规定付款期限届满后42天内未收到任何付款证书规定的应付款项。

(d) 雇主未能遵守第3.7条下的有约束力的协议或最终有约束力的决定,或未能遵守DAAB根据第20.4条下的决定,无论是有约束力的还是最终有约束力的。

(e) 雇主实质上未履行合同义务,该违约对雇主合同义务构成重大违约。

(f) 根据第8.1条规定,承包商在收到中标通知书后84天内,未收到开工日期通知。

(g) 雇主(ⅰ)未能遵守第1.6条(关于合同协议签署),或(ⅱ)未按第1.7条签订要求的协议而转让合同。

(h) 如第8.12条(b)项所述,长期停工影响整个工程。

(i) 雇主破产或资不抵债,或进入清算,或发生其他规定的破产行为或资不抵债事件,或被重组,或在适用法律下发生类似或具有类似影响的任何行为或事件。

(j) 根据合理证据,在任意时间发现雇主参与与工程或合同有关的腐败、欺诈、串通或胁迫行为。

2017版银皮书中也列出了同样的理由,除了理由(b)由于银皮书没有规定任何付款证明程序[并且理由(c)同样是指付款而不是付款证明]以外。

12.4.4　2017版第16.2.1条:终止理由

- **(a)项:持续不履行提供财务安排证据的义务**

这与1999版合同第16.2条(a)项所规定的理由相同,并已在上文讨论过。

- **(b)和(c)项:工程师未能出具相关付款证明/未收到应付款项**

这两个理由与1999版合同相同,并在上文进行了讨论。

- **(d)项:未遵守第3.7/3.5条具有约束力的协议或决定,或未遵守DAAB决定**

这与第15.2.1条(a)项(ⅱ)和(ⅲ)目中规定的雇主因承包商违约而终止

合同的理由是一致的,并与双方处理的对称性保持一致,这也是2017版寻求实现的目标。其目的是再次强调遵守协议或决定,或DAAB的裁决的重要性,即使它们不是最终的。

- (e)项:实质未履行

如上文讨论的与1999版有关的内容一样,这一理由是通用的,适用于雇主实质不履行合同的情况,但在2017版中明确指出,这种不履行合同的情况必须构成雇主对合同义务的重大违约,才可以作为终止合同的理由。

- (f)项:未收到开工日期通知

这是2017版中的一个新理由,反映了承包商收到第8.1条规定的开工日期通知的重要性。因未收到通知而终止合同的权利在收到中标通知书84天后产生,也就是在承包商应该等待的时间的两倍之后产生。

- (g)项:未遵守第1.6条(红皮书和黄皮书下的合同协议)或违反第1.7条未经协议转让权益

该理由在2017版的三本合同书中的条款相同,包含两个不同的终止理由,其中一个(第二个)规定根据第16.2.2条为立即终止的理由[①]。

第一个理由与未遵守合同协议第1.6条的相关规定有关。2017版红皮书和黄皮书中第1.6条要求双方在承包商收到中标通知书后35天内签署合同协议,除非双方另有约定。如果承包商由合资企业组成,则合资企业的每个成员的授权代表均应签署合同协议。35天比1999版红皮书和黄皮书第1.6条规定的28天要长一些,但这两个版本都反映了合同协议的签署仍然受到重视。

在2017版银皮书第1.6条中,与1999版的规定一样,规定了合同在合同协议规定的日期全面生效。与2017版红皮书和黄皮书一样,2017版银皮书第1.6条还规定,如果承包商包括一家合资企业,则合资企业各成员的授权代表均应签署合同协议。

- (h)项:长期停工

如第8.12条(b)项所述,如果长期停工影响到整个工程,承包商有权立即终止合同。2017版中的第8.12条在上文第7.9.4节中已有讨论。该条款的

---

① 这与1999版合同形成鲜明对比,在该合同中,只有长期停工和破产相关事件才有理由立即终止。

表述与1999版第16.2条中提到的第8.11条有些不同,但84天的延长期限是相同的,并且整个工程受到影响以及工程师/雇主指示的停工不应由承包商负责的要求仍然适用。

- **(i)项和(j)项:破产或重组和腐败**

上述终止理由与第15.2.1条规定的雇主因承包商违约而终止合同的权利联系在一起(见第12.1.4节)。值得注意的是,2017版的合同增加了雇主腐败作为立即终止合同的理由。

12.4.5 根据2017版第16.2条的终止

第16.2.2条规定,除非雇主在收到第16.2.1条规定的通知的14天内对通知中所述事项进行补救,否则,承包商可以立即向雇主发出第二份通知终止合同,终止合同的日期为雇主收到第二份通知的日期。但是,如果(g)项(ii)目未经同意转让合同、(h)项长期停工、(i)项破产或重组或(j)项腐败中的任何一项适用时,承包商有权发出通知立即终止合同,终止日期同样以雇主收到通知的日期为准。

第16.2.2条明确规定,如果承包商在上述14天的通知期内出现工期延长和/或产生费用,他可以根据第20.2条要求延期和/或支付成本加利润。这是2017版合同中的新条款。然而,与1999版的合同一样,第16.2.2条也规定,承包商根据第16.2条的规定终止合同,不影响他在合同或其他合同项下享有的任何其他权利。这反映了雇主根据第15.2条终止合同的情况。

12.4.6 承包商终止后的义务

2017版第16.3条规定,在根据第16.2条规定终止合同之后,承包商应立即:(a)停止所有进一步的工作,为保护生命、财产或工程安全而被指示从事的工作除外;如果承包商因从事上述指示的工作而产生成本,承包商有权根据第20.2条提出要求支付成本加利润。(b)承包商向工程师/雇主交付已收到款项的文件、设备、材料和其他工程。(c)除安全需要外,将所有其他货物运出现场,并离开现场。

因此,根据第16.2条终止合同之后,承包商的义务基本上是只需继续做他被要求执行的任务,以实现(a)项所说的有限目的;承包商向工程师或雇主提供已收到付款的文件、设备、材料和其他工程;然后离开现场,并移走除安全所需的其他物品。

12.4.7　承包商终止后的付款

在承包商根据第16.2条终止合同后,雇主应立即按照第18.5条[①]关于选择性终止的规定,向承包商支付相关款项;如果承包商已根据第20.2条提出索赔,则应向承包商支付其因合同终止而遭受的任何利润损失或其他损失和损害。

---

①　见下文第14.5节。

13 工程保护、赔偿和保险

1999版第17条对承包商和雇主之间的工程损失或损害风险进行了划分,并包含了适用于双方的若干赔偿。基本方法是使承包商承担工程、货物和承包商文件丢失或损坏的风险,直至签发(或视为签发)接收证书,但某些例外情况除外;在该时间点后的风险一般由雇主承担。这一方法被贯彻到2017版的第17条中,然而,对该条款进行了实质性的重组,与第一版的第17条有许多重要的区别。在两个版本中,承包商的风险与合同第19条中规定的保险责任相关联。

在2017版第17.1条中规定了承包商对工程、货物和承包商文件的照管责任,在第17.2条中规定了承包商对这些文件出现任何损失或损害负有的责任;第17.4条和第17.5条分别涉及承包商和雇主给予的赔偿,第17.6条引入了一个新概念,即如果一方造成相关的损害、损失或伤害,则另一方应按比例减少赔偿责任。第17.3条涉及知识产权和工业产权,1999版的第17.5条曾涉及这两个问题。1999版还包含了第17.6条中的责任限制条款,而在2017版中,该条款在第1.15条中有所涉及。

13.1 工程照管

13.1.1 第17.1条:工程的照管责任

在2017版的三本合同书中第17.1条大致相同。

第一段规定,除非合同终止,那么无论是否符合通用条件,根据第17.2条(见下一节),自开工日期起承包商应对工程、货物和承包商文件的照管全权负责,直到收到接收证书为止,届时照管工程的责任将移交给雇主[①]。红皮书和黄皮书第17.1条的第一段最后一句话规定,"如果对任何分段工程或部分工程签发了(或被视为签发)接收证书,对该分段工程或部分工程的照管责任应转移至雇主"。这与银皮书中的规定相同,只是在表述中没有关于接收除分段工程以外的部分工程的规定[②]。

这里需注意两点。

(ⅰ)首先,2017版中明确规定承包商的责任可根据合同条件或其他方式终止,而在1999版中不是这样。2017版第17.1条第二段继续规定,如果合同因此终止,承包商将从合同终止之日起不再负责照管工程。

(ⅱ)其次,承包商在接收之前对工程的照管责任受第17.2条的约束,该条款涉及对工程的照管责任,特别是对工程的损失或损害,并在(a)至(f)项中列出承包商责任的一些例外情况。下面将对此进行讨论。这与1999版的第17.2条类似,在该条款中,承包商在接收之前的责任受第17.3条"雇主风险"项下的例外清单的约束,接下来将看到,2017版的例外清单更广泛。

第17.1条第三段规定,承包商应在竣工日前继续对所有未完成的工程负责,直至未完成的工程竣工为止。这反映了1999版合同第17.2条的规定。

第17.1条的最后一段也反映了1999版第17.2条的立场,该条规定在承包商负责照管工程、货物或承包商文件期间,除第17.2条规定的情况外,因任何原因而发生的任何损失或损坏,由承包商承担风险和费用对损失或损坏进行纠正,以使其符合合同规定。

[①] 这里需要指出的是,在2017版的某些印刷版本中,第17.1条的这一部分(第五行)提到了"实际交工日期",即承包人对工程、货物或承包人文件的保管承担全部责任的日期。这与1999版中的第17.2条有出入,因为该条提到的是签发或视为签发接收证书,而这并不是原意。菲迪克随后纠正了这一错误,并发布了2017版的勘误表,将"实际交工日期"替换为"接收证书的签发"。这种差异不仅仅是口头上的,因为实际交工日期是接收证书中所述的工程竣工日期(例如,见2017版黄皮书第1.1.24条);因此,相关的责任转移日期不是接收证书中所述的工程竣工日期,而是接收证书的签发日期。此外,尽管该条款第一句和上文提到的勘误表中都没有提到这种视为签发的接收证书,但视为签发的接收证书和实际签发接收证书都足以转移责任。然而,似乎也有可能有意采用"视为签发接收证书"的方式,因为这将使第17.1条第一句与第二句相一致,第二句规定,为分段工程或部分工程签发或视为签发接收证书足以转移相关责任(见下文),并使第二版与第一版中第17.2条第一段的表述相一致。

[②] 这与银皮书中对接管此类部分所采取的不同方法一致,见上文第8.2.6节。请注意,在2017版银皮书的某些印刷版本中,第17.1条第一段的表述与其他两本合同相同;这并非有意为之,菲迪克发布的勘误表已对此进行了更正。

13.1.2 第17.2条:工程的照管责任

第17.2条的第一段在2017版的三本合同书中是相同的。它规定了承包商在收到接收证书后,承担对工程、货物或承包商文件造成任何损失或损害的责任,以及在接收证书签发前发生的、应由承包商负责的事件导致的在接收证书签发后发生的任何损失或损害的责任。因此,尽管工程、货物和承包商文件的照管责任在接收证书发出后转移到雇主,但如果承包商在此之后对其造成损失或损害,承包商仍应负责。这是1999版第17.2条最后一段的规定。与1999版一样,2017版的第17.2条也如上所述,规定了承包商即使在接收证书签发后,如果因其应负责的、事先发生的事件而导致任何损失或损害,承包商也应承担责任。

如上所述,根据2017版第17.1条,承包商在接收证书签发之前对工程的照管责任,受第17.2条的约束。特别是,该条第二段规定,承包商对由一系列事件引起的工程、货物或承包商文件的损失或损害不承担任何责任,除非工程师/雇主在这些事件发生之前根据第7.5条(涉及缺陷和拒收)拒绝了这些文件。这些事件在2017版红皮书和黄皮书中所用的描述术语基本相同,在2017版银皮书中的描述术语也几乎相同,不同之处在于(c)项下的设计错误。

13.1.3 第17.2条:事件

在接收证书签发之前,2017版三本合同书第17.2条(a)至(f)项陈述了承包商对照管工程、货物和承包商文件的一般责任中构成事件的清单。这些事件是第17.1条[1]规定的承包商对工程、货物和承包商文件承担的照管责任的例外情况,以及第17.2条规定的承包商对这些货物的损失或损坏承担责任的例外情况。

第17.2条的例外情况如下:

(a) 对通行权、光、空气、水或其他地役权的暂时或永久干扰(由承包商的施工方法引起的除外),这是按照合同实施工程时不可避免的结果。

这种例外情况在2017版的红皮书、黄皮书和银皮书中很常见,并且是在

---

[1] 如上所述,第17.1条第一句规定,在签发接收证书之前,承包商对工程、货物和承包商文件的照管责任受第17.2条的明确约束。

1999 版的三本合同书的第 17.2 和 17.3 条的例外清单中增加的。如果干扰被认为符合例外情况,则其不可能是由承包商的施工方法造成的,因此,如果承包商的施工方法导致了相关干扰,承包商将继续承担风险。

(b) 雇主使用或占用永久性工程的任何部分,合同中另有规定的除外。

除非合同另有规定,如雇主使用或占用永久性工程的任何部分,对因雇主的使用或占用而造成的工程、货物或承包商文件的损失或损坏,应由雇主而不是承包商负责。这是 2017 版所有三本合同书(b)项下的例外情况,是 1999 版红皮书和黄皮书第 17.3 条规定的"雇主风险"之一,但 1999 版银皮书没有规定,除非合同另有规定或双方同意,否则雇主在接收之前不得使用或占用永久性工程的任何部分(第 10.2 条)。

(c) 除承包商按照合同规定的义务进行的设计外,雇主在工程设计中存在的过失、错误、缺陷或遗漏,以及下文所述的红皮书和黄皮书中的某些其他设计缺陷,都包括在(c)项中,但附带条件是这些缺陷并非承包商在履行合同义务时进行的设计工作中的缺陷。

在 2017 版黄皮书中,(c)项在例外情况中包括雇主要求中的设计缺陷,这些缺陷是经验丰富的承包商在提交投标书前对其和现场进行检查时未发现的。这一例外情况与 2017 版黄皮书承包商在第 1.9 条下的权利一致,该权利要求获得延长工期和/或成本加利润的赔偿,因为在提交投标书前无法合理地发现雇主要求中的错误、故障或缺陷。

2017 版红皮书在第 17.2 条(c)项中包含了类似的例外情况,即关于雇主的设计或技术规格书和图纸中包含的任何设计元素,经验丰富的承包商在提交投标书前仔细检查这些设计和现场时,不会发现这些设计问题。

在 2017 版银皮书中,对于经验丰富的承包商投标前经仔细检查后仍不能发现的雇主要求中的错误,虽然该错误仍然不属于第 17.1 条和第 17.2 条规定的承包商责任的例外情况,第 17.2 条(c)项确实不包括由雇主在设计中出现的过失、错误、缺陷或遗漏,但同样要遵守的条件是,这些不应该是由承包商根据合同规定的自身义务所进行的设计。这标志着对承包商有利的重大风险转移。

需要注意的是,作为"雇主风险"之一,1999 版的黄皮书和红皮书中包含了由雇主人员或其他由雇主负责的人设计的任何部分的工程,这与 1999 版银皮书第 5.1 条一致,不包含"雇主风险"。

(d) 任何不可预见的或经验丰富的承包商不能合理地预见并采取充分预防措施的自然力作用(合同数据中分配给承包商的除外)。

这种例外在 2017 版的三本合同书中都很常见。被认定为自然力的作用,必须是不可预见的,或者是不能合理地期望一个有经验的承包商采取充分的预防措施。例如,8 月份美国南部的飓风并不是不可预见的,但期望一个有经验的承包商对其影响采取充分的预防措施可能是不合理的,比如,期望承包商预见其对工程的破坏程度。

1999 版黄皮书和红皮书第 17.3 条(h)项包含类似的例外情况,作为"雇主风险"之一,但 1999 版银皮书没有。尽管如此,根据 2017 版银皮书第 17.2 条(d)项,它仍应归为例外情况,这再次标志着对承包商有利的重大风险转移。

(e) 第 18.1 条(a)至(f)项所列的任何事件或情况,涉及异常事件。

承包商责任的例外情况在 2017 版的三本合同中很常见。第 18.1 条的清单包含了 1999 版第 19.1 条中给出的不可抗力例子,作为单独的例子[见(d)项],还包括不单单涉及承包商的人员以及承包商和分包商的其他雇员的罢工或停工[1]。

2017 版第 17.2 条中提到的六种异常事件是:

(a) 战争、敌对行动(不论是否宣战)、入侵、外敌行为。

(b) 叛乱、恐怖主义、革命、叛乱、军事政变或篡权、内战。

(c) 除承包商人员及承包商和分包商的其他雇员之外的其他人的暴动、骚乱或动乱。

(d) 不单单涉及承包商人员和承包商及分包商的其他雇员的罢工或停工。

(e) 遭遇战争弹药、爆炸材料、电离辐射或放射性污染,但由承包商使用造成的除外。

(f) 自然灾害,例如地震、海啸、火山活动、飓风或台风。

1999 版的第 17.3 条列出上述(a)至(c)和(e)项,但不包括(f)或(d);但如上文所述,(f)项是 1999 版第 19.1 条中的不可抗力事件。因此,1999 版第 17.3 条中所列的"雇主风险"与 1999 版第 19.1 条中所给的"不可抗力"的例

---

[1] 在 1999 版合同中,如果罢工或停工是由承包商人员和承包商及分包商的其他雇员以外的人员所为,而不是只涉及这些人员,则属于不可抗力。

子之间存在差异。在2017版,这一差异已被消除,因为第18.1条中作为例外事件列出的所有事件都是第17.2条中承包商责任的例外情况。

(f) 雇主人员或雇主其他承包商的任何违约行为。

这种例外情况在2017版的三本合同中都很常见。这是一项全面的条款,以纠正1999版中明显的遗漏。由于该风险未按照上述版本被列为第17.3条规定的雇主风险,因此不清楚承包商是否应对第17.2条规定的损失或损害负责,即使该损失或损害是由雇主违约或其应负责的人员造成的。

13.1.4 第17.2条:事件发生的后果

这些规定在2017版的三本合同中都是相同的,并在第17.2条的第三段中列出。根据18.4条处理异常事件的后果,如果在17.2条(a)至(f)项下的任何事件发生并导致工程、货物或承包商的文件承包商损坏的,承包商应及时通知工程师/雇主,并根据工程师/雇主指示对此类损失或损坏进行补救,任何此类指示被视为已根据13.3.1条规定发出,因此属于变更。

这里有两点需要注意:

(a) 如前所述,第17.2条第3段受第18.4条的约束,该条款反过来规定,如果承包商因其已通知的特殊事件而导致延误或产生费用损失,他有权要求延长工期和/或在某些情况下索赔费用。因此,如果发生导致工程损失或损害的例外事件,承包商除了将按照指示进行的为补偿损失或损害的工作视为变更外,还可以根据第18.4.5条的规定因例外事件而索赔延长工期或费用[①]。

(b) 在1999版的合同中,第17.3条规定的雇主风险导致工程损害的后果是,承包商应通知工程师/雇主,并按照指示修复损害,但1999版要求承包商遵守指示延长工期和/或索赔费用,而不是将该指示视为根据第13.1条程序所作的变更处理。在2017版的合同中,承包商自动进入第13.3.1条程序,任何工期延长或价格调整应根据第3.7/3.5条确定。

13.1.5 组合原因

2017版合同与1999版合同的一个重要区别在于,前者在第17.2条的最

---

① 见下文第14.4节。

后一段中规定,如果损失或损害是由承包商应负责的原因和第17.2条(a)至(f)项中的事件之一共同造成的,承包商可以索赔。

如果第17.2条中任一事件引起工程、货物和承包商文件的损失或损坏并造成工期延长和/或产生费用,承包商可以要求获得一定比例的延期和费用。可以认为这是对1999版的改进,因为1999版没有这种关于分摊办法的规定。这在2017版的第17.6条中得到落实,该条款规定了分担赔偿[①]。

13.2 赔偿

2017版合同中关于赔偿的规定见第17.4条(承包商赔偿)、17.5条(雇主赔偿)和17.6条(分担赔偿)。这些规定在2017版黄皮书和银皮书中基本相同,在红皮书中也包括,但承包商根据第17.4条提出的赔偿除外,红皮书中该条款允许承包商可以不承担任何设计责任。该赔偿规定,一方须就有关损害或伤害的后果赔偿另外一方,以分摊损害或伤害的相关风险,包括第三方提出的所有索赔。

13.2.1 承包商赔偿:2017版黄皮书和银皮书

在2017版黄皮书和银皮书中,第17.4条规定了由承包商给出的三类赔偿:有关死亡或人身伤害的赔偿;除工程之外的财产损坏赔偿;有关承包商设计义务的赔偿。

·死亡或人身伤害和其他财产损害

2017版黄皮书和银皮书(以及下文第13.2.2节所述的2017版红皮书)第17.4条第一段规定,承包商应赔偿雇主及其人员/其各自的代理人,使其免受与工程以外的人员死亡、人身伤害和财产损害有关的所有第三方索赔、损害赔偿、损失赔偿和费用赔偿(包括法律费用)。综上所述,该赔偿适用于:

(a) 因承包商施工或在施工过程中造成的人身伤害或死亡,除非是由于雇主或其人员/其各自的代理人的任何疏忽、故意行为或违反合同造成的。

(b) 对工程以外的财产损害,因承包商施工或在施工过程中,由承包商或其人员/其各自代理人,或其直接或间接雇用的任何人员的疏忽、故意行为或

[①] 见下文第13.2.4节。

违反合同而造成的。

这里的表述大致遵循了1999版三本合同书中第17.1条的第一段。例如,如果承包商在实施工程过程中将有毒废水排放进被当地下游居民作为饮用水源的河流,导致作为场地所有者的雇主收到人身伤害索赔,根据第17.4条,雇主可要求承包商就其可能对第三方索赔人负有的任何责任,给予全额赔偿,包括雇主承担的法律和其他费用,除非污水排放是由雇主的过失或雇主应负责的人导致的。他获得赔偿的程度将取决于根据有关法律如何解释和适用赔偿。

- **承包商的设计:目标适用性**

2017版黄皮书和银皮书第17.4条第二段就已完工工程的目标适用性规定了赔偿。

在承包商履行其设计义务过程中,因其行为、错误或遗漏而导致工程(或分段工程;若为黄皮书或红皮书[①],部分工程或主要设备项目,如有)在完工后不符合第4.1条规定的目标,承包商应赔偿雇主。

这是在1999版中没有的一项新条款。当2016版黄皮书的预发行版发行时,类似的条款引起了相当多的负面评论。该条款与2008版金皮书第17.9条的相应条款一致,该条款规定,承包商应就"……承包商的工程设计和其他专业服务中的所有错误,导致工程不符合目标或导致雇主产生任何损失和/或损害"而对雇主进行赔偿。许多人认为这一表述过于宽泛,包括"其他专业服务",但主要的批评是,预发行版本将赔偿排除在第17.6条的总体责任限制和间接或引发的损失之外。这使承包商面临不可接受和不可投保的风险。在已出版的两本2017版合同书中,该表述已修改为:(a)将赔偿限制在导致工程不符合第4.1条目标的承包商设计义务(第17.4条第二段);(b)删除第1.15条将赔偿排除在总体责任限制和间接或引发的损失排除之外(2017版银皮书[②]第1.14条)的相关规定。

13.2.2 承包商赔偿:2017版红皮书

与2017版其他两本合同书相关条款相同,2017版红皮书第17.4条第一

---

① 请注意,在2017版银皮书的某些印刷版本中,第17.4条第二段还提到了工程的一部分,而不是一个分段工程。这并非本意(见上文第8.2.6节和第13.1.1节),菲迪克发布的勘误表已对此进行了更正。

② 见上文第2.8.2节。

段规定了承包商对除工程本身以外的人员伤亡和财产损坏进行赔偿。在第二段中,承包商也提供了与 2017 版黄皮书类似的目标适用性赔偿,但仅限于承包商根据第 4.1 条负责部分永久性工程的设计和/或合同(第 17.4 条)规定的其他设计。此赔偿也在第 1.15 条规定的总责任上限和间接或引发损失的排除范围内。

13.2.3 雇主赔偿

第 17.5 条在 2017 版三本合同书中的规定相同,包含了雇主的赔偿。

雇主应赔偿承包商及其人员/其各自的代理人,使其免受与工程本身以外的人员伤亡和财产损坏有关的所有第三方索赔、损害赔偿、损失赔偿和费用赔偿(包括法律费用)。综上所述,该赔偿适用于:

(a) 由于雇主或其人员/其各自的代理人的任何疏忽、故意行为或违反合同而造成的人身伤害或死亡或对工程以外的任何财产的损坏。

(b) 由第 17.2 条(a)至(f)项所述的任何事件引起的工程以外的财产损害。

因此,(a)项中的赔偿包括因雇主方违约而造成的人身伤亡和除工程以外的财产损失,而(b)项中的赔偿包括因第 17.2 (a)至(f)项的任何事件[①]而引起的其他财产损失。因此,根据第 17.2 条的规定,如果承包商适用对工程的照料责任/对工程的损失或损害责任的例外情况,雇主需就此类损失或损害向承包商赔偿。

在 1999 版中,雇主的赔偿有所不同。第 17.1 条最后一段的两个小段对比作了规定。第(1)项只涵盖因雇主方违约导致的死亡或人身伤害,而不包括上文(a)项所述的其他财产损害;第(2)项涵盖了根据第 18.3 条(d)项(ⅰ)至(ⅲ)目的合同保险条款可以排除保险责任的某些事项,这些事项是雇主在占用或在所有场地实施永久性工程的权利,是承包商实施工程和修补缺陷义务时不可避免的损害,也是第 17.3 条规定的雇主风险,除非此风险可按商业上合理的条款投保。

2017 版没有遵循 1999 版的方法,即没有通过参考可能被排除在保险范围之外的事项来定义雇主的赔偿,而是直接、更简单地将相关风险分为两类,一方面是死亡或伤害和其他财产的损害,另一方面是承包商根据第 17.2 条无

---

① 见上文第 13.1.3 节。

需承担责任的其他财产的损害。

13.2.4　分担赔偿

如前所述，2017版的合同提出了一种可能性，如果一方对引起相关损害的事情负有责任，则另一方对该方的赔偿责任可能会按比例减少。因此，2017版三本合同书的第17.6条规定：首先，承包商对雇主的赔偿责任，应根据第17.2条(a)至(f)项所述的事件可能导致的相关损害、损失或伤害的程度，按比例减少；其次，雇主对承包商的赔偿责任应按承包商根据第17.1条应负责的事件可能导致的相关损害、损失或伤害的程度，按比例减少。

13.3　知识产权和工业产权

2017版三本合同书的第17.3条均涉及侵犯知识产权和工业产权的行为以及与之相关的赔偿。该条款在很大程度上遵循了1999版的第17.5条。

"侵权"是指与该工程有关的知识产权或工业产权（例如专利和注册外观设计）相关的任何侵权或涉嫌侵权，"索赔"是指涉嫌侵权的第三方索赔或诉讼。

在第17.3条第二段中加入了一个期限，如果一方收到索赔，但未在28天内通知另一方，则该方将被视为放弃了根据第17.3条要求赔偿的所有权利。

然后，雇主和承包商分别赔偿。雇主向承包商承诺赔偿所有侵权索赔，这些侵权索赔是或曾经是由于承包商遵守雇主要求和/或任何变更而不可避免的结果，或由于雇主将任何工程用于合同所规定（或从合同中合理推断）以外的目的，或与非承包商提供的任何东西有关，除非这些在基准日期之前向承包商披露或在合同中有规定。

反过来，承包商向雇主承诺赔偿因承包商施工或使用承包商设备而引起的任何侵权索赔。

第17.3条最后一段规定，赔偿方承担谈判解决索赔、提起诉讼或仲裁的责任，费用自理。受偿方如被要求协助抗辩索赔，费用由赔偿方承担，并有条款禁止其作出可能对赔偿方不利的陈述。

第17.6条中关于分担赔偿的规定适用于第17.3条中的知识产权和工业产权赔偿，就像它们适用于第17.4条和第17.5条规定的赔偿一样。

13.4 保险

2017版第19条中的保险条款完全改写了1999版的条款(第18条),并使2017版在这方面与2008版金皮书更加一致。1999版更中立地提到"保险方",而2017版则将保险义务直接归于承包商。承包商投保的保险所涵盖的风险范围比1999版更广,值得注意的是,第4.1条目标适用性义务的专业赔偿保险也包括在内。

13.4.1 2017版

第19条保险条款在2017版的三本合同书中很大程度上是相同的。

第19.1条列出的一般要求,包括了雇主对保险公司和投保条款的批准;承包商有义务为其被要求投保的保险提供保单,并根据保单支付应付的保费,如果承包商不这样做,则构成违约。承包商对因其未遵守合同规定的保险条件而引起的任何直接损失和索赔作出赔偿,如果雇主不符合相关保单的条件,则由雇主作出相应的赔偿。承包商还必须将工程性质、范围或方案的任何变化通知保险公司,并在合同履行期间始终对保险的充分性和有效性负责。其他条款包括允许免赔额和有共同责任的情况,在这种情况下,损失将由各方按其责任的比例承担。

第19.2条规定了承包商应提供的保险。保险分为六个类别,包括工程、货物、违反职业责任、人身伤害和财产损失、员工伤害以及管辖法律和当地惯例要求的其他保险。

13.4.2 第19.2.1条:工程

承包商应按(a)项和(b)项规定的投保金额,为工程、承包商文件、材料和用于纳入工程的设备投保联名保险。保险期限从开始日期起至签发接收证书为止。此后,对于在签发接收证书之前产生的原因造成的未完成工程的损失或损害,以及承包商履行其第11条和12条义务造成的任何损失或损害(涉及接收后修复缺陷,以及黄皮书和银皮书中的竣工试验[①]),保险应持续到签

---

① 请注意,在2017版红皮书的某些印刷版本中,第19.2.1条(第二段)在此背景下还提及竣工后的试验;这并非本意,菲迪克发布的勘误表已对此进行了更正。

发履约证书为止。

为保险作出的规定不包括:(ⅰ)修复有缺陷或不符合规定的工程的费用,但规定不应将排除范围扩大到可能由于该缺陷或不符合规定而造成的任何其他工程部分的损失或损害进行赔偿的费用;(ⅱ)间接或相应的损失或损害,包括因延误而减少的合同价格;(ⅲ)磨损、短缺和偷盗;(ⅳ)由异常事件引起的风险,除非合同数据中另有说明。

13.4.3　第19.2.2条:货物

承包商必须按照投保范围和/或合同数据中规定的金额对由其带到现场的货物和其他物品以联合名义投保,如果没有规定或说明,应投保其全部替换价值,包括交付到现场的价值。本保险的期限是从货物运到现场开始,直到工程不再需要货物为止。

13.4.4　第19.2.3条:违反职责的责任

就对永久工程设计的责任[①]范围,与第17条规定[②]的赔偿一致,黄皮书和银皮书中规定承包商必须:(a)为履行相关设计义务而产生的责任投保专业赔偿保险,保险金额不低于合同数据中规定的金额,如果没有规定,则为与雇主商定的金额;(b)若合同数据中有明确规定,该保险旨在补偿承包商因未能履行第4.1条规定的目标适用性义务而承担的所有责任。红皮书中承包商在其设计责任的范围内也有类似的保险义务。承包商应在合同数据指定的期间内维持上述(a)项和(b)项下的保险。

13.4.5　第19.2.4条:人身伤害和财产损失

承包商应投保联名保险,以应对因履行合同而在履约证书签发之前发生的伤亡或伤害或其他财产损失,但由异常事件造成的损失除外。保险单还必须包括一项交叉责任条款,使保险作为单独的被保险人适用于承包商和雇主;保险必须在承包商开始现场施工之前生效,并到签发履约证书前有效。保险金额不得少于合同数据中规定的金额,如果没有规定,不得少于与雇主商定的金额。

[①] 请注意2017版黄皮书和银皮书部分印刷版本中菲迪克对第19.2.3条第一段的勘误。
[②] 参见第17.4和17.5条(2017版)以及上文第13.2节的讨论。

13.4.6 第19.2.5条:员工伤害

在此,承包商必须投保并维持保险,以应对承包商的任何员工或其他人员在施工过程中因受伤、生病、疾病或死亡而产生的索赔、损害、损失和费用。雇主和工程师(银皮书中为雇主)也应得到赔偿,但赔偿范围不包括因雇主或其人员的行为或疏忽而引起的损失和索赔。该保险应覆盖承包商人员协助实施工程的整个过程;对于分包商雇用的所有人员,该保险可由分包商投保,但承包商应对分包商是否遵守第19.2.5条负责。

13.4.7 第19.2.6条:适用法律和当地惯例要求的其他保险

除上述保险外,承包商还应自费办理工程任何部分实施所在国适用法律要求的所有其他保险。如果当地惯例要求购买其他保险,则合同数据应明确规定,承包商应自费办理该保险。

14 异常事件

2017版三本合同书的第18条都涉及阻止一方履行其部分或全部合同义务的事件或情况。这些事件或情况被称为"异常事件";在1999版中,它们被称为"不可抗力"事件或情况,在第19条中有所涉及。这一术语的变化与2008版金皮书中的新用法一致。由于"不可抗力"在不同的语境中可以用来指不同的事物(例如,在一些大陆法系中指的是法律原则),人们认为"异常事件"更容易理解,也更准确。

"异常事件"是指在两版合同中第18.1条中定义的具有以下四个特征的事件或情况:

(ⅰ)超出一方控制能力的;

(ⅱ)该方在签订合同前不能合理地对该事件或情况作出应对的;

(ⅲ)已发生的,相关方不能合理避免或克服的;

(ⅳ)该事件或情况大体上不能归因于另一方。

14.1 异常事件示例

第18.1条列举了可能符合上述四项条件的事件或情况的六个例子:

(a)战争、敌对行动(不论宣战与否)、入侵、外敌行为。

(b)叛乱、恐怖主义、革命、叛乱、军事政变或篡权、内战。

(c)除承包商人员及承包商和分包商的其他雇员之外的其他人的暴动、骚乱或动乱。

(d)不仅仅涉及承包商人员、承包商及分包商的其他人员的罢工或停工。

(e)遇到战争弹药、爆炸性材料、电离辐射或放射性污染,但因承包商使用造成的除外。

(f) 自然灾害,例如地震、海啸、火山活动、飓风或台风。

上面的清单显然并非详尽无遗的,还有其他类型的事件或情况也可能符合异常事件的条件。

14.2 通知要求

2017版三本合同书的第18.2条规定,如果一方因异常事件而无法履行本合同义务,则必须在知晓或应当知晓该异常事件后的14天内,向另一方发出通知,说明因该异常事件而无法履行或将无法履行的义务。发出该通知后,受影响方可自停止履行该义务之日起,免除其因该事件而无法履行的义务。

上述条款与1999版第19.2条类似。然而,在2017版中另外规定如果另一方在14天期限后收到上述通知,则受影响的一方仅在另一方收到通知之日起可免除履行上述受阻的义务。这填补了1999版的一个空白,1999版仅规定,只要受不可抗力影响的一方不能履行相关义务,在发出通知后,该方即可以免除履行义务。

2017版第18.2条(第三段)还明确规定,除履行被阻的义务外,不得免除受影响方履行本合同项下的任何其他义务,这一点在1999版中也没有明确说明。相反,1999版第19.2条规定,不可抗力不适用于任何一方根据合同向另一方支付款项的义务。

2017版第18.2条最后一段包含有关付款的附带条件,该条款规定,任何一方在合同项下向另一方支付款项的义务不得因异常事件而免除。

14.3 将延误减至最小的责任

因此,异常事件是指阻止一方履行合同义务的事件,而不仅仅是阻碍或拖延。与1999版一样,受影响的一方必须尽一切合理努力将异常事件造成的延误最小化。

在2017版的第18.3条中也有同样规定,比第一版(第19.3条)的对应条款更加详细,明确了如果异常事件具有持续影响将会发生什么,并强调了受影响一方在异常事件影响终止时通知另一方的义务。

2017版第18.3条第二段规定,如果受异常事件持续影响,根据第18.2

条,受影响方必须在发出第一次通知28天后,发出通知进一步说明异常事件的影响。第三段规定,当异常事件不再对其产生影响时,受影响的一方必须立即通知另一方,并规定了如果受影响的一方未能这样做的情况,即另一方可以自己发出通知,并说明理由,说明他认为受影响的一方履行义务不再受异常事件影响。

这可能是对1999版第19.3条的改进,该条款仅规定受不可抗力影响的一方在不再受不可抗力影响时必须通知另一方。

14.4 异常事件的影响

菲迪克允许受异常事件影响的承包商申请延长工期,并在某些情况下要求支付因异常事件而产生的额外费用。这在1999版的第19.4条中有涉及,在2017版的第18.4条中也有类似的条款。主要的区别在于在提出索赔的情况下,可要求赔付额外费用的事件清单。

2017版的第18.4条规定,承包商根据第18.2条发出通知,并根据第20.2条提出索赔,以获得工期延长。在符合下述两项要求的情况下,承包商有权要求支付产生的额外费用:(a)如果异常事件属于第18.1条(a)至(e)项所述类型(见上文14.1节);(b)根据(b)至(e)项,如果异常事件发生在永久性工程现场(或其大部分场地)所在的国家。

因此,如果因异常事件而导致延迟竣工,则通常会获得工期延长,但仅限于异常事件是第18.1条(a)至(e)项所列人为事件或情况之一,此外,在(b)至(e)项中,该事件发生在工程所在国家时,才会支付额外费用。

因此,2017版的合同对承包商索赔额外费用施加了相当严格的条件。这与1999版类似,第19.4条也允许承包商就因不可抗力造成的延误要求延长工期,但将额外费用的索赔限制在(ⅰ)至(ⅳ)目中的人为事件或情况,并要求其中部分事件发生在工程所在国[(ⅱ)至(ⅳ)目事件][1]。

---

[1] 2017版合同第18.4条规定,如果事件或情况属于第18.1条(a)至(e)项"描述类型",则受影响的一方可以要求支付额外费用。由于第18.1条中的例外事件清单并非详尽无遗,因此,至少在原则上,某一事件即使不完全符合其中的描述,也有可能属于其中一项或多个项中的"描述类型",从而使受影响方有权要求增加费用和时间。同样的观点原则上也适用于1999版的第19.1和19.4条,这两条的表述基本相似。

应注意的是,2017版第18.1条包含了(d)项中一个单独的异常事件,即不仅仅涉及承包商的人员和承包商及分包商的其他雇员的罢工或停工,如果罢工或停工发生在项目所在国,若承包商提出索赔,他也有权要求支付额外费用[①]。

14.5　自主选择终止

如果异常事件或不可抗力的影响持续超过一定限度,菲迪克合同允许任何一方(承包商或雇主)终止合同。在两个版本的三本合同中,如果由于同一事件或不可抗力,导致几乎所有正在进行的工程连续84天无法执行,或多次累计超过140天无法执行,则任何一方可以提前7天通知另一方终止合同。

需要注意的是,两个版本之间的终止生效日期有所不同。在1999版中,终止在通知发出后7天生效(第19.6条),但在2017版中,终止日期是在另一方收到通知后7天生效(第18.5条)。如以电子方式发出通知,在实践中可能不会有任何不同,但在某些情况下,终止的生效日期可能会根据1999版或2017版的适用表述而有所不同。

在两个版本的合同终止后,工程师/雇主或雇主代表都将继续确定应支付给承包商的金额,但2017版的第18.5条对此作了更详细的规定。在终止日期后,承包商应在切实可行的范围内尽快提交已完成工程价值的详细证明资料(根据工程师/雇主代表的合理要求),包括:对合同中规定价格的工程的应付款额;为工程订购的设备和材料的费用;预期完成工程而合理产生的其他费用或负债;以及承包方工作人员和劳工的遣散和遣返费用。一旦提供了这些详细资料,工程师/雇主代表就开始根据第3.7/3.5条协议或决定,并证明适当的期中付款或发出此类付款的通知(银皮书),而在任何情况下,承包商都无需根据第14.3条提交报表。

14.6　根据适用法律解除履约

在菲迪克的两个版本中均规定,如果发生双方无法控制的任何事件(包

---

① 见上文第13.1.3节(e)项。

括但不限于定义的异常事件或不可抗力），且导致一方或双方无法履行其合同义务或根据管辖法律，双方有权被进一步解除履行合同义务，则双方可免除履行合同义务。这是一项重要的条款，例如，如果管辖法律为英国法，双方据此不再履行合同，则该条款可宣布合同无效，无论相关情况是否属于第18.1或19.1条下的异常事件或不可抗力。

在2017版中，第18.6条规定，终止履约的规定在发出有关事件的通知后生效，只有在双方无法就同意继续履行合同的合同修订达成一致的情况下，才能发出该通知。这与1999版第19.7条的规定相反，1999版中未提及同意任何此类修订，仅规定在相关事件发生时发出通知。可以认为，2017版对早期版本进行了改进，明确要求双方尝试就一项修订达成一致，以继续履行合同，而不是直接发出解除履行合同的通知。

在这两个版本中，解除履约不损害任何一方因另一方先前违反合同而产生的权利。此外，雇主应支付给承包商的金额应与根据第18.5条支付的金额相同，即由于异常事件或不可抗力的长期影响而终止合同的情况下；雇主应支付该金额，如同合同已根据该条款终止一样。

15 雇主和承包商的索赔

2017版和1999版之间最显著的区别之一是处理索赔的方式。在第1999版中,第20条一起规定了承包商的索赔与争议和仲裁,而在第2017版中,第20条以完全相同的方式对承包商和雇主的索赔作出规定,而将争议和仲裁放在新的第21条中进行说明。

"索赔"现在有着明确定义,2017版的合同以更系统的方式规定除时间和/或金钱以外,涉及工程师或雇主代表的索赔,对后两者在处理索赔方面的作用总体上是加强的。在1999版的合同中,第20.1条只适用于承包商索赔的时间限制,现在同样适用于雇主的索赔,在某些情况下有可能去掉这一限制。

2017版提出和处理索赔的程序比1999版合同要详细和规范得多,采取了更多的步骤,并辅以额外的时间限制和推定条款。在第1999版中,承包商的索赔、争议和仲裁仅有四页多的篇幅,而在2017版中,这些主题的篇幅长达十多页。

2017版的三本合同书中的第20条相同,但银皮书中存在一些相对较小的差异,以反映该合同中没有工程师的事实。

15.1 索赔的类别:第20.1条

2017版的合同将"索赔"定义为一方根据合同条件的任一条款,或其他与合同或实施工程有关或因之产生的权利或救济,向另一方提出的请求或主张[1]。根据第20.1条,索赔可分为三类:时间索赔;费用索赔(包括减少合同价格);任何其他种类的权利或救济的索赔。

---

[1] 2017版黄皮书第1.1.5条/红皮书第1.1.6条/银皮书第1.1.3条。

因此，以下情况可能出现索赔：

（a）如果雇主认为他有权获得任何额外的付款（或减少合同价格）和/或延长缺陷通知期。

（b）如果承包商认为他有权获得任何额外的付款和/或延长工期。

（c）如果任一方认为他有权获得针对另一方享有任何类型的其他权利或救济，包括与证书、决定、指示、通知、意见或估价有关的权利［除非涉及上述（a）或（b）项中的任何一项权利］。

如果上述（a）或（b）项适用，则应根据第20.2条处理索赔，该条专门涉及时间和/或费用的索赔。第20.2条规定的部分程序是由工程师/雇主代表根据第3.7/3.5条协议或决定时间或费用索赔。

如果索赔属于（c）项，并对索赔的权利或救济有任何异议，则由工程师或雇主代表根据第3.7/3.5条处理；也就是说，这些条款规定的协议或确定程序也将适用于索赔①。

新合同中的规定是通过工程师/雇主代表来引导索赔，而不是让索赔直接进入DAAB，而在1999版中，（c）项索赔不属于第20.1或2.5条的处理范围，而是根据第20.4条进入DAB。

需要注意的是，与时间或费用索赔不同，（c）项索赔不存在时间限制，索赔方在意识到分歧后，只需尽快向工程师或雇主代表发出索赔通知，并在通知中涵盖索赔和与工程师或其他相关方分歧的细节（第20.1条第二段）。如果另一方或工程师（黄皮书和红皮书），或另一方（银皮书）没有在合理的时间内作出答复，则视为不同意所要求的权利或救济（第二段）。

因此，新合同系统地列出了可能出现的三类索赔，并确定了处理每类索赔的途径。不涉及时间和/或费用的（c）项索赔，（如果没有协商一致）则要由工程师/雇主代表来处理，这大大加强和扩大了2017版合同中合同管理者的作用。他可能会被要求处理相当复杂的法律问题，而这些问题以前是由DAB处理的，例如，一方是否可以行使与合同主题有关的非合同权利和义务。

---

① 因此，2017版黄皮书第20.1条第三段规定，如果对（c）项的索赔有任何分歧，则不产生"争议"，但索赔方可以通过发出通知，根据第3.7/3.5条将索赔提交给工程师或雇主代表。争议现在在2017版三本合同书中有明确定义，见下文第16.2.1节。

15.2 对时间和/或费用的索赔

根据第20.2条,这些索赔由一个详细的、逐步的程序来处理,涉及推定条款和时间限制,但对准备详细的索赔和工程师代表或雇主代表的答复规定了更宽松的,也许是更实际的时间限制,在适用于这些索赔的某些时间限制方面也有一定的灵活性。

15.2.1 索赔通知:第20.2.1条

第20.2.1条要求索赔方在可行的情况下尽快向工程师发出索赔通知,或者(在银皮书中)向另一方发出索赔通知,说明引起索赔的事件或情况("索赔通知"),并且不迟于索赔方知道或应该知道该事件或情况后的28天。索赔的主题是对费用、损失、延误或延长缺陷通知期的任何索赔。

2017版的索赔通知的内容与1999版第20.1条规定的承包商索赔的初始通知相似,只需要描述引起索赔的事件或情况。与1999版一样,在此阶段不必具体说明索赔的法律或合同依据(包括提出索赔所依据的合同条款[①]);索赔通知将成为第20.2.4条规定的详细索赔的一部分。

第20.2.1条的表述与1999版的第20.1条在以下两个方面相似:发出通知的时间限制是客观的,即时间从索赔方意识到或应该意识到引起索赔的事件或情况的日期开始计算;在这两种情况下,发出通知的期限都是28天。

然而,第20.2.1条并没有对承包商和雇主的索赔进行区分。根据1999版(第2.5条),雇主只需在他意识到(而不是他应该意识到)相关事件或情况时起,在合理可行的情况下尽快通知其付款要求或延长缺陷通知期的期限。

应该注意的是,第20.2.1条规定的索赔通知必须符合第1.3条对所有类型的通知的要求。除了采用书面形式和遵守该条款规定的其他正规程序外,索赔通知必须明确这是一份通知,并以规定的方式交付。1999版的合同没有包含这样的要求,因此对于诸如会议记录、修订方案,甚至口头交流是否构成充分的索赔通知,通常会有争论。

---

① 在2017版黄皮书预发行版本中,第1.3条(b)项确实要求通知中提及发出通知所依据的条款,但根据友好审查期间获得的反馈意见,这一要求已被删除。

15.2.2 第20.2.1条：时间限制

与1999版合同第20.1条规定的承包商索赔时间限制相似，第20.2.1条第二段包含一个时间限制，现适用于双方。如果索赔方未能在28天内发出索赔通知，他将无权获得任何额外的付款，合同价格不得降低、缺陷通知期不得延长（雇主是索赔方）或竣工时间不得延长（承包商是索赔方），另一方将免除与引起索赔的事件或情况有关的任何责任。

正如我们将在下文看到的，在某些情况下，工程师/雇主代表或DAAB可以放弃这个时间限制。然而，首先可能存在的问题是，时间限制是否可以强制执行。此类条款的可执行程度，将取决于合同的管辖法律，例如，通知是在28天期限刚满后发出的，或者另一方知晓索赔方在救济方面的诉求并利用其未能严格按规定时限发出通知这一点。在一些大陆法系国家，当事人的诚信义务可能会防止一方当事人利用技术性违反时间规定来排除另一方当事人知道的、本来有正当理由的索赔。英国法律的规定是，一般来说，要明确起草时间限制，这些时间限制规定了发出通知的确切时间，并说明除非在规定时间内发出通知，否则索赔方将失去索赔的权利[1]。1999版合同第20.1条和2017版合同第20.2.1条中的时间限制符合这些要求，并且可能得到适用英国法律的法庭支持[2]。

15.2.3 对索赔的初步回应：第20.2.2条

第20.2.2条包含一个机制，可以在早期阶段解决索赔方是否在28天内

---

[1] 见 *Bremer Handelsgesellschaft mbH v Vanden Avenne Izegem NV* (1978) 2 Lloyd's Rep 109案。

[2] 见 *Multiplex Construction v Honeywell Control Systems* (2007) EWHC 447 (TCC)案；*WW Gear Construction Ltd v McGee Group Ltd* (2010) EWHC 1460案。虽然这是一项英国判决，但在Akenhead法官对 *Obrascon Huarte Lain SA v Her Majesty's Attorney General for Gibraltar* (2014) EWHC 1028 (TCC)一案的判决中，可以找到一些关于第20.1条(1999版)和表述类似的第20.2.1条(2017版)时间限制在延期索赔方面的解释指导。1999版合同中的第8.4条(与2017版合同中的第8.5条基本相似)规定，符合第20.1条(或20.2条)的承包商有权要求延长工期，如果相关事件或情况导致竣工时间"……被延误或将被延误……"。由于承包商必须在意识到或本应意识到该事件或情况后的28天内发出首次通知，这就产生了28天从何时开始计算的问题。法院对该条款的解释是，承包商可以选择是在事件或情况显然会造成延误时发出通知，还是在延误开始发生后的较晚日期发出通知。就第20.1条的表述而言，尽管及时发出通知是承包商有权提出索赔的先决条件，但法官认为"……没有理由对该条款作严格的不利于承包商的解释，(可以)认为有理由对该条款作合理的宽泛解释，因为它对本来可以提出的良好索赔产生了严重影响……"。

发出索赔通知的问题。在1999版中，这个问题往往被搁置，可能在以后的DAB阶段出现。雇主如果不立即解决这个问题，就有可能遇到有人辩称他们已经放弃这个问题的风险，但在第20.1条的程序中，没有将这个问题作为处理索赔本身的程序的一部分来处理。

在2017版中，如果工程师或另一方（银皮书）认为索赔方没有在28天内发出通知，则他必须在收到通知后14天内向索赔方发出相应的通知，并说明理由。如果工程师/另一方没有在14天内发出这样的通知，那么索赔通知将被视为有效通知。

然而，在红皮书和黄皮书中，这种认定的有效性只是暂时的。如果另一方不同意这种被认为有效的索赔通知，他应向工程师发出通知，说明不同意的细节，此后，索赔通知是否及时发出的问题，将由工程师作为第20.2.5条同意或确定索赔程序的一部分来处理（见下文第15.2.7节）。因此，如果承包商延迟发出索赔通知，但工程师没有在14天内发出自己的通知，那么承包商的通知就被认为是有效的，而雇主可以向工程师发出通知，说明其不同意承包商通知有效的原因——在相关的触发点之后29天内，工程师将在第20.2.5条处理索赔的过程中审查雇主的论据。因此，这个过程将继续进行，时间限制问题将作为工程师处理索赔的一部分得到解决。

在银皮书中，索赔方向另一方发出索赔通知，而非雇主代表，对于被视为有效的索赔通知，银皮书中并没有针对这类质疑的规定。相反，如果另一方没有及时在14天内发出通知，索赔通知就被视为有效通知[①]。

但是，在2017版的三本合同书中，如果索赔方确实在14天内收到了工程师或另一方的通知，那么，如果索赔方不同意工程师/另一方的意见（即认为索赔通知是在28天内发出的）或承认索赔通知并非在28天内发出，但认为存在延期发出的合理理由，那么，索赔方应根据第20.2.4条（见下文第15.2.5节）提出详细索赔细节，说明不同意的理由或认为这种延期发出是合理的理由。因此，这些问题将作为索赔程序的一部分来处理（在红皮书和黄皮书中，另一方对索赔通知有效性提出的任何质疑也是如此）。

15.2.4　同期记录：第20.2.3条

三本合同书的两个版本都表明同期记录在调查和评估索赔中的重要性。

[①] 第20.2.2条第二段。

在1999版中,第20.1条规定承包商应保留所有必要的同期记录以证明任何索赔,工程师或雇主有权在收到索赔通知后监督保存这种记录,并指示承包商进一步保留这种记录。2017版规定,索赔方(无论是承包商还是雇主),都要保留"同期记录","同期记录"是指在引起索赔的事件或情况发生的同时或之后立即准备或生成的记录。索赔方有义务保留证明索赔所需的任何同期记录,与1999版一样,工程师/雇主可以监督承包商的同期记录和/或指示他保留额外的此类记录。

1999版还允许工程师/雇主检查承包商的记录并获取副本。在2017版中,工程师/雇主也有类似的权利。在这两个版本中,监督承包商的记录或指示保留额外的记录并不意味着承认雇主的责任。2017版还明确指出,工程师/雇主的任何监测、检查或指示并不意味着接受承包商同期记录的准确性或完整性。

15.2.5　全面详细的索赔报告:第20.2.4条

1999版规定,承包商在意识到或应该意识到引起索赔的事件或情况后的42天内提交一份全面详细的索赔报告,前提是第20.1条规定的初始28天通知已经发出;42天不是从索赔通知的日期算起,而是从上述意识到索赔事件或情况的日期算起。在1999版中,除了要求索赔报告应包括索赔的依据和工期延长和/或额外的付款要求的完整支持细节外,并没有对其作太多的说明,如果承包商延迟提交,则不适用时间限制。

2017版的第20.2.4条也对全面详细的索赔报告进行了规定,包含了更多关于索赔内容的细节,更宽松的制作时间,以及如果索赔方延迟提交的时间限制。

在第20.2.4条中,"全面详细的索赔报告"是指提交包括以下内容的文件:

(a) 对引起索赔的事件或情况的详细描述。

(b) 对索赔的合同和/或其他法律依据的说明。

(c) 索赔方所依据的所有同期记录。

(d) 详细说明所要求的额外付款数额(如果雇主是索赔方,则减少合同价格的数额)和/或所要求的延长工期(如果承包商是索赔方)或延长缺陷通知期(如果雇主是索赔方)的证明。

这些要求比许多承包商在 1999 版中根据第 20.1 条提供的全面详细索赔报告的细节要多，并被批评为过于烦琐。然而，2017 版合同的规定是要求索赔方在索赔阶段提供尽可能多的细节和支撑性证据，而不是在 DAAB 阶段或之后提供；人们认为，可能已经达成适当的平衡，特别是现在适用于提供全面详细索赔报告的时间更为宽松。

索赔方在意识到或应该意识到引起索赔的事件或情况后 84 天内，或在提出并经工程师（若是银皮书，则为另一方）同意的任何其他期限内，必须向工程师或雇主代表提交全面详细的索赔报告。这与 1999 版形成对比，1999 版允许，从意识到相关事件的上述日期起 42 天或可能商定的其他期限内，提供全面详细的索赔报告。

因此，在 2017 版中，提出索赔的一方有 1999 版中两倍的时间来提供全面详细的索赔报告。

15.2.6　第 20.2.4 条：时间限制

与 1999 版合同不同的是，如果索赔方未能在 84 天内提供其全面详细的索赔报告，他将面临限制适用时间的风险，尤其是如果索赔方未能至少提交一份关于索赔的合同和/或其他法律依据的声明，他的索赔通知将被视为已失效并不再有效。工程师或雇主代表应在这一时限过后的 14 天内发出相应的通知，否则，根据第 20.2.4 条，索赔通知将仍被视为有效。然而，如果另一方不同意这种被视为有效的索赔通知，他应向工程师或雇主代表发出通知，说明不同意的细节，然后由工程师或雇主代表检查是否及时提供索赔的法律依据，并作为第 20.2.5 条同意或确定索赔程序的一部分。

因此，在 2017 版的三本合同书中，规定了一种机制，作为索赔程序的一部分，解决关于是否及时提供法律依据声明的分歧。若根据第 20.2.2 条，对视为有效性存在争论（见上文第 15.2.6 节），该机制与红皮书和黄皮书中适用于初始索赔通知的机制本质上相同；该机制现在适用于第 20.2.4 条规定的索赔的法律依据声明，因为在各版中，均由合同管理者（红皮书和黄皮书中为工程师，银皮书中为雇主代表）收到完整详细的索赔/法律依据声明[①]。

[①]　相比之下，2017 版银皮书第 20.2.1 条规定的索赔通知是发给另一方而非雇主代表的。

如果索赔方确实收到了工程师或雇主代表①（银皮书）的14天通知，那么索赔方如果不同意工程师或雇主代表的意见（也就是说，认为法律依据声明是在84天内提交的）或承认事实并非如此，但认为有延迟提交的理由，那么索赔方应在其根据第20.2.4条提供的全面详细索赔报告中详细说明其不同意意见或认为延迟提交合理的原因。因此，这些问题将作为第20.2.5条规定的索赔程序的一部分进行处理。

第20.2.4条的最后一段提到了第20.2.6条，即处理此类索赔的条款，以此来提示引起索赔的事件或情况可能具有持续影响。如下文第15.2.13节所述，其结果是，在这种情况下，第20.2.4条规定的全面详细的索赔报告将被视为临时性的。

15.2.7 索赔协议或决定：第20.2.5条

2017版的三本合同书中的第20.2.5条规定了在协商或决定索赔时应采取的步骤。

在收到根据第20.2.4条提出的全面详细的索赔报告，或（在有持续影响的索赔的情况下）临时或最终全面详细的索赔报告后，工程师/雇主代表应根据第3.7/3.5条（银皮书）进行协商或决定：（a）应付给索赔方的任何额外款项；如果雇主是索赔方，则减少合同价格；和/或（b）承包商（如果是索赔方）有权获得的工期延长或缺陷通知期的延长（如果雇主是索赔方）。

如上文第3.3.3节所述，这一过程是有时间限制的。这取决于在第3.7.1/3.5.1条规定的协商过程中是否达成了协议。

- **已达成协议**

如果达成了协议（根据第3.7.3/3.5.3条），工程师/雇主代表必须在下列日期之后的42天内（或其他商定的时间）发出协议通知：

（ⅰ）如果是第20.1条（c）项规定的索赔（处理时间和/或费用以外的索赔，见上文第15.1节），工程师/雇主代表收到第20.1条规定的索赔通知的

---

① 应当注意的是，在目前印刷的2017版银皮书中，第20.2.4条第五段的内容为"如果索赔方收到另一方根据第20.2.4条发出的通知，并且如果索赔方不同意该通知或认为存在有理由延迟提交上述(b)项规定的声明的情况，则应……"。这里提到"另一方"而不是雇主代表似乎是误写，因为所提到的通知是给索赔方的通知，即(b)项下的陈述已超过时限，而这一通知是由雇主代表而不是另一方发出的（见第三段）。希望这一错误能在以后的印刷版本中得到纠正。

日期;

（ii）如果是该条(a)或(b)项规定的索赔,工程师/雇主代表收到第20.2.4条规定的详细索赔的日期,或者,如果该索赔根据第20.2.6条具有持续效力,则为收到临时或最终详细索赔的日期。

因此,如果达成协议,工程师/雇主代表有42天的时间通知达成协议,从上述开始时间之一算起。因此,达成协议的时限为42天。

· 未达成协议

如果在该期限内没有达成协议,或双方告知工程师/雇主代表在该期限内不能达成协议,以较早者为准,工程师/雇主代表应向双方发出相应的通知,并立即根据第3.7.2/3.5.2条作出决定。

工程师或雇主代表必须在第3.7.3/3.5.3条规定的达成协议的相关时限或双方告知他们无法在相关时间内达成协议的日期后的42天内(或可能商定的其他时间)发出确定通知,以较早者为准。因此,工程师或雇主代表可能有长达84天的时间来作出决定,因为在达成协议42天期限之后他有42天的时间来通知作出决定(如果他收到通知说在42天内无法达成协议,他的时间可能会缩短,在这种情况下,他必须在收到通知的42天后发出通知)。

15.2.8　与1999版的比较

与1999版的程序相比,上述程序是高度结构化的。在此,工程师或雇主在收到全面详细的索赔报告后42天内(或在双方同意的情况下更长时间内)作出批准或不批准和详细评论的答复;工程师或雇主可能会要求提供更多细节,但应在42天内或商定的延期内就所谓的索赔原则作出答复。因此,例如,工程师或雇主可能同意承包商有权延长工期,但尚未决定应给予他多长时间。1999版规定工程师或雇主应根据第3.5条确定或同意这个问题(以及任何额外付款),但没有时间限制。

新的第3.7/3.5条程序引入了时间限制,以便更好地管理程序并防止其偏离。这确实增加了相当大的复杂性,但这主要是由于需要为不同的索赔顺序和同意与否规定不同的时间,从而在程序中具有更大的灵活性。因此,例如,根据第3.7.3/3.5.3条达成了协议通知的42天期限,则根据所涉及的索赔类型,从不同的日期开始运行。

15.2.9 协商或决定时间限制问题

如上所述：

（a）如果索赔方延迟提交了初始索赔通知，工程师（红皮书和黄皮书）或另一方（银皮书）可以根据第 20.2.2 条发出通知。

（b）如果索赔方延迟提交了其索赔的合同和/或其他法律依据的声明（需要全面详细的索赔报告），工程师（红皮书和黄皮书）或雇主代表（银皮书）可以根据第 20.2.4 条发出通知。

如果已根据上述任何一项或两项条款发出通知，则索赔方可以对此类通知提出异议，或根据如上所述的第 3.7/3.5 条协商或决定程序证明延迟提交通知的合理性。

2017 版的三本合同书中的第 20.2.5 条规定，如果根据第 20.2.2 和/或 20.2.4 条发出通知，则根据第 3.7/3.5 条对索赔的协议或决定将包括通知是否被视为有效通知[①]，同时考虑到索赔方不同意通知的全面详细索赔报告中包含的详细信息（如果有），或延迟提交的合理性（视情况而定）。

工程师或雇主代表认为延迟提交是合理的，但对他没有约束力，则工程师或雇主代表可能会考虑的情况包括第 20.2.5 条的第二段中列出的以下三种情况（该列表并非详尽无遗）：

（ⅰ）另一方是否或在何种程度上会因接受迟交的意见而受到损害；

（ⅱ）如果索赔通知迟于 28 天发出，是否有任何证明另一方事先知道引起索赔的事件或情况的证据（索赔方可能并在实际中应包括在其支撑细节或详情中的证据）；

（ⅲ）如果违反了提供索赔法律依据声明的时限，是否有任何证明对方事先知道索赔的合同和/或其他法律依据的证据（索赔方可能在实际中应包括在其支撑细节或详情中的证据）。

因此，如果索赔方未遵守与初始索赔通知或第 20.2.4 条下索赔的合同或其他法律依据有关的相关时限，该条款则提供了一定程度的灵活性。值得注

[①] 这里指的是索赔通知，因为尽管分歧可能与根据第 20.2.2 条就索赔通知发出的通知有关，也可能与没有根据第 20.2.4 条说明索赔的法律依据有关，但在每种情况下，未遵守时限的后果都是索赔通知被视为无效（因为它未遵守初始的 28 天时限，或因为法律依据声明的提交晚于第 20.2.4 条允许的 84 天而失效）。

意的是,2008 年金皮书第 20.1 条(a)项还包含规定承包商寻求放弃初始索赔通知的 28 天时限,这标志着与 1999 版相比发生了非常重大的变化,1999 版没有对任何此类放弃作出规定。然而,与 2017 版的三本合同书不同,是否应放弃承包商未能遵守时限的问题是 DAB 在金皮书中的裁决问题。如果 DAB 认为在所有情况下接受延迟提交的通知是公平合理的,它有明确的权力否决 28 天的时限。对于 2017 版的合同,将此类问题保留在协议或决定过程中,而不是将其提交给 DAAB,并且与最初将索赔提交给工程师/雇主代表的总体规定相一致。

15.2.10　影响索赔的其他时间限制

一旦工程师/雇主代表就其对索赔的决定发出通知,则可能适用另一个时间限制。如上文第 3.3.5 节所述,如果一方对决定不满意,他必须严格遵守 28 天的期限,向另一方发出"不满意通知",否则决定将被视为已被双方接受,并将被认为是最终的且具有约束力的。不存在豁免任何不遵守此时限的规定。

如果及时发出"不满意通知",就会产生争议,任何一方都可以根据第 21.4 条进行诉讼以获得 DAAB 的裁决。但是,争议必须在 42 天内提交给 DAAB,否则"不满意通知"将被视为已失效且不再有效[①]。同样,不存在豁免不遵守此时限的规定。

同样,在 DAAB 做出裁决后,除非双方同意更长的时间,否则必须在 84 天内作出裁决,对裁决不满意的一方必须在 28 天内发出"不满意通知",否则该裁决将成为最终的并具有约束力的裁决,同样,不存在任何豁免条款[②]。

15.2.11　时间条:总结

因此,从初始的索赔通知到 DAAB 裁决,有五个时间限制会影响任何一方在 2017 版中提出的时间或费用索赔的进度,其中两个时间限制可以豁免。综上,这些是:

[①] 见下文第 16.2.3 节。
[②] 见下文第 16.2.6 节。一旦与 DAAB 决定有关的不满意通知正式发出,将索赔提交仲裁没有时间限制。这标志着黄皮书发布前的一个变化。黄皮书第 21.4.4 条规定,如果任何一方在发出或收到通知后 182 天内未开始仲裁,通知即失效。

（ⅰ）索赔方必须在28天内向工程师或另一方（银皮书）发出索赔通知，否则通知无效［以工程师/另一方在14天内根据第20.2.2条发出通知为准，否则索赔通知被视为暂时有效（红皮书和黄皮书）或被视为有效（银皮书）］。

（ⅱ）索赔方必须在84天内向工程师/雇主代表提交全面详细的索赔报告；如果在该时间内未提交合同/法律依据，则索赔通知失效或不再有效（以工程师/雇主代表在14天内根据第20.2.4条发出通知为准，否则索赔通知被视为暂时有效）。工程师/雇主代表可以考虑相关情况，豁免上述（ⅰ）和（ⅱ）项的时间限制，其中可能包括另一方是否以及在多大程度上会因迟交而造成损害，以及另一方事先了解引起索赔的事件或情况和/或索赔的法律/合同依据。

（ⅲ）在工程师/雇主代表根据第3.7/3.5条确定索赔（包括索赔通知的有效性）后，若有争议，一方必须在28天内就该决定作出"不满意通知"，否则该决定变为最终决定并具有约束力。

（ⅳ）争议必须在42天内提交给DAAB，否则"不满意通知"无效。

（ⅴ）一方可以在28天内对DAAB的裁决提交"不满意通知"，否则该决定将成为最终决定并具有约束力。

在1999版中，时间限制也适用于对DAB裁决的不满意通知（第20.4条），以及承包商根据第20.1条提出的初始索赔通知，但这两个时间限制都不能被豁免。

15.2.12　更多细节

如上所述，1999版的合同规定工程师或雇主可以要求进一步的索赔细节，但应在收到全面详细的索赔报告后42天内根据索赔的原则作出回应。2017版最后一段中的第20.2.5条同样允许工程师或雇主代表要求索赔方提供必要的附加细节，但规定了更结构化的程序：

（ⅰ）工程师/雇主代表必须立即向索赔方发出通知，说明附加细节和要求提供这些细节的原因；

（ⅱ）与1999版一样，工程师/雇主仍应在根据第3.7.3/3.5.3条规定的（42天）期限内通知索赔方，就索赔的合同或其他法律依据作出回应；

（ⅲ）在收到上述（ⅰ）目下的通知后，索赔方必须尽快提交补充详情；

（ⅳ）工程师/雇主代表随后将根据第3.7/3.5条继续商议或决定根据第

20.2.5条（a）和（b）项获得额外付款或延长时间的任何权利（在第3.7.3/3.5.3条规定的期限中，达成协议的42天从收到补充细节的资料之日开始计算）。

在上述程序中，工程师或雇主代表在步骤（ⅱ）下根据合同或其他法律依据对索赔作出回应的义务，对应工程师或雇主在根据1999版第20.1条下规定的收到全面详细的索赔报告后42天内，根据索赔原则有作出回应的义务。

15.2.13 有持续影响的索赔：第20.2.6条

1999版在第20.1条第五段中规定承包商有持续影响的索赔，将在42天内提交的全面详细索赔仅视为临时索赔，承包商每月发送进一步的临时索赔，说明累积延误和/或索赔金额，以及工程师或雇主可能合理要求的任何进一步细节；然后，承包商应在相关事件或情况造成的影响结束后的28天内（或在与工程师或雇主可能同意的任何其他期限内）发送最终索赔。

2017版基本遵循这一程序，但以更结构化的方式对发出通知进行规定。

与1999版一样，如果引起索赔的事件或情况具有持续影响，则根据第20.2.6条，以及第20.2.4条下的全面详细索赔将被视为临时索赔。对于此"第一次临时全面详细索赔"，工程师或雇主代表必须在第3.7.3/3.5.3条规定的协议期限内通知索赔方，就索赔的合同或其他法律依据作出回应。然后，索赔方必须每月提交进一步的中期完整详细索赔，说明索赔的额外付款累计金额（如果是雇主则减少合同价格）和/或索赔的工期延长（或如果是雇主，则延长缺陷通知期）。

与1999版一样，在相关事件或情况造成的影响结束后，索赔方必须在28天内或与工程师/雇主代表同意的任何其他时间内提交最终的完整详细索赔。然而，与1999版不同，2017版明确规定（早期合同中隐含的内容），最终完整详细的索赔必须说明索赔的额外付款总额/减少的合同价格和/或工期延长/缺陷通知期延长。

15.3 一般要求：第20.2.7条

2017版的第20.2条结束于第20.2.7条，涵盖三个事项：

（ⅰ）第一个事项涉及根据第20.2.5条规定的有待达成协议或者决定的现金流的索赔。在收到索赔通知后，在索赔被同意或确定之前，工程师/雇主应在每份付款证明/付款中包括任何可能已被合理证实为根据合同应支付给索赔方的金额。这反映了1999版中的第20.1条第七段,该条款规定每份付款证明或临时付款(银皮书)应包括已合理证实索赔的金额,如只有部分索赔已被证实,则应就该部分付款。

（ⅱ）第20.2.7条第二段规定,雇主仅有权要求承包商支付任何款项和/或延长缺陷通知期,或通过遵守第20.2条规定的索赔程序,抵销或从应付给承包商的金额中扣除款项。这反映了1999版中第2.5条的最后一段,该段规定,雇主只能抵销或扣除已证明的、或应付给承包商的金额,或以其他方式向承包商提出索赔。

（ⅲ）最后,第20.2.7条的第三段与1999版的第20.1条的最后一段一样,规定第20.2条的要求是对可能适用于索赔的其他条款的要求的补充。如果索赔方未能遵守第20.2条或其他相关条款,则任何额外付款和/或任何工期延长或缺陷通知期的延长应考虑到这种违反条款的情况在多大程度上(如果有)妨碍或损害了工程师或雇主代表对索赔的适当调查。

16 争议解决

菲迪克合同历来主张通过工程师的决定来解决争议；如果工程师的决定没有解决问题，则随后提请仲裁。1995版橙皮书的一个新特点是引入了"裁决委员会"来取代工程师作为仲裁前的裁决者。这个新机构是独立的，其在相对较短的时间内就某一事项做出的裁决具有约束力，即使这项裁决不一定就是最终裁决。裁决委员会的独立性，解决了雇主聘请的工程师缺乏独立性的问题。

在橙皮书中引入"裁决委员会"来替代工程师的仲裁前裁决者的角色，这是菲迪克合同发展的重要一步，反映了裁决委员会在国际上得到越来越多的应用。此类委员会可以是争议审查委员会，一般而言，委员会向当事各方提出建议，而不是就其争议作出裁决；也可以是争议裁决委员会，其作出的裁决具有约束力但须提交仲裁或其他机构作最终裁决。在采用裁决委员会途径上，菲迪克认为，一个具有约束力的裁决比提出建议更可取，因为它是工程师作出的具有约束力的裁决的延续。菲迪克还认为，国际上很多公共工程项目使用菲迪克合同，如果期望公职人员根据建议而不是有约束力的裁决行事，他们会备受压力。

除了将裁决引入菲迪克合同外，橙皮书还规定了在允许提交仲裁之前"友好解决"争议的期限。这最初是1987版红皮书（广泛使用的第四版）的一个特点，即如果工程师的裁决没有解决问题，1987版红皮书规定当事双方应在开始仲裁前努力尝试达成和解。

在采用"友好解决"阶段时，橙皮书规定了一个三级程序，即裁决、友好解决以及作为最后手段的仲裁。

橙皮书引入的裁决委员会之前称为"争议裁决委员会"（DAB）。DAB裁决、友好解决和仲裁的三级程序成为四年后发布的1999版合同的一个特点，而且十八年后，在 2017 版合同中仍得以保留。

16.1 1999 版合同的三级程序

1999 版合同第 20 条对当事各方指定 DAB 有所规定（第 20.2 条），要么在出现争议时（"临时"DAB，这是 1999 版黄皮书和银皮书中的默认主张），要么在项目开始时（"常设"DAB，1999 版红皮书的默认主张）。如果双方未能达成一致，某些程序将适用于 DAB 成员的提名（第 20.3 条）。"争议"不是一个明确定义的术语，但如果出现与合同或工程实施有关的任何形式的争议，包括关于证书、裁决、指示、意见或估价的争议，那么一旦指定 DAB，任何一方都可以将争议提交 DAB 作出裁决（第 20.4 条）。

第 20.4 条规定了严格的时间表。除非 DAB 提出更长的期限并且经当事双方同意，否则 DAB 必须在将争议提交给它（或在黄皮书和银皮书中，其成员收到预付款）后 84 天内作出裁决，并且必须给出其裁决的原因。除非并直至通过协议（"友好解决"）或仲裁的裁决对其进行了修改，否则该裁决对双方都有约束力，双方需及时予以执行。

但是，只要一方在收到裁决后 28 天内，通知另一方他对裁决不满意（包括他不满意的原因），在这种情况下，DAB 的裁决将不是最终裁决。

当事双方应在不满意的一方发出通知后 56 天内尝试达成和解，但如果未达成和解，则仲裁可以在第 56 天或之后开始，即使未尝试努力达成和解（第 20.5 条）。如果 DAB 未能在 84 天或者双方同意的时限内作出裁决，或另有约定，任何一方均可在 28 天内发出不满意通知。

因此，第 20 条规定的第一个步骤是 DAB 的裁决；第二个步骤是收到对裁决不满意的通知后的友好解决；第三个步骤是仲裁。任何不能友好解决且 DAB 的裁决尚未成为最终裁决的争议，最终将通过仲裁解决，默认采用的仲裁规则是国际商会（ICC）规则，仲裁小组由三名仲裁员组成（第 20.6 条[1]）。在此类仲裁中，任何一方均不限于先前提交给 DAB 的证据或论据，或不满意通知中给出的理由，DAB 的裁决可用作仲裁中的证据。

---

[1] 见下文第 16.7.4 节。

16.2　2017 版合同

2017 版合同保留 1999 版中争议解决"三级程序"的基本途径,但更加详细并填补了 1999 版中的一些重要空白。2017 版合同还更加强调避免争议,DAB[现在改称为"争议避免/裁决委员会"(DAAB),以反映重视程度]在这方面发挥了更大的作用。

16.2.1　争议

与 1999 版不同,在 2017 版[1]的三本合同书中"争议"是一个明确定义的术语,指的是以下任何情况:

(a)一方对另一方提出索赔,这可能是一般条件中定义的"索赔"[2],或由工程师/雇主代表确定的事项,或其他。

(b)另一方,或工程师/雇主代表根据第 3.7.2/3.5.2 条作出决定,全部或部分拒绝对方提出的索赔。

(c)一方通过发出"不满意通知",对另一方根据第 3.7.5/3.5.5 条或其他方式所作出的拒绝表示不认可。

此合同增加了一项附带条款,即如果在 DAAB 或仲裁庭认为合理的情况下,另一方或工程师未能全部或部分反对或回应索赔,则可能构成拒绝[3]。

因此,"争议"可能包括任何类型的诉求,不一定是"索赔"定义内的诉求,该诉求已被另一方或合同管理人依第 3.7.2/3.5.2 条作出决定时拒绝,并且

---

[1]　黄皮书和红皮书第 1.1.29 条/银皮书 1.1.26 条。

[2]　见上文第 15.1 节。"索赔"是指一方根据一般条件的任何条款,或者根据其他与合同或工程的实施有关的规定,或者由于合同产生的权利或救济,向另一方提出的请求或主张。

[3]　2008 版金皮书还包含"争议"的定义,其表述与 2017 版合同中的定义类似。定义该术语有助于避免在"争议"的含义方面可能出现的不确定性(在第一版中确实出现过),以及争议何时确切出现,从而可以提交 DAB。2017 版的定义在一定程度上改进了金皮书的定义(第 1.1.31 条),明确指出"索赔"应作广义解释,并明确指出发出不满意通知表示不认可。

在拒绝中,索赔方通过发出不满意通知或其他方式来表达不认可[①]。

16.2.2 获得 DAAB 裁决的程序

第 21.1 条规定,争议应由 DAAB 根据第 21.4 条裁决。然后,第 21.4 条规定,争议可由任何一方提交给 DAAB 做出裁决。如下所述,2017 版的合同包含新的第 21.3 条,该条款规定,如果双方同意,可共同请求 DAAB 提供协助和/或非正式讨论并尝试解决双方的任何问题或分歧。但是,这不是强制性步骤,无论是否提供了此类协助或进行了非正式讨论,任何一方都可以将争议提请裁决。

16.2.3 提交争议:第 21.4.1 条

第 21.4.1 条规定了此类提交申请的条件,即必须提交书面申请,且副本需抄送另一方和工程师/雇主代表;必须说明该申请是根据第 21.4.1 条提出的;必须列出提交方与争议有关的事件;并且,对于有三名成员的 DAAB,在其主席收到申请文件之日即被视为提交 DAAB 之日。

如果争议的主要内容是关于第 3.7/3.5 条下的裁决(如时间或费用索赔),则适用特殊的时间限制。在这种情况下,争议必须在"不满意通知"发出或收到(视情况而定)后 42 天内提交给 DAAB;如果未在 42 天内提交,则不满意通知被视为已过期且不再有效[第 21.4.1 条(a)项]。相比而言,将任何类型的争议提交给 DAB,1999 版合同中都没有规定时间限制。

与 1999 版合同的另一个显著区别是,除非法律禁止,否则将争议提交 DAAB 将被视为中断适用的诉讼时效或时效期限(第 21.4.1 条最后一段)。在当事人执行分步的争议解决程序时经常被忽略的时效问题上,该条款为当事人提供了一些保护。但是,如果可能并在适用法律允许的情况下,建议索赔方尝试与另一方协商达成"暂停"或类似协议,就终止运行和重新开始的时

[①] 对于第 20.1 条(c)类索赔(额外时间或金钱以外的权利或救济),如我们所见(上文第 15.1 节),适用简化程序。第 20.1 条规定根据第 3.7/3.5 条直接提交工程师/雇主代表,而不是将此类索赔(如果未达成一致意见)置于第 20.2 条的通知和细节要求之下。然而,为了防止对(c)类索赔的分歧被立即作为争议提交给 DAAB,第 20.1 条第二段明确规定,如果另一方或合同管理人不同意或被视为不同意所要求的应享权利或救济,则不认为出现了争议(索赔方应发出通知,根据第 3.7/3.5 条将此事提交给工程师/雇主代表)。

间作出明确规定。

16.2.4　争议提交后当事人的义务:第 21.4.2 条

争议一经提交,双方应立即向 DAAB 提供所有信息、访问工地和 DAAB 作出裁决可能需要的适当协助,以便作出裁决。这类似于 1999 版中第 20.4 条的要求。与这些合同一样,将争议提交 DAAB,不得干扰施工的的正常进程。在 2017 版中,除非合同已被放弃或终止,否则双方将继续履行其义务;这可能是对 1999 版第 20.4 条的规定的改进,其中仅明确规定承包商须按照合同继续实施工程(而非其一般义务)。

16.2.5　DAAB 的裁决:第 21.4.3 条

2017 版第 21.4.3 条规定,DAAB 应在收到争议提交后 84 天内,或裁决委员会可能建议并经双方同意的任何其他期限内,完成并作出裁决。该规定与 1999 版第 20.4 条的规定不同,1999 版规定,DAB 在收到提交的争议资料后 84 天内(红皮书),或在收到提交的争议资料或预付款(见上文第 16.1 节)后 84 天内(黄皮书和银皮书),做出裁决。其附带条款则规定,当需要尽快作出裁决的时候,如果 DAAB 成员的应收款项在 84 天后仍未支付,则裁决委员会没有义务在收到全额付款之前做出裁决。

2017 版明确规定,该裁决必须以书面形式提供给双方(在黄皮书和红皮书中要求抄送工程师一份),且与 1999 版一样,必须说明裁决理由以及该裁决是根据相关子条款(第 21.4.3 条)作出的。

在两个版本中,DAB 或 DAAB 的裁决对双方均具有约束力,须立即执行,除非并直到该裁决通过第 20.5 和 20.6 条规定下的友好协商或仲裁裁决进行修订(1999 版);或者,一方根据第 21.4.4 条对其发出"不满意通知"(2017 版,见下文第 16.2.6 节)。因此,2017 版中明确规定,不满意通知不会解除任何一方立即遵守 DAAB 裁决的义务。2017 版红皮书和黄皮书明确规定,雇主需对工程师遵守 DAAB 的裁决负责任。

2017 版合同中有两个新规定需要注意:

(ⅰ)第一个是,如果 DAAB 的裁决要求一方向另一方支付任何款项,则该款项将成为应付款项并立即支付,无需任何证明或通知,但须是 DAAB 有权作出的裁决;若付款方提出要求并且有合理理由相信如果该裁决随后在仲裁中被推翻,收款人将无法偿还相关金额①,则要求收款人提供适当的担保。

这是一项重要的新的保护措施,它解决了1999年合同中的一个顾虑,即如果一方(通常是雇主)在随后的仲裁中胜诉,可能无法收回根据DAB裁决支付的任何款项②。

(ⅱ)在某些司法管辖区,争议裁决委员会能够作出具有约束力的裁决,这点可能与仲裁小组没有明显的区别。因此,第21.4.3条的最后一段明确规定DAAB程序不是仲裁,DAAB成员也不等同于仲裁员。

16.2.6 对DAAB的裁决不满意:第21.4.4条

尽管DAAB的裁决对各方具有约束力,但只有在任何一方都没有发出通知表示对裁决不满意时,它才成为最终裁决;从这个意义上说,DAAB的裁决是临时的。2017版合同第21.4.4条中的时间表和程序与1999版第20.4条中的时间表和程序基本相同,但更详细且存在一些重要差异。

- **1999版合同**

1999版合同第20.4条要求不满意的一方在收到DAB的裁决后28天内向另一方发出不满意通知。如果DAB未能在84天或其他约定期限内作出裁决,则任何一方均可发出不满意通知,但必须在该期限届满后28天内发出。在任何一种情况下,如果在28天内未发出不满意通知,则任何一方均不得对争议提起仲裁,且如果DAB已作出裁决,则该裁决成为最终裁决并具有约束力。

若不满意通知③在28天内未发出,该裁决成为最终且具有约束力的裁决,此情况下,如果其中一方未能遵守该裁决,另一方可将违约直接提请仲裁而无需发出不满意通知。

另外一个唯一可以在没有发出不满意通知的情况下开始仲裁的情况是,在争议产生后,由于DAB的任命已届满或出于其他原因④,DAAB仍未设立。

---

① 第21.4.3条最后一段。请注意,2008版金皮书第20.6条倒数第二段规定,当一方要向另一方付款时,DAB需要提供适当的担保,但没有规定根据此类担保立即付款,也没有作出收款人有合理理由的请求后方可提出要求的裁决。

② 在1999版合同中,雇主有时会尝试修改第20.4条,要么删除对DAB裁决不满意的通知中的付款义务,要么要求提供适当的担保作为支付款项的条件。此类临时修正应该不再是必要的。

③ 第20.7条。

④ 第20.8条。

• 2017 版合同

2017 版第 21.4.4 条还规定,不满意的一方可通过向另一方发出不满意通知(抄送给 DAAB,若是红皮书和黄皮书,则抄送给工程师),在通知中声明该通知是"对 DAAB 的裁决不满意的通知",并且与 1999 版的合同一样,列出争议事项和不满意的原因。不满意通知也必须在收到 DAAB 的裁决后 28 天内发出。如果 DAAB 未能在第 21.4.3 条规定的时间内做出裁决,则任何一方均可发出"不满意通知",但必须在第 21.4.3 条的期限届满后 28 天内发出。在任何一种情况下,如果在相关 28 天期限内未发出"不满意通知",则任何一方均不得就争议提起仲裁,并且,如果 DAAB 已作出了裁决,则此裁决将是最终裁决且对双方均有约束力。

与 1999 版合同一样,2017 版合同规定了在某些情况下,即使没有就 DAAB 的裁决发出"不满意通知",当事方也有权启动仲裁。然而①,除这些例外情况外,第 21.4.4 条第二段明确规定,除非关于该争议的"不满意通知"已根据第 21.4.4 条发出,否则任何一方均无权启动仲裁;因此,除那些例外情况外,发出此类"不满意通知"是有权提请仲裁的先决条件②。

2017 版合同列出以下三种例外情况。

(ⅰ)第一种情况是,工程师/雇主代表的决定根据第 3.7 和 3.5 条已成为最终决定并具有约束力;或者,双方已根据该条款达成协议,但一方既未能遵守该决定也不履行该协议。在这种情况下,另一方可以根据第 3.7.5/3.5.5 条直接将不遵守和不履行的违约行为提交仲裁而无需先发出"不满意通知",并且,这个仲裁将被视为根据第 21.7 条对 DAAB 裁决的强制执行③。

(ⅱ)第二种情况是,一方未能遵守 DAAB 的裁决,无论该裁决是具有约束力的非最终裁决,还是最终裁决④,在这种情况下,另一方可以直接将未能遵守裁决的行为提交仲裁,而无需先获得另一个 DAAB 裁决或等候第 21.5 条规定的友好解决期限到期⑤。

---

① 见下一段。
② 这是 1999 版合同中的情况(第 20.4 条第六段),例外情况是未能遵守 DAB 的决定(第 20.7 条)和 DAB 的任命到期(第 20.8 条)。
③ 第 3.7/3.5 条最后一段;并见下文第 16.8 节。第 21.5 条规定的友好解决期限不适用于本案,见第 21.7 条第一段。
④ 第 21.7 条。
⑤ 第 21.8 条。

(ⅲ)第三种情况是,DAAB尚未成立或在争议发生后才成立,无论是因为DAAB的任命已届满还是出于其他原因。在这种情况下,另一方可以直接将争议提交仲裁,而无需先获得DAAB的裁决或直至等候第21.5条规定的友好解决期限到期。

因此,根据2017版合同,有四种仲裁途径:

(ⅰ)就DAAB裁决或DAAB未能及时作出裁决(协议解决的期限之后,见下文第16.6节),已及时发出不满意通知;

(ⅱ)未能遵守协议或者工程师/雇主代表所作的具有约束力的最终决定;

(ⅲ)未能遵守DAAB的裁决;

(ⅳ)没有DAAB。

第21.4.4条的最后一段包含一个新的规定,不满意的一方有权在其"不满意通知"中指明他不满意的DAAB裁决的一部分或多个部分。不满意的部分和与这部分相联或受这部分影响的内容,可与剩余的内容相分离,剩余内容可成为最终且具有约束力的裁决,就好比没有发出过"不满意通知"一样。这一项规定很有用,它避免了不满意的一方仅部分反对裁决和仅针对该部分进行下一步友好协商或最终提请仲裁可能面临的不确定性。

16.3　DAAB的任命

如上所述,1999版合同任命DAB的时间点有所不同。在1999版红皮书中,默认裁决委员会是常设委员会[1],并在项目开始时在投标书附录中规定的日期内任命。在1999版黄皮书和银皮书中,DAB是一个临时委员会[2],在一方通知另一方他打算提交争议的28天内任命。菲迪克认为,在红皮书的情况下,需要花费额外费用来建立常设委员会,因为委员会需要处理现场工程施工引起的各种争议,而在黄皮书和银皮书的情况下,由于这些合同下的许多工程都涉及在工地外进行的设计和制造活动,发生纠纷的可能性较小。不幸的是,事实并非如此。

---

[1] 第20.2条。
[2] 第20.2条。

尽管有潜在的额外成本,常设委员会可能比临时委员会更熟悉项目并且能够更快地采取行动,临时委员会需要时间来熟悉该项目(这些时间也将收费)。考虑到这些因素,我们更倾向有利于在所有2017版合同中将常设DAAB作为默认的首选,一个关键性的原因是DAAB的作用增强,有助于避免纠纷或在早期阶段解决纠纷。这种更多强调争议避免的做法,直接表明将DAAB作为常设委员会是所有三本合同书的一致标准[①]。

因此,2017版合同第21.1条要求双方在承包商收到中标通知书之日后(红皮书和黄皮书)或双方签署合同协议之日后(银皮书),按合同数据中规定的时间内(如果没有规定,在28天内),共同任命DAAB的成员。

该条款还规定了DAAB的薪酬[②]、更换DAAB成员、终止任命、DAAB的任期,包括每个成员的任命。

16.3.1　单名或三名仲裁员

DAAB将由一名或三名仲裁员组成,具体取决于合同数据中的约定;在默认情况下,如果双方没有另行约定,DAAB将由三名成员组成。实际上,在任何规模或复杂程度的项目中,通常会任命三名成员。第21.1条规定他们应该具备适当的资格。合同中没有对于DAAB成员的资格的相关要求提供指导,但成员是否具有适当的资格将取决于项目所需的特定专业知识、相关资质和经验,以及其他因素。从合同数据中包含的列表中选择一名或多名具有适当资格的个人。如果DAAB由三名成员组成,每一方征得另一方的同意后选择一名,然后双方与这两名成员协商以同意第三名成员担任主席。正如《菲迪克合同指南》所强调的那样,重要的是当事方应该对任命的人有信心,因此需要从一开始就仔细关注确定合适的人选,以便从中选择DAAB成员。

一旦单名成员或三名成员被选中,他们必须与各方签署DAAB协议。这是单名成员/三个成员中的每个成员与各方之间的三方合同。DAAB于协议签署之日成立。

---

① 这并不是说常设委员会是强制性的。正如1999版红皮书指南在希望设立特设委员会(通常是出于成本原因)时提供了替代表述,2017版红皮书的说明也提供了类似的替代表述。

② 酬金条件应在议定DAAB协议条款时商定。双方负责支付所商定报酬的一半,这一规定是为了避免出现偏袒,否则,如果DAAB由一方支付,就可能出现偏袒(这也是人们认为工程师在作出仲裁前的决定时缺乏独立性的原因)。

《菲迪克合同指南》建议 DAAB 协议以示例范本为基础,根据是否任命或被任命为单名或三名成员,可在每本合同书后面的"示例范本"中找到适应的内容。该范本包含 DAAB 协议[①]的通用条件及其相关附录,即 DAAB 程序规则;这些文件在每一本合同书中的通用条件的附录中均可查到[②]。

16.3.2 DAAB 协议和 DAAB 程序规则

1999 版合同包含作为争议裁决协议的通用条件和一套 DAB 程序规则的附录,但 2017 版的合同更为详细,涵盖的范围更广。

每个 DAAB 成员在 DAAB 协议中作出的保证与 1999 版争议裁决协议中的保证大致相同,涵盖成员的独立性及其能力,但 2017 版合同(第 3.1 条)更准确地定义了成员有义务在本协议签署后,披露任何可能对其独立性或公正性产生质疑和/或与第 3.1 条中关于独立性的保证不一致的事实或情况。此保证与 1999 版中的 DAB 协议第 3 条的内容基本相同,其大意是 DAAB 成员在 DAAB 期限内始终对雇主、承包商保持公正和独立,并应遵守新的第 4.1 条。

第 4.1 条扩展了第 3 条中给出的保证,列出了一系列关于独立性和公正性的要求,首先要求 DAAB 成员在合同或项目中除了获得协议项下的服务付款,没有其他经济利益,且在双方或其各自的人员中没有任何利益。1999 版第 4 条对 DAB 成员规定了类似的义务。一个显著的区别是,1999 版要求,除非在签署协议前披露,DAB 成员在此之前不能担任过各方的顾问或受雇于各方或工程师的任何工作,2017 版第 4 条规定 DAAB 成员在签订本协议前 10 年内没有作为顾问或者以其他方式受雇于各方或者其各自的人员。

在这两个版本中,协议都规定了 DAB/DAAB 程序的保密性,但在 2017 版第 7 条中有更详细的规定,囊括了 DAAB 成员、各方及其各自的人员。新的第 7.3 条规定了保密义务的某些例外情况(尤其是当相关信息已经由相关人员掌握、或普遍可用或已从不受任何保密义务约束的第三方合法获取时),新的第 7.4 条规定了可以向替代的 DAAB 成员披露信息。

---

① 在 2017 版合同的某些印刷版本中,这些通用条件被称为"争议避免/裁决协议的通用条件"。菲迪克发布了一份勘误表,用"DAAB 协议的通用条件"(并用"DAAB 协议"取代"DAA 协议")取代了这一描述。

② DAAB 协议在 2017 版合同(红皮书和黄皮书第 1.1.23 条/银皮书第 1.1.20 条)中的定义是由双方和 DAAB 的单名成员或三个成员中的每个成员根据第 21.1 或 21.2 条签署或被视为已签署的协议,该协议将包含在合同通用条件附录中的 DAAB 协议的一般条件与商定的任何修订相结合。

双方在本协议项下的一般义务在两个版本中都以类似的条款表述(1999版的第5条和2017版的第6条)，但新的第8条单独且更详细地规定了双方对彼此的承诺和某些相互赔偿。尤其重要的是2017版第10条中作出关于辞职和终止的详细规定，而1999版没有相应的规定。2017版新的第11条还规定，参照DAAB规则中的第10条和第11条，可以以缺乏独立性、公正性或其他理由，对DAAB成员提出质疑。DAAB规则中的第10条和第11条规定了异议程序和质疑程序，由国际商会(ICC)决定，并由国际商会管理的国际纠纷争议解决中心(ADR)进行决定和管理①。与DAAB协议相关的争议(相对于DAAB成员的质疑)将提交给国际商会进行仲裁，这与1999版DAB协议中规定相同，只是2017版中新的第12条引入了快速程序规则。

2017版的"DAAB程序规则"将近八页，而1999版的"DAB规则"几乎不超过一页。这是因为1999版规则在DAB处理争议方面的权力和职责比较局限，而DAAB规则涵盖了常务委员会的会议和现场访问(规则3)、沟通和文件提供规则(规则4)、更详细的DAAB权力阐述(规则5)、举行听证会(规则7)，以及在做出裁决后采取的步骤(规则8)。还有一些规则规定了在DAAB成员根据第10条(规则9)辞职或终止DAAB协议的情况，以及如上所述的反对和质疑程序(规则10和11)。

遵守"程序规则"可能会显著增加常务委员会的成本，特别是在要求定期与各方会面，以及和/或每隔70至140天访问现场等方面(规则3.3)。然而，当事方可以修改规则以符合其特定需求，但任何修改都需要遵从规则1中所述流程的总体目标，即有助于避免争议并实现快速、高效和有成本效益地解决争议。

16.4　未能任命DAAB成员

争议裁决委员会程序的缺陷之一是，一方可能不配合任命委员会成员或替代成员而造成争议解决的延误。1999版的合同在第20.3条中处理了这一问题，规定了在招标附录(红皮书和黄皮书)或专用条件(银皮书)中提供拟任命的实体或成员名单。这与2017版合同的第21.2条基本相同，但后者明确

---

① 国际商会国际纠纷争议解决中心负责管理在国际商会提起的所有非仲裁程序，包括根据国际商会争议委员会规则下进行的调解和争议委员会程序。菲迪克认为，国际商会中心拥有必要的行业、法律和程序专业知识，可以承担管理DAAB成员异议的重要职责。

规定,由相关实体任命的成员将被视为已签署并受 DAAB 协议的约束,且在协议中需规定费用和适用法律,作为合同的一部分。

16.5　争议避免

2008 版金皮书首次在菲迪克合同中引入了一个条款(第 20.5 条),该条款规定在合同履行期间,DAB 在双方同意的情况下,为他们提供协助和/或进行非正式讨论并尝试解决可能出现的任何分歧。在 2017 版的合同中遵循了这一先进的原则(第 21.3 条),然而,该条款超出了金皮书的范围,它规定当 DAAB 意识到发生问题或产生争议的时候,可以积极邀请当事方共同请求其提供协助。除非双方另有约定,一方可随时向 DAAB 提出这样的请求,除非工程师或雇主代表根据第 3.7/3.5 条就某事项的协议或决定履行其职责。在金皮书和 2017 版合同中,双方均不受建议的约束,DAAB 也不受任何未来争议解决过程或非正式协助过程中提供的意见或建议的决定的约束。

此类协助是 2017 版中新强调的避免争议的重要内容,代表了对 DAAB 功能价值的提升。

然而,DAAB 的非正式顾问和决策者双重角色之间可能存在紧张关系。如果 DAAB 成员非正式地就争议发表意见,随后提交同一委员会作出裁决,也许在对各方案件进行更全面的陈述之后,可能会认为 DAAB 将无法真正采用全新的和无偏见的思维来处理这些问题。DAAB 的裁决似乎只是确认了早期的非正式观点,而没有充分阐明其论据或理由。遵守"程序规则"(特别是规则 6 和 7)不应导致作出这种裁决。

还需注意的是,DAAB 不是仲裁庭,与自然正义和其他方面相同的规则和限制不适用于它。提供非正式协助是国际商会争议委员会规则[1]和其他规则[2]的一个特点,如果不赋予 DAAB 提供非正式协助的权力,很难看到如何推进避免争议这一重要目标。

---

[1]　2015 年国际商会争议委员会规则,第 16 条。
[2]　例如,《日本国际协力机构争议委员会手册》(2012 版)第 9 条。

16.6　和解

正如我们所见,两个版本的菲迪克合同都要求对 DAB 或 DAAB 就争议作出的裁决不满意的一方在提起仲裁之前发出不满意通知①。在两个版本中发出此通知会触发双方试图达成一致的一段时期的开始。

根据 2017 版合同中的第 21.5 条,双方"应尝试在仲裁开始前友好解决争议";因此,在开始仲裁之前,友好解决期限是受限的。但是,在开始仲裁之前,当事方实际上没有必要试图自己去解决争议。除非双方另有约定,即使未尝试友好解决,仲裁也可在相关"不满意通知"发出之日后的第 28 天或之后开始。

友好解决期有时被描述为仲裁前的冷静期。然而,《菲迪克合同指南》建议双方积极参与调解以解决争议,调解可能是此类参与的众多可能性之一。调解是许多复杂争议解决条款的一个特点,可以通过采用《菲迪克合同指南》中给出的示例调解规则或使用 2017 年国际商会调解规则等规则,进入友好解决程序。

2017 版合同的第 21.5 条对友好解决进行了规定,与 1999 版合同中的第 20.5 条基本相同。唯一显著的区别是,在 1999 版中,不满意的一方必须等待 56 天才能发出不满意的通知,而在 2017 版中,这一期限已缩短至 28 天;如上所述,在这两种情况下,无论是否实际进行了任何友好解决的尝试,都需遵守这个时间规定。2008 版金皮书已经将期限缩短到 28 天。友好解决时限的缩短反映了合同使用者所表达的意见,即认为 56 天太长,可以作为拖延战术的观点;如果确实有达成协议的希望,并且双方需要的时间超过 28 天,他们总是可以根据第 21.5 条同意延期,其中(如 1999 版合同中的第 20.5 条)明确规定了这一点。例如,如果当事方决定进行调解,则可能需要延长时间。

16.7　仲裁

2017 版第 21.6 条规定在以下四种情况中的任何一种情况下可进行仲

---

① 见上文第 16.2.6 节。

裁,如上文第 16.2.6 节所述[①]：

（ⅰ）就 DAAB 的裁决或者 DAAB 未能在第 21.5 条规定的友好和解期内作出裁决（第 21.4.4 条），已及时发出"不满意通知"；

（ⅱ）未能遵守工程师/雇主代表的协议或具有约束力的最终决定（第 3.7.5/3.5.5 条）；

（ⅲ）未能遵守 DAAB 的裁决（第 21.7 条）；

（ⅳ）没有 DAAB（第 21.8 条）。

仲裁是第 21 条规定的三个争议解决阶段中规定的第三阶段和最后阶段，而不是在当地法院进行诉讼。

16.7.1 开始仲裁的一方

正如我们所见[②]，第 21.4.4 条规定，除非已就争议发出"不满意通知"，或除非出现（ⅱ）至（ⅳ）中的一种或其他情况，否则任何一方均无权启动争议仲裁。该描述似乎并未将对争议提起仲裁的权利仅限于不满意的一方，似乎未表示同意的另一方也能够这样做。这也是 1999 版的立场（见第 20.4 条第六段）。在实践中，发出"不满意通知"的不满方最有可能是启动仲裁的一方，但在某些情况下，例如在发出"不满意通知"的一方延迟启动仲裁的情况下，另一方可能希望寻求声明或其他救济，以便消除延迟造成的不确定性。

16.7.2 开始仲裁的时间

发出"不满意通知"后开始仲裁的时间在合同中没有规定。在预发行的黄皮书第 21.4.4 条中要求仲裁应在发出或收到"不满意通知"后的 182 天内开始，否则将被视为失效。但这被认为可能会引发仲裁，而不是通过向相关方施加压力以避免其"不满意通知"失效来阻止仲裁，因此取消了时间限制。

根据第 26.1 条第五段，仲裁可以在工程完成之前或之后的任何时间开始。因此，无需等到项目结束后再将争议提交仲裁，并且在工程进行期间已

---

① 该条款规定，如果行政和预算问题咨询委员会的裁决（如果有的话）尚未成为最终和有约束力的裁决，则争议应通过国际仲裁解决（除非友好解决），并且根据第 21.4.4 条行政和预算问题咨询委员会的裁决发出通知，或适用下述第（ⅱ）至（ⅳ）种情况。这一规定对 1999 版合同第 20.6 条的规定进行了必要的修正。

② 见上文 16.2.6 节。

经开始仲裁这一事实明确不会改变各方、工程师(红皮书或黄皮书)或 DAAB 的义务。1999 版合同的第 20.6 条包含类似的规定。

16.7.3　仲裁的选择

菲迪克长期以来一直倾向于仲裁。其原因与适用于任何国际商业合同的原因基本相同。总结起来,这四个主要原因如下:

(ⅰ)首先,与当地法院判决相比,仲裁裁决更容易跨境执行。1958 年《纽约公约》[1]规定 159 个签署国的法院有义务承认和执行仲裁裁决,但须遵守某些有限的例外情况,例如缺乏管辖权或行为能力。就法院判决而言,没有类似的多边条约。《纽约公约》被公正地称为"国际仲裁的基石"。

(ⅱ)当事方可以约定一个中立的仲裁地点,即该地点既不在当事方自己的国家,也不与任何一方有其他联系。《菲迪克合同指南》正确地提请注意仔细考虑仲裁地点的重要性,因为仲裁地点通常会决定适用于该程序的法律,涵盖当地法院可能干预的程度及其对程序的监督,包括质疑权或上诉权。仲裁的法定地点应与可能举行听证会的地点形成对比。双方应商定一个仲裁地,该地的程序法应是现代化的,并且有利于仲裁[2]。

(ⅲ)当事人可以选择他们自己的仲裁庭,而不是由当地法院作出行政判决。可以通过使用商定的仲裁管理机构的服务来选择仲裁庭,或者直接由当事方自行商定参加仲裁庭的个人。在前一种情况下,所谓的机构仲裁,例如由国际商会或伦敦国际仲裁院(LCIA)管理的仲裁,以及许多其他仲裁,每一方通常提名一名仲裁员供机构确认,在达成协议和确认后,第三个人担任主席。在后一种情况下,即"临时"仲裁,当事人和仲裁庭自行进行仲裁,通常使用公认的规则,例如联合国国际贸易法委员会(UNCITRAL)[3]公布的规则。《菲迪克合同指南》建议,如果更倾向于临时仲裁[而不是国际商会(机构)仲裁的默认立场],双方仍应在合同数据中指定一个机构来任命仲裁员。

(ⅳ)仲裁一般非公开进行,而法庭诉讼一般公开进行。在可能出现商业

---

[1]　《承认及执行外国仲裁裁决公约》于 1958 年 6 月 10 日由联合国会议通过,并于 1959 年 6 月 7 日生效。

[2]　联合国国际贸易法委员会(UNCITRAL)发布的《示范法》是许多国家仲裁程序法的基础,例如英国的《仲裁法》(1996 版)。

[3]　该委员会设在维也纳,《联合国国际贸易法委员会规则》的最新版本于 2013 年出版。

敏感问题的情况下,这可能是一个相当重要的问题,但在任何情况下都可能是首选。仲裁隐私的基础尚不清楚,一些司法管辖区将程序中的保密义务视为基础仲裁协议的默认条款,而另一些司法管辖区则采用不同的途径。这也不是无条件的隐私。例如,在伦敦进行的仲裁中,当事方的身份和争议的性质可能会在仲裁员向法庭提出质疑或上诉的过程中被披露。

16.7.4 国际商会仲裁

两个版本的合同中,默认的立场是适用国际商会仲裁。除非双方另有约定,否则2017版合同中的第21.6条规定由国际商会根据国际商会规则指定一名或三名仲裁员进行仲裁。

菲迪克与国际商会的关系由来已久,尽管欧洲和其他地方出现了一些替代性机构,但可以说总部设在巴黎的国际商会是世界上最著名的仲裁机构。国际商会的仲裁规则清晰而灵活[1],并已成为其他机构仲裁规则的范本[2]。然而,国际商会仲裁需要根据争议金额来收取一定比例的费用,有时被认为对于除最大争议之外的所有争议而言过于昂贵。《菲迪克合同指南》明确指出国际商会仲裁不是强制性的,但建议选择的任何规则都应符合第21条的规定以及合同数据中规定的其他要素。

除国际商会外,比较受欢迎的仲裁机构是伦敦国际仲裁院(LCIA),在亚太地区,还有新加坡国际仲裁中心(SIAC)和香港国际仲裁中心(HKIAC)。

这些机构在国际上享有盛誉,既得到了友好仲裁的程序法的支持,也获得了受人尊敬的地方法院的支持[3]。

16.7.5 仲裁庭的权力

在两个版本的合同中,仲裁庭都被赋予了对争议作出裁决的广泛权力。尽管DAAB或DAB裁决可能在仲裁中被认定为证据,但仲裁庭的职能不是审查DAAB或DAB的裁决以找出错误或推翻它的理由(如果有的话),而是

---

[1] 现行规则于2012年发布,并于2017年修订。这些规则反映了良好的国际惯例,并涉及临时和紧急措施以及多方争议等问题。

[2] 例如,可参阅《中国国际经济贸易仲裁委员会(CIETAC)仲裁规则》(2015版)。

[3] 伦敦玛丽女王大学研究人员在2018年国际仲裁调查发现,五个最受欢迎的仲裁地分别是伦敦、巴黎、新加坡、中国香港和日内瓦。与之前的调查一致,五大最受青睐的仲裁机构分别是国际商会、伦敦国际仲裁院、上海国际仲裁中心、香港国际仲裁中心和斯德哥尔摩商会。

重新审理此事。因此,2017 版合同中的第 21.6 条和 1999 版合同中的第 20.6 条明确规定,任何一方均不受限于先前提交给 DAAB 或 DAB 的证据或论据,也不受限于在不满意通知中给出的不满意原因。

一个合理的 DAAB/DAB 裁决可能对仲裁庭具有相当大的影响,但仲裁庭会根据面前的证据作出自己的裁决。部分证据很可能包括工程师或雇主代表的证据[1];但 DAAB/DAB 成员不会提供证据[2]。

仲裁庭在 2017 版合同下的权力明确包括开放、审查和修改工程师(2017 版银皮书中的雇主或雇主代表)的所有证书、裁决(最终和具有约束力的裁决除外)、指令、意见或估价的权力,以及 DAAB 任何与争议相关的裁决(最终和具有约束力的裁决除外)。该描述与 1999 版第 20.6 条非常相似,但 2017 版明确指出,任何要审查或修订的 DAAB 裁决不应是最终和具有约束力的裁决。仲裁庭有权公开 DAAB 作出的有关争端具有约束力的非最终裁决,因此仲裁庭能够对 DAAB 的裁决进行审查和修订,但与不满意通知相关的特定裁决除外。

仲裁中经常出现的一个问题是仲裁庭可以在多大程度上听取被申请人提出的反诉。例如,承包商可以根据证书要求付款,而雇主通过参考与缺陷有关的交叉索赔来期望减少或消除索赔。由于仲裁庭的权力完全来自当事方之间的仲裁协议,因此可能会出现关于仲裁庭受理反诉的管辖权或权限的问题。

大多数仲裁规则,包括国际商会的仲裁规则,都规定了反诉。然而,仲裁庭是否有管辖权来审议这些问题将取决于管辖法和程序法,因为通常会出现实质性和程序性问题。例如,管辖法律可能会承认与费用索赔相关的抵销抗辩。在伦敦进行的仲裁中,仲裁庭通常能够考虑构成抵销的交叉索赔[3],以裁决应支付给索赔人的金额(若有)。在其他情况下,该问题可能被视为理解上的问题(而非交叉索赔和抵销的问题)。例如,在英国最近的一个案例中,商事仲裁庭必须考虑,由单一事件引起的账户余额的索赔和反诉是否都包含在启动仲裁的通知中。法院认为,提及"索赔"和"根据合同产生的所有争议"的通知具有将索赔和反诉均提交仲裁的效果[4]。

---

[1] 第 21.6 条第二段/1999 版合同第 20.6 条第二段。
[2] 2017 版《DAAB 协议通用条件》第 8 条;1999 版《争议裁决协议通用条件》第 5 条。
[3] 如果被申请人的反诉与所欠债务来自同一交易或密切相关的交易,则可以抵销。
[4] Glencore International AG v PT Tera Logistic Indonesia (2016) EWHC 82 (Comm)案。

16.7.6　支付金额

2017版第21.6条消除了1999版可能产生的疑问,即关于要求一方向另一方支付一定金额的裁决的效力,特别是收款方是否有必要为判给的金额进行索赔或给予任何进一步的通知。第21.6条的最后一段明确规定,如果裁决要求一方向另一方支付款项,则相关金额应立即支付,无需任何进一步的证明或通知[①]。

16.7.7　成本

第21.6条中的另一项新规定是仲裁庭被赋权在处理仲裁费用时应考虑一方未能根据第21.1和/或21.2条与另一方合作组成DAAB的情况,例如,当事一方未能在同意任命替补成员方面进行合作。因此,DAAB程序得到了一项新权力的支持。

16.8　未能遵守DAAB的裁决

仲裁委员会不是仲裁庭,其裁决本身不可强制执行。为支持DAAB流程,2017版合同在第21.7条中规定了一方在另一方未能遵守DAAB裁决时可能采取的步骤。1999版的第20.9条也规定了此类步骤,但这样的方式会在DAB的裁决尚未成为最终裁决的情况下遇到相当大的困难。

正如我们所见,所有DAB(或DAAB)裁决都具有约束力[②],并应立即生效,但只有在未根据第20.4条发出不满意通知(或根据第21.4.4条发出的不满意通知)的情况下,才具有最终约束力。如果DAB的裁决已成为最终裁决并具有约束力,但一方未能遵守,则1999版第20.7条赋予另一方将该执行失败提交仲裁的权利,而无需获得另一项DAB裁决或等待友好解决期到期。尽管没有明确说明,但该条款设想仲裁庭随后将通过适当的方式来执行该裁决,例如,通过简易程序或快速程序,或通过过渡或临时的措施或裁决。

在裁决尚未成为最终裁决的情况下会遇到困难。第20.7条中没有关于

[①] 因此,关于金钱的仲裁裁决的立场与要求一方当事人向另一方当事人付款的DAAB裁决类似;这些裁决应立即支付,但须服从第21.4.3条(ⅱ)目规定的要求提供担保的权力。

[②] 1999版合同第20.4条第四段;2017版合同第21.4.3条第四段。

执行此类裁决的规定,该条款仅涉及最终裁决。由于与 DAB 裁决相关的争议仲裁可能需要数年时间才能结束,这一时间上的间隔可能会导致严重的实际操作困难,例如,承包商有权获得巨额款项。在下面一个特别著名的案例中,寻求强制执行的一方试图根据第 20.4 条规定迅速履行非最终 DAB 裁决的义务。此案例说明了在 1999 版合同下遇到的困难。

在 *PT Perusahaan Gas Negara（Persero）TBK v CRW Joint Operation* 案件中,根据一份基于红皮书的合同,DAB 裁决,印度尼西亚天然气管道设计和安装项目中,雇主(PGN)应向承包商(CRW)支付约 1 700 万美元的变更费用。面对 PGN 的违规行为,CRW 于 2009 年根据第 20.4 条在新加坡开始仲裁,要求立即支付该金额。仲裁员对此达成一致并作出最终裁决。当 CRW 试图执行该裁决时,新加坡法院以仲裁员超出其管辖范围为由拒绝了该裁决。这一结果在上诉中得到确认,新加坡上诉法院(2011 年)认为,仅将 DAB 裁决的可执行性问题提交给仲裁员,而不是潜在争议的案情实质,违反了约定的仲裁程序。

同年,CRW 开始进行第二次仲裁,寻求就争议的实质作出最终裁决,并在争议最终解决之前作出部分或临时裁决,以执行 DAB 的裁决。仲裁员有义务发出临时裁决,命令 PGN 及时付款。随后,CRW 寻求并获准执行该裁决;而 PGN 申请撤销该裁决,但未成功。随后,PGN 又提出上诉。

2015 年,新加坡上诉法院作出驳回上诉的判决。法院认为,红皮书通用条件第 20.4 条(未经双方修改)规定了一项明确的义务,即在不援引第 20.4 或 20.5 条的情况下立即遵守 DAB 可能提交仲裁的裁决。该义务与 DAB 裁决的初衷完全不同,后者可能随后由仲裁员进行修改。如果收款方仅限于将付款方的不遵守规定视为违约,将只能有权要求损害赔偿,且必须在现有的国内法院提起诉讼,那么这完全违背了第 20.4 条的目的。在法院看来,第 20.4 条符合保护建筑业现金流的重要目的,尤其是指常作为收款方的承包商的现金流。

经过几年的时间和根据新加坡法院的四次判决,承包商最终胜诉。诉讼程序引起了相当多的评论,并在 2013 年 4 月[在新加坡上诉法院第二次(2015 年)裁决下达之前],菲迪克向 1999 版合同用户发布了一份重要的指导说明[1]。其目的是明确菲迪克的意图，即 DAB 的裁决具有约束力但不是最终的，如果一方不遵守，另一方无需等待 DAB 作出其他裁决或友好解决期届满，可根据第 20.6 条提交仲裁。菲迪克指出，2008 版金皮书第 20.9 条规定有关 DAB 裁决是否具有约束力或是否为具有最终约束力的最终裁决，可参考仲裁，从而来明确表明这一意图。指导说明指出，多数仲裁庭认为该立场不明确，并专门提及 Persero 案。该说明最后建议使用者修改第 20.7 条，以强制执行非最终 DAB 裁决，使用类似于金皮书第 20.9 条的描述。

2017 版合同在 1999 版（以及金皮书中的表述）基础上进行了改进，不仅规定将不遵守非最终 DAAB 裁决的情况提交仲裁（无需获得第二次裁决或等待友好解决期期满），而且明确规定了裁决的执行。第 21.7 条赋予仲裁庭权力，在适用法律或其他适当的方式下，通过简易程序或其他快速程序，以过渡或临时措施或裁决来执行命令。

第 21.7 条中的另外两项规定也更加明确。首先，任何此类过渡或临时措施或裁决均应得到明确保留，即在裁决之前，应保留当事方对争议实质的权利；其次，执行一方未遵守的 DAAB 裁决的任何过渡或临时措施或裁决，无论是否是最终的，也可能包括损害赔偿或其他救济的命令或裁决。因此，另一方可以就违约获得赔偿或其他救济。

---

[1] 《菲迪克 1999 版合同条件用户指导备忘录》，2013 年 4 月 1 日。

索引*

a

abandoning the works 145，150 放弃工程

acceleration of completion 134 加速竣工

acceptance of the works 107～111 验收工程

Accepted Contract Amount 26 中标合同金额

  Contract Price 116 合同价格

  delay damages 89 延误损失

  performance security 46 履约担保

access routes 10 进场通道

access to site，Employer 27 进场道路，雇主

activities start and finish dates 73～74 活动起止日期

adjustments 调整

  for changes in cost 141～142 因成本变动的调整

  for change in laws 140～141 因法律变更的调整

  Contract Price 129～142 合同价格

Administration 29～35 管理

administrative burden 52 管理负担

advance payment 117 预付款

advance warning 75～76 事前提醒

adverse climatic conditions 9，82 不利气候条件

Agreed Final Statement 123～124 商定最终报表

  cessation of liability 127 责任中止

agreement 协议

  claims 187～188 索赔

  or determination 35～39 决定，裁决

---

* 索引所列术语页码为英文原书页码。

effect of 37~38 ……的影响

alternative contractors 130 替代承包商

amicable settlement 195~196,205~206 友好解决

 failure to comply with DAAB decision 210 未能遵守争议避免/裁决委员会的决定

Appendix to Tender 59,201 投标书附录

 failure to appoint DAAB members 204 未能任命争议避免/裁决委员会的成员

applicable law,Exceptional Events 178~179 适用法律,异常事件

appointment of the DAAB 201~204 争议避免/裁决委员会的任命

approvals,regulatory 62 批准,规章

arbitration 195~196,206~210 仲裁

 amicable settlement period before 205 在……之前的友好解决时期

 failure to comply with DAAB decision 212 未能遵守争议避免/裁决委员会的裁决

 International Chamber of Commerce (ICC) 国际商会

 neutral seat 207 中立席

 privacy of 208 ……的隐私

 reasons 207~208 理由

 time for commencing 207 开工时间

 tribunal's powers 209 仲裁庭的职权

assistance by Employer 28 雇主的协助

assistants 32 助理

Association of Consulting Engineers (ACE) 2 咨询工程师协会

authority 权力

 Contractor's Representative 47 承包商代表

 delegated 33 委托

 Engineer/Employer's Representative 30~32 工程师或雇主代表

avoidance of disputes 204~205 争议避免

b

Base Date 29,55 基准日期

索引

Bills of Quantities 78 工程量清单
    valuation 114 计价
breach of professional duty 173 违反职责
Building Information Modelling (BIM) systems 15 建筑信息模型系统

C

care of the works 163~168 对工程的照管
care, skill and 66 照管,技能
categories of claims 181~182 索赔的类别
causes 原因
    combined 168 共同的
    specified 80~83 特定的
Cavendish Square Holding BV v Talal El Makdessi 87 *Cavendish Square Holding BV* 诉 *Talal El Makdessi* 案
Certificate 证明
    Performance 110~111 履约
    Taking-Over *see* Taking-Over Certificate (TOC) 接收,见:接收证书(TOC)
cessation of Employer's liability 127~128 雇主责任的中止
changes in laws 12,140~141 法律变更
City Inn Ltd v Shepherd Construction Ltd 84~85 *City Inn Ltd* 诉 *Shepherd Construction Ltd* 案
claims 181~193 索赔
    agreement or determination 187~188 协议或决定
    categories of 181~182 分类
    contemporaneous records 185 同期记录
    continuing effect 192 持续影响
    counterclaims 209~210 反诉
    and disputes 197 争议
    exclusion procedure 81~82 排除程序
    fully detailed 185~186 全面详细的
    1999 books 188~189 1999 版合同

time bars 183～184，186～191 时间限制

Clancy Dowcra Ltd v E.ON Energy Solutions Ltd 20 *Clancy Dowcra Ltd* 诉 *E.ON Energy Solutions Ltd* 案

climatic conditions 54 气候条件

    adverse 9 不利的

    exceptionally adverse 82 非常不利的

commencement 71～72 开工

    arbitration 206～207 仲裁

    non-receipt of notice of 159～160 未收到……的通知

commotion 175 骚乱

communications 17～18 通信交流

    language 19 语言

Compensation 赔偿

    Contract termination 143，152，158 合同终止

    delays 86，89～90 延误

    dispute resolution 212 争议解决

    indirect loss/damage 24 间接损失、损害

completion 竣工

    acceleration 134 加快

    Exceptional Events 177 异常事件

    extensions of time 79～80 延长工期

    specified delay causes 80～83 规定的延迟原因

    Statement at Completion 122～123 竣工报表

    Taking-Over Certificate 100 接收证书

    testing after 102～105 在……后的试验

    testing on 93～97 在……时的试验

    time for 72 ……的时间

compliance 遵守

    Compliance Verification System (CVS) 51～52 合规认证体系

    with laws 22 遵守法律

concurrent causes 83～85 共存原因

Conditions of Contract for Design-Build and Turnkey *see* Orange Book 设计建造和交钥匙工程合同条件，也被称为橙皮书

Conditions, Particular *see* Particular Conditions 条件，专用的，见：专用条件

consequential loss or damage 23~25 引发的损失或损害

consultation, Engineer/Employer's Representative 35~36 协商，工程师或雇主代表

 contemporaneous approach 75 同步方法

 contemporaneous records 185 同期记录

 continuing effect, claims 192 持续影响，索赔

Contract administration 29 合同管理

Contract Agreement 合同协议书

 commencement of works 71 工程的开工

 Contract Price 116 合同价格

 failure to comply 157 未能遵守

Contract Data 17~18 合同数据

 delay damages 85~86 延误损失

 Particular Conditions 13 专用条件

 right of access to site 27 现场进入权

 subcontractors 48 分包商

Contractor 1 承包商

 assistance by Employer 28 雇主的协助

 basic obligation 107~108 基本义务

 care of the works 163~164 对工程的照管

 claims 181~193 索赔

 Contractor's design 5, 63, 168~170 承包商的设计

 Contractor's Proposal 45 承包商的建议

 Contract termination for Employer's convenience 152 为方便雇主而终止合同

 DAAB procedural rules 203 争议避免/裁决委员会程序规则

 defaults 144~152 违约

degree of skill 66 技术水准

delay damages 85 延误损失

delayed payment 127 延迟付款

Employer's Requirements, errors in 57, 59～61 雇主要求, ……中的错误

experienced 44, 60 有经验的

failure 46 未能

financing charges 127 融资费用

fitness for purpose 41～56, 133 目标适用性

Indemnities 168～170 赔偿

interim payments 121 期中付款

method of construction 165 施工方法

objections to variations 131～133 对变更的反对意见

obligations 41～45, 94～95, 161 义务

operations of the forces of nature 7～8 自然力的作用

order of works 74 施工顺序

plant, materials and workmanship 65 生产设备,材料和工艺

potential risks 8～10 潜在风险

provision of performance security 45～47 履约担保规定

requirements 53 要求

right to suspend 154 暂停权利

share of benefits 134～135 利益共享

termination of the Contract 155～161 终止合同

testing by the 67～68 ……试验

1999 Red Book 3 1999 版红皮书

unforeseeable physical conditions 54～55 不可预见的自然条件

unobtainable goods 132～133 不可获得的货物

variation instructions 33～34 变更指示

Contractor's documents 49～50, 62～63 承包商文件

    QM system 51 质量管理体系

Contractor's Representative 17, 47 承包商代表

Contract Price 115~117 合同价格
  Changes in laws 140~141 法律变更
  continuing effect of claims 192 索赔持续影响
  delay damages 89 延误损失
  performance security 46 履约担保
  unforeseeable physical conditions 55 不可预见的自然条件
  variations and adjustments 129~142 变更和调整
Contract termination *see* termination of the Contract 合同终止，见：终止合同
 contractual criteria 44 合同标准
 convenience, termination for Employer's 12~13，152~154 便利，因雇主便利而终止合同
 cooperation 合作
  advance warning 77 事前提醒
  Contractor 50 承包商
  termination of the Contract 152 终止合同
  2017 books 2 2017 版合同
 corruption 146~14 151，160~161 腐败
 cost，costs 成本/费用
  arbitration 210 仲裁
  changes in 141~142 ……的改变
  defects after taking-over 108 接收后的缺陷
  of remedying defects 9 修补缺陷
 counterclaims 209~210 反诉
 CRW Joint Operation，*PT Perusahaan Gas Negara（Persero）TBK v* 211 *CRW Joint Operation* 诉 *PT Perusahaan Gas Negara（Persero）TBK* 案

d

 damage，damages 损失
  daily rate 86~88 日费率
  delay 85~90 延误

indirect or consequential 23~25 间接或连带的

insurance 173 保险

to other property 169~170 其他财产

death 10 死亡

indemnities 168~171, 173 赔偿

deeming provision, taking over 99~100 公认条款,接收

defaults 违约

Contractor's 143~152 承包商的

design 64 设计

Employer-side 170 雇主方

subcontractors 48 分包商

defects 缺陷

Contractor's design 64 承包商的设计

cost of remedying 9 修复费用

latent 11~12 潜在的

and rejection 68~69 拒收

after taking-over 107 接收后

Defects Notification Period (DNP) 101~102, 107~111 缺陷通知期

extension 108~109, 181 延长

degree of skill 66 技术水准

delay, delays 71 延误

damages 85~90 损失

duty to minimise 176~177 将……减至最小

Employer-caused 82~83 雇主造成的

extensions of time 79 延长工期

governing law 84 管辖法律

specified causes 80~83 特定原因

delayed drawings and instructions 21 延迟的图纸和指示

delayed payment 127 延迟的付款

Contract termination by Contractor 157 由承包商终止合同

delayed testing 95, 103, 105 延误的试验

索引

delegated authority 33 代理权限

design 设计

    Contractor's 5，63，168~170 承包商的

    design 设计

    by Employer 58，61 由雇主

    indemnity 9 赔偿

    liability for care of works 166 对工程的照管责任

    personnel 58，61~62 人员

detailed claims 185~186 详细的索赔报告

determination 决定

    agreement or 35~39 协议

    claims 187~188 索赔

    dissatisfaction with 38~39 对……不满

    effect of 37~38 ……的影响

difficulties, unforeseeable 53~55 困难，不可预见的

discharge 124 结清证明

Dispute, disputes 争议

    avoidance of 204~205 避免

    definition 197 定义

    parties' obligations 198 各方义务

    referring 198 移交

    resolution 195~212 解决

    three-tier resolution process 196 三层解决流程

dispute adjudication board (DAB) 5,7 争议裁决委员会

arbitration 209 仲裁

    claims 182，184，190~191 索赔

    dissatisfaction with decision 199~201 对决定不满

    enforceability of decision 211 决定的可执行性

    failure to comply with 210~212 未能遵守

    non-final decision 211~212 非最终决定

    1995 Orange Book 195~196 1995 版橙皮书

Dispute Avoidance/Adjudication Board(DAAB) 2,7 争议避免/裁决委员会

 agreement 202~204 协议

 appointment 201~204 任命

 arbitration 209 仲裁

 avoidance of disputes 204~205 争议避免

 enforceability of decision 210~212 决定的可执行性

 failure to appoint members 204 未能任命成员

 failure to comply with decision 210~212 未能遵守裁决

 impartiality of 203 ……的公正性

 members 202 成员

 non-final decisions 211~212 非最终裁决

 procedural rules 202~204 程序规则

 procedure 197~198 程序

 termination of Contract for 因……终止合同

 non-compliance with decision 149，159 不遵守决定

 2017 contracts 196 2017 版合同

dissatisfaction 不满

 with DAAB decision 199~201 争议避免/裁决委员会决定

 with Engineer's determination 38~39 工程师的决定

 notice of *see* notice of dissatisfaction（NOD）通知，见：不满意通知

DNV Standard 43 DNV 标准

documents 文件

 Contractor's 49~50，62~63 承包商的

 priority of 19~20 ……的优先级

 technical 43 技术性的

 tender 14 投标书

 use of 21~22 ……的使用

drafting options 14 起草选项

drawings 图纸

 delayed 21 延误的

 specification and 166 技术规格书

索引

duties 任务
 breach of professional duty 173 失职
 duty to minimise delay 176~177 将延误减至最小的责任
 Engineer 31 工程师

e

effects, continuing 192 影响，连续
electronic original 17 电子原稿
employees 职员
 Contractor's 167，175，177 承包商的
 training 9~10，64 培训
Employer 27~29 雇主
 cessation of liability 127~128 责任中止
 claims 181~193 索赔
 Contract termination 143 终止合同
 Contract termination for convenience 12~13,21~23,152~154 因便利而终止合同
 delay damages 85，89 延误损失
 designs by 2~3,58,61 ……的设计
 Employer-caused delays 83 雇主造成的延误
 Employer's administration 29~35 雇主的管理
 errors in Employer's Requirements 20~21 雇主要求中的错误
 financial arrangements 28 资金安排
 Indemnities 170~171 赔偿
 inspections by personnel 67 人员检查
 liability for care of works 165~166 对工程的照管责任
 ownership of plant and materials 69 生产设备和材料所有权
 personnel 28，167 人员
 potential risks 10~13 潜在风险
 QM/CVS system 51 质量管理/合规验证体系
 Request for Proposal 138 提供建议书
 review of programme 74~75 进度计划审核

231

  share of benefits 134~135 利益共享

  shortages in Employer-supplied materials 11，29 雇主供应材料的短缺

  suspension of the works 90~92 暂时停工

  taking-over 97~102 接收

  testing by the Contractor 67 承包商的试验

  training of employees 9~10，64 雇员培训

Employer's Representative 1 雇主代表

  determination of claims 188 确定索赔

  instructions 32~35 指示

  role and authority 30 角色与权力

  2017 Silver Book 6 2017 版银皮书

Employer's Requirements 雇主要求

  compliance with laws 22 遵守法律

  errors in 7~8，57~59 ……的错误

  fitness for purpose 42，44 目标适用性

enforceability of DAB/DAAB decisions 211 争议避免/裁决委员会裁决的可执行性

Engineer 1 工程师

  compliance with DAAB decisions 199 遵守争议避免/裁决委员会的裁决

  determination of claims 188 确定索赔

  determinations 29~30，36 决定

  dissatisfaction with determination 38~39 对某项决定表示不满

  and Employer's administration 29~35 雇主的管理

  instructions 32~35 指示

  interim payments 121 期中付款

  QM/CVS system 51 质量管理/合规验证体系

  request for proposal 138 提供建议书

  review of Contractor's documents 49 审查承包商文件

  review of programme 74~75 进度计划审核

索引

  role and authority 30 角色与权力
  testing by the Contractor 67 承包商的试验
  unforeseeable physical conditions 54 不可预见的自然条件
  1999 Red Book 3 1999 版红皮书
  1999 Yellow Book 5 1999 版黄皮书
Engineer-Procure-Construct（EPC）6 设计-采购-施工
  environmental protection 133 环境保护
E.ON Climate and Renewables UK Robin Rigg East Ltd，MT H@jgaard A/S v 43 E.ON Climate and Renewables UK Robin Rigg East Ltd 诉 MT H@jgaard A/S 案
  E.ON Energy Solutions Ltd，Clancy Dowcra Ltd v 20 E.ON Energy Solutions Ltd 诉 Clancy Dowcra Ltd 案
equipment，Employer's 29 雇主的设备
errors in Employer's Requirements 7~8 雇主要求的错误
  Silver Book 57~58 银皮书
  Yellow Book 59 黄皮书
errors in items of reference 61 参考项目的错误
Exceptional Events 69，166~167，175~179 异常事件
  consequences 167~168 后果
  exceptionally adverse climatic conditions 82 异常恶劣的气候条件
extension of Defects Notification Period 109,181 缺陷通知期
extensions of time（EOT）53，77~80 延长工期
  assessing 81 评估
  Claims 182 索赔
  Exceptional Events 177 异常事件

f

failure to proceed 89，146，150 未能进行
final payment 124~126 最终付款
Final Payment Certificate 118，124~125 最终付款证书
Final Statement 123~124 最终报表
financial arrangements，Employer's 28 雇主的资金安排

financing charges 127，155 融资费用

fitness for purpose 2，41～56，110，133～134 目标适用性

 Employer's Requirements 8 雇主要求

  indemnity insurance 172～173 赔偿保险

fixed price lump sum 5 固定总包价格

flexibility 灵活性

 amount of security 46 担保金额

  claims time bar 182，189～190 索赔时效

float 80 浮时

force majeure 152，166～167，175～179 不可抗力

forms 范本

 Sample 202 样品

 2017 Books 16 2017 版合同

fully detailed claims 185～186 全面详细索赔报告

g

general conditions 75 通用条件

general obligations 41～45，57～62 一般义务

general provisions 17～26 一般规定

general requirements, claims 192～193 一般要求，索赔

Gold Book 13 金皮书

 care of the works 169，172 对工程的照管

 claims 190 索赔

 dispute resolution 204～206，211～212 争议解决

 Exceptional Events 175 异常事件

Golden Principles 14 黄金法则

good industry practice 43 良好的行业惯例

good practice, recognised 66 良好惯例，公认的

goods 货物

 Insurance 173 保险

 not readily obtainable 132 不易获得

governing law 18 管辖法律

  delays 83~84 延误

  Exceptional Events 178~179 异常事件

  termination of the Contract 143 终止合同

gross negligence 9，23，110~111 重大过失

  damages 89 损害

grounds of termination 145~147，149~151,156~159 终止理由

h

Hadley v Baxendale 24~25 *Hadley* 诉 *Baxendale* 案

health obligations 132~133 健康职责

Hong Kong International Arbitration Centre（HKIAC）208 香港国际仲裁中心

Hostilities 175 敌对行动

i

impartiality of DAAB 203 争议避免/裁决委员会的公正性

impediments，Employer-caused 82~83 由雇主引起的妨碍

indemnity 赔偿

  by Contractor 168~171 由承包商引起的

  design 8~9 设计引起的

  by Employer 170~171 由雇主引起的

  shared 171 共同引起的

indirect loss or damage 23~25 间接损失或损害

Industrial property rights 171~172 工业产权

Infringement 171 侵权

initial programme 73~76 起始进度计划

injury 169~170，173~174 伤害

insolvency 资不抵债

  Contractor 146~147，150~151 承包商

  Employer 158，160~161 雇主

inspection 67 检验

Institution of Civil Engineers（ICE）2 土木工程师学会

instructions 指示

delayed 21 延误的

Engineer/Employer's Representative 32～35 工程师或雇主代表

suspension of the works 90，92 暂时停工

variation by instruction 135～138 变更指示

insurance 172～174 保险

works 172～173 工程

2017 books 172 2017 版合同

intellectual property rights 171～172 知识产权

Interim Payment Certificate（IPC）120～121 期中付款证书

failure to issue 156 未能发起

interim payments 118～122 期中付款

Contractor's right to suspend works 154 承包商暂停工程的权利

Contract termination by Contractor 155～156 承包商终止合同

International Chamber of Commerce（ICC）196 国际商会

arbitration 208～209 仲裁

Centre for ADR 203 国际纠纷解决中心

Dispute Board Rules 205 争议委员会规则

Mediation Rules 2017 206 2017 版调解规则

items of reference 29 参考项目

errors in 61 ……的错误

l

labour 65 工人

language 语言

law and 18～19 法律

'ruling' 19 主导

latent defects in plant 11～12 生产设备的潜在缺陷

late submission 189 延迟提交

law，laws 法律

changes in 12，140～141 ……的变更

compliance with 22 遵守

governing *see* governing law and language 18～19 管辖,见:管辖法律和语言

　　　　release from performance 178～179 解除履约

　Letter of Acceptance 46 中标通知书

　liability 责任

　　　　breach of professional duty 173 失职

　　　　cap on 25～26,89 ……的上限

　　　　care of the works 10,164～165 对工程的照管

　　　　cessation of Employer's 127～128 雇主……的中止

　　　　delay damages 87～89 延误损失

　　　　exceptions 9,165～166 例外

　　　　limitations 23～26 限度

　　　　subcontractors 48 分包商

　　　　total 25～26 总的

　lockout 175 停工

　London Court of International Arbitration (LCIA) 208 伦敦国际仲裁院 (LCIA)

　London users' conference 2017 1 2017年伦敦用户大会

　loss, indirect or consequential 23～25 损失,间接或连带的

m

　maintenance manuals 10,98 维护手册

　　　　Contractor's documents 49～51 承包商文件

　　　　design 62～64 设计

　　　　testing 94,98,103 试验

　man-made events 177 人为事件

　materials 65～66 材料

　　　　Contract Price 117～118 合同价格

　　　　Employer-supplied 11,29 雇主提供的

　　　　intended for the works 117～118 拟用于工程的

　　　　non-hazardous 66 无危险的

　　　　ownership 69 所有权

suspension of the works 90～91 暂时停工

McManus Childs，Young & Marten v 66 McManus Childs 诉 Young & Marten 案

measurement 113～114 计量

mediation 205～206 调解

meetings，Engineer/Employer's Representative 39 会议，工程师或雇主代表

method of construction 165 施工方法

misconduct，reckless 23 不当行为，轻率的

monthly reports 55～56 月度报告

MT H@jgaard A/S v E.ON Climate and Renewables UK Robin Rigg East Ltd 43 MT H@jgaard A/S 诉 E.ON Climate and Renewables UK Robin Rigg East Ltd 案

n

nature，Exceptional Events 175～176 自然界的，异常事件

negligence，gross *see* gross negligence 疏忽，严重的，见：重大过失

Newman Ltd，Victoria Laundry Ltd 25 Newman Ltd 诉 Victoria Laundry Ltd 案

New York Convention 1958 207 1958 年《纽约公约》

nominated subcontractors 47～49 指定分包商

non-final decisions 211～212 非最终裁决

non-hazardous materials 66 无危险的材料

Notice of Dissatisfaction（NOD）197～198 不满意通知

    amicable settlement/arbitration 206～207 友好解决或仲裁

    claims 190～191 索赔

    DAAB's decision 199～201 争议避免/裁决委员会的裁定

    determinations 38～39 确定，决定

    notices 17～18 通知

    Contractor's suspension of works 155 承包商暂时停工

    errors in Employer's Requirements 60 雇主要求中的错误

    Exceptional Events 176 异常事件

索引

instruction not stated to be a variation 136 未说明是变更的指示

intention to terminate the Contract 148 终止合同的意向

interim payments 120 期中付款

measurements 113~114 计量

no-objection 50，74，98 无异议

notice of Claim 183~185，189~193 索赔通知

notice to correct 145，149 整改通知

testing on completion 94 竣工试验

unforeseeable physical conditions 54 不可预见的自然条件

validity 185~187 有效期

O

objections，Contractor's to variation 8，131~133 承包商对变更的异议

obligations 义务

  Contractor 41~45，107~108 承包商

  after dispute referred to DAAB 198 在争议移交争议避免/裁决委员会后

  general 41~45，57~62 一般的，通用的

  health 132 健康

  safety 132 安全

  unfulfilled 110 未履行的

omission of work 115 工作的删减

  to be carried out by others 130 准备移交他人进行的

operation and maintenance manuals 10,98 操作和维护手册

  Contractor's documents 49~51 承包商文件

  design 62~64 设计

  testing 94，98，103 试验

Orange Book 4~5 橙皮书

  dispute resolution 195~196 争议解决

ordinary purposes 44 通用目标

ownership，plant and materials 69 所有权,生产设备和材料

p

Partially Agreed Final Statement 123～124 部分商定的最终报表

Particular Conditions 13～16 专用条件

    Contract Price 116 合同价格

parts, taking-over of 101 部分，接收

payment 付款

    advance 117 预先

    arbitral award requiring 210 仲裁裁决要求

    claims for 181～182 对……的索赔

    Contractor's right to suspend works 154 承包商停工的权利

    delayed 127, 157 延误的

    after Employer termination for default 147～149, 151～152, 161 雇主因（承包商）违约而终止

    final 124～126 最终的

    interim *see* interim payment 期中，见：期中付款

    payment process 118～127 付款流程

payment 付款

    after termination by Contractor 158, 161 由承包商终止合同后

    after termination for Employer's convenience 154 为方便雇主而终止合同后

    performance 履约

        Performance Certificate 110～111 履约证书

    release from 178～179 解除履约

    Schedule of Performance Guarantees 96 性能保证表

    security 45～47, 145, 150 担保

permanent works 12, 130 永久性工程

    care of the works 165 对工程的照管

    Change in laws 140～141 法律变更

    fitness for purpose 41～42 目标适用性

    indemnities 170 赔偿

    plant and materials 117～120 生产设备和材料

索引

personal injury 169～170，173 人员伤害

personnel 人员

 design 58，61～62 设计

 Employer's 28，67，167 雇主的

physical conditions, unforeseeable 53～55 自然条件，不可预计的

plant 65～66 生产设备

 Contract Price 117～118 合同价格

 intended for the works 117～118 拟用于工程的

 ownership 69 所有权

 suspension of the works 90～91 暂时停工

 unfulfilled obligations 111 未履行的义务

pollutants 54 污染物

potential risks 8～13 潜在风险

preventions, Employer-caused 83 阻碍，雇主造成的

pricing 定价

 fixed price lump sum 5 固定总包价格

 see also Contract Price 见：合同价格

priority of documents 19～20 文件优先级

privacy of arbitrations 208 仲裁隐私

private utilities 11 私营公用事业

professional duty, breach of 173 职责，违反

programme 72～76 进度计划

 initial and revised 73～76 初始和修订

 modification 136 修改

 review 74 审核

 testing 93 试验

 1999 books 73 1999版合同

prolonged suspension 91，157，160～161 长期停工

property rights, intellectual and Industrial 171～172 知识和工业产权

provisions 规定；条款

 exorbitant or unconscionable 87 过高的或不合理的

241

general 17～26 一般的；通用的

Special 85 特别

PT Perusahaan Gas Negara（Persero）TBK v，CRW Joint Operation 211 *PT Perusahaan Gas Negara（Persero）TBK* 诉 *CRW Joint Operation* 案

purpose 目的

  fitness for *see* fitness for purpose 适合，见：目标适用性

  ordinary 44 一般的

q

quality management（QM）50～51 质量管理

r

Rainbow Suite 2～7 彩虹系列

reckless misconduct 23 轻率的不当行为

recognised good practice 66 公认的良好惯例

records, contemporaneous 185 记录，同时期的

Red Book 红皮书

  appointment of the DAAB 201～202 争议避免/裁决委员会的任命

  Contractor's documents 49～50 承包商文件

  Contract Price 116 合同价格

  use of documents 22 使用文件

  Employer's taking-over 98～99 雇主接收

  Engineer 30～31 工程师

  exceptionally adverse climatic conditions 82 异常恶劣的气候条件

  extensions of time 77～78 延长工期

  failure to pass tests 97 未能通过试验

  Final Payment Certificate 124～125 最终付款证书

  fitness for purpose 41～42 目标适用性

  indemnities by Contractor 170 承包商的赔偿

  interim payments 121 期中付款

  limitation of liability 23 责任限度

  payment 126 付款

  use of site data 52 使用现场数据

  subcontractors 47 分包商

  termination of Contract 26 终止合同

  testing on and after completion 9319992~4 竣工试验和竣工后试验

  unforeseeable difficulties/physical conditions 53~54 不可预见的困难/自然条件

 regulatory approvals 62 规章

Rejection 68 拒收

 release from performance 178~179 解除履约

 re-measurement 3 重新测量

 remedial work 68~69 修补工作

  cost of remedying defects 9~10 修补缺陷的费用

 reorganisation 150~151,160~161 重组

 reports，monthly 55~56 月度报告

Representative *see* Contractor's Representative；Employer's Representative 代表，见：承包商代表，雇主代表

Request for Proposal 138 提供建议书

  Contractor's objections 139 承包商的异议

Requirements，Employer's see Employer's Requirements 要求，雇主的，见雇主要求

 resolution of disputes 195~212 争议解决

 responsibility 职责

  care of the works 163~164 对工程的照管

  defects after taking-over 108 接收后的缺陷

 retesting 95,103 重新试验

 review of programme 73~76 进度审核

 right of access to site 27 现场进入权

 right to suspend 154 暂停权

 right to vary 130~131 变更权

 riot 175 暴动

risk allocation 4~5 风险分担

risks，potential 8~13 潜在风险

royalties 69 土地（矿区）使用费

'ruling' language 19 主导语言

S

safety obligations 132~133 安全义务

Sample Forms 202 样表

samples 67 样品

Schedule of Guarantees 131 保证表

Schedule of Performance Guarantees 96 性能保证表

Schedules 45 计划表
 extensions of time 78 工期延长
 interim payments 119 期中付款

SCL Protocol 74~75 英国建筑法学会《延误和干扰协定准则》

Scottish approach 84 苏格兰的做法

security，performance 45~47，145，150 担保，履约

sequencing of tests 94 试验顺序

settlement，amicable 195~196，205~206 友好解决

shared indemnities 171 分担赔偿

Shepherd Construction Ltd, City Inn Ltd v 84 Shepherd Construction Ltd 诉 City Inn Ltd 案

shortages 短缺
 Employer-supplied materials 11 雇主供应材料
 unforeseeable 82~83 不可预见的

Silver Book 银皮书
 appointment of the DAAB 201~202 争议避免/裁决委员会的任命
 Contractor's documents 62~63 承包商文件
 Contractor risk in 7~8 承包商风险
 Contract Price 116~117 合同价格
 design personnel 58 设计人员
 use of documents 22 使用文件

索引

Employer's Representative 30~31 雇主代表

Employer's taking-over 98~99 雇主接收

errors in Employer's Requirements 57~58 雇主要求中的错误

extensions of time 78~80 延长工期

failure to pass tests 95~96 未能通过试验

Final Payment Certificate 125 最终付款证书

fitness for purpose 41 目标适用性

interim payments 122 期中付款

payment 126 付款

subcontractors 47 分包商

termination of Contract 26 终止合同

testing on and after completion 93,104~105

unforeseeable difficulties/physical conditions 53 不可预见的困难/自然条件

simplified valuations 120 简化的估值

Singapore International Arbitration Centre (SIAC) 208 新加坡国际仲裁中心

site data 29 现场数据

    exceptionally adverse climatic conditions 82 异常恶劣的气候条件

    use of 52~53 使用

skill and care 66 技巧和谨慎

Special Provisions 13,85 特别条款

Specification 技术规格书

    compliance with laws 22 遵守法律

    Contractor's documents 49 承包商文件

    Contractor's obligations 55 承包商的义务

    and Drawings 166 图纸

staff 65 职员

standing Boards 201,204 常设委员会

Statement at Completion 122~123 施工报表

Strike 175 罢工

subcontractors 47，146 分包商

    objections against 48 对……的异议

submission，late 189 提交，迟的

suspension of the works 90～92，143～161 暂时停工

    Contractor's right to suspend 154 承包商停工的权利

    prolonged 91，157，160～161 延期的

t

taking-over 97～102 接收

    defects after 107～111 ……后的缺陷

    of parts 101 部分

Taking-Over Certificate (TOC) 69 接收证书

    care of the works 163～164 对工程的照管

    defects after taking-over 108 接收后的缺陷

    delay damages 86，88 延误损失

    failure to pass tests 95～96 未能通过试验

    rejection of application for 99 拒绝……的申请

Talat El Makdessi，*Cavendish Square Holding BV v* 87 *Talat El Makdessi* 诉 *Cavendish Square Holding BV* 案

technical documents 43 技术文件

temporary works 130，147，153 临时工程

Tender documents 14 投标书文件

termination of the Contract 26，109，143～161 终止合同

    effects of 158～159 ……的影响

    for Employer's convenience 11～13，21～23 雇主无理由终止合同

    Exceptional Events 178 异常事件

    grounds of 145～147，149～151，156～159 ……的依据

    optional 178 自主选择的

    procedure 147 程序

    1999 Books 144，155～156 1999 版合同

testing 试验

    after completion 102～105 竣工后

> on completion 93～97 竣工
>
> by the Contractor 67～68 承包商的
>
> delayed 95,103,105 延误的
>
> failure to pass 95～97,103～104 未能通过

TH White Installations Ltd, Viking Grain Storage Ltd v 42 TH White Installations Ltd 诉 Viking Grain Storage Ltd 案

Time 时间

> for completion 72 应当竣工时间
>
> extensions of see extensions of time (EOT) 延长,见:工期延长
>
> limits 36～37 限制
>
> time periods in general conditions 75 通用条件中的时期

time bar, claims 183～184,186～191 时效,索赔

total liability 25～26 全部责任

training, Employer's employees 9～11,64 雇主的员工

tribunal see arbitration 法庭,见:仲裁

Turnkey 6 交钥匙

u

unforeseeable difficulties/physical conditions 53～55 不可预见的困难/自然条件

unforeseeable shortages 82～83 不可预见的短缺

unforeseeable variations 132 不可预见的变更

unfulfilled obligations 110 未履行的义务

use of documents 21～22 使用文件

use of site data 52～53 使用现场数据

v

validity of claims notice 185～187 索赔通知有效期

valuation 114～115 估价

> after Contract termination 147～149,151～152 在终止合同后
>
> simplified 120～121 简化的
>
> variation by instruction 138 指示变更

247

value engineering 134~135 价值工程

Variations 80~81,129~130 变更

 agreement or determination 137 商定或确定

 Contract Price 129~142 合同价格

 by instruction 135~138 通过指示

 procedure 135~139 程序

 by request for proposal 138~139 通过提供建议书

 right to vary 130 变更权

 share of benefits 134 利益共享

 unforeseeable 132 不可预见的

Victoria Laundry Ltd v Newman Ltd 25 *Victoria Laundry Ltd* 诉 *Newman Ltd* 案

Viking Grain Storage Ltd v TH White Installations Ltd 42 *Viking Grain Storage Ltd* 诉 *TH White Installations Ltd* 案

W

'wait and see' approach 75 观望法

warning, advance 75~76 事前提醒

workmanship 65~66 工艺

works 工程

 abandoning the 145,150 放弃

 acceptance 107~111 接受

 care of the 163~168 对……的照管

 Contract Price 117~118 合同价格

 insurance 172~173 保险

 omission of 115 遗漏

 permanent *see* permanent works plant and materials 117~118 永久,见:永久性工程

 remedial 68~69 修复

 resume 92 恢复

 suspension *see* suspension of the works 暂停,见:暂时停工

 temporary *see* temporary works 129~130 临时,见:临时工程

variation 变更

y

Yellow Book 黄皮书

  appointment of the DAAB 201~202 争议避免/裁决委员会的任命

  Contract Price 115~116 合同价格

  Contractor's documents 62~63 承包商文件

  DAAB decision procedure 198~201 争议避免/裁决委员会的裁决程序

  design personnel 58，61~62 设计人员

  use of documents 22 使用文件

  Employer's Taking-over 97~98 雇主接收

  Engineer 30~31 工程师

  errors in Employer's Requirements 59~61 雇主要求中的错误

  exceptionally adverse climatic conditions 82 异常恶劣的气候条件

  extensions of time 77~78 延长工期

  failure to pass tests 96，103~104 未能通过试验

  Final Payment Certificate (FPC) 124~125 最终付款证书

  fitness for purpose 41 目标适用性

  interim payments 121 期中付款

  limitation of liability 23 责任限度

  payment 126 付款

  priority of documents 19 文件优先级

  use of site data 52 使用现场数据

  subcontractors 47 分包商

  termination of the Contract 26 终止合同

  testing on and after completion 93,102~104

  unforeseeable difficulties/physical conditions 53~54 不可预见的困难/自然条件

Young & Marten v McManus Childs 66 *Young & Marten* 诉 *McManus Childs* 案

后记

这是英国皇室御用大律师威廉·戈德温（William Godwin KC）第二本被翻译为中文的著作。能参与将其译介给中国同行，我们深感荣幸。

非常感谢河海大学出版社的鼎力支持。感谢原著作者威廉·戈德温大律师（William Godwin KC）的信任以及原著出版社英国WILEY-BLACKWELL的授权和许可。尤其感谢冯嘉妍博士和郑海帆先生应邀担任全书的翻译审查，为翻译的信、达、雅，精雕细刻，孜孜不倦；还有刘健渠、诸葛斌、吕扬、何敬科、张振新等在协助翻译和校对中秉烛达旦，不辞辛劳。是各位的信任、支持和共同努力，使此译著最终得以与中国同行和读者见面。

作者威廉·戈德温大律师是牛津大学的哲学博士，他专门研究商业法、建筑法，以及国际仲裁。他担任国际商会和其他国际法庭的仲裁员，而且是建筑类案件的仲裁员，拥有三十多年的咨询经验。国际权威法律评级机构钱伯斯将他描述为"一位杰出的辩护律师"，英国《法律500强》称他"非常聪明、经验丰富，能够提供对问题的详细分析"，具有"非常强的分析能力和对细节的关注能力"，是"菲迪克合同和相关仲裁方面的专家"，"在中国和亚洲仲裁界拥有很高的资历"。

菲迪克合同2017年版在1999版基础上作了澄清和进一步具体说明，是过去18年全球工程实践的提炼和总结。威廉·戈德温大律师作为2017版红皮书、黄皮书和银皮书的执笔人之一，为菲迪克合同的修订提供了宝贵的经验和见解。他在本书中详细讲述了条款变化的背景、修订的动因以及实践中的洞见，为读者理解这三种合同呈现了一个独特而深入的视角。全书文字深入浅出，语言平实易懂，既满足专业工程法律人士的要求，也考虑了工程人员快速理解的需要。同时，这本书也实实在在地指出了一些条款的局限性和未尽事宜，既立足过去，又展望未来；既具有实用性，又具有前瞻性。

译者和译审在国际工程行业从事项目交付、风险管理、合同索赔和争议解决相关工作多年，深感对合同既要"读进去"又能"读出来"的重要性。本书

后记

不仅深入浅出地介绍了菲迪克合同各个条款前后左右的相互联系，还清晰地阐述了此版本修订的来龙去脉和精髓要义。我们翻译此书的初衷，就是希望能帮助读者不仅了解菲迪克合同的内容，更能深刻理解其背后的原因以及可能的发展和变化，以便他们在合同执行过程中能恰当地理解自己的权利和义务，合理主张和保护自己的权益，切实减少和规避潜在的合约风险。

国际工程合同规则的研究是一个需要多方参与的任务，涉及雇主、承包商、工程师、律师、专家、学者等各方。我们，作为翻译和译审人员，和作者一样，希望这本书能为工程同行和研究学者带来新的视角和启发。我们抛砖引玉，期待着理论和实务层面上更多的反馈和指导。

由于译者自身理论水平和实践经验的限制，我们对书中的观点和作者原意的理解可能还有待深化和完善。对翻译中存在的错误，诚挚地欢迎读者联系我们（zhq3780106@sina.com），提出宝贵的批评和建议，与我们共同探讨，并在此提前表达我们最真诚的感谢。

张化强
2024 年秋